Justicia, Libertades y Derechos

TERESA M. GERALDES DA CUNHA LOPES
Coorinadora

FACULTAD DE DERECHO Y CIENCIAS SOCIALES

UMSNH

Octubre 2010

Editado
Octubre de 2010

Título
Justicia, Libertades y Derechos
1ª.Edición

Colección
"Transformaciones Jurídicas y Sociales en el Siglo XXI"
4ª serie/No. 9

Coordinadores de la Colección
Hill Arturo del Río Ramírez
Teresa M. G. Da Cunha Lopes
María Teresa Vizcaíno López

Coordinador de la Edición y Diseño Gráfico
Luis López Ramírez

ISBN 978-1-257-07114-2

DIRECTORIO

Universidad Michoacana de
San Nicolás de Hidalgo

Facultad de Derecho
y Ciencias Sociales

Dra. Silvia Mª Concepción Figueroa Zamudio
Rectora

Hill Arturo Del Río Ramírez
Director

Dr. Raul Cárdenas Navarro
Secretario General

Jean-Cadet   Odimba
On'Etambalako Wetshokonda
Coordinador-general del CIJUS

Dr. Benjamín Revuelta Vaquero
Secretario Académico

Lic. Zayuri Aguirre Alvarado
Secretaria Académica

Lic. Juan Carlos Gómez Revuelta
Secretaría Administrativa

Lic. Damián Arévalo Orozco
Secretario Administrativo

C. P. Horacio Guillermo Díaz Mora
Tesorero

Lic. J. Jesús Rodríguez Morelos
*Secretario   de   Desarrollo
Estudiantil*

Dr. Humberto Urquiza Marín
Secretario Auxiliar

Lic. Miguel Mendoza Barajas
*Coordinador   General   de
Licenciatura*

Mtra. Mª del Rosario Ortíz Marín
*Secretaria de Difusión Cultural
y Extensión Universitaria*

Lic. María Elena Pineda Solorio
*Coordinadora de la Licenciatura
en Derecho, Sistema Abierto*

Lic. María E. Morales Lemus
*Coordinadora de la Licenciatura
en Derecho, Sistema a Distancia*

Dr. Héctor Pérez Pintor
*Coordinador de la División de
Estudios de Posgrado*

www.umich.mx

www.themis.umich.mx

ÍNDICE

LA CONDICIÓN HUMANA EN LA ERA DE LA GLOBALIZACIÓN

Luis Roberto Mantilla Sahagún

LA CONDICIÓN HUMANA EN LA ERA DE LA GLOBALIZACIÓN

Luis Roberto Mantilla Sahagún[1]

¿Cuáles son las principales circunstancias en las que se resuelve la condición humana en la era global? ¿De qué manera se definen los asuntos más significativos del hombre en el marco de las peculiaridades de un orbe globalizado? ¿Cómo ha sido delineada nuestra época, a partir del despliegue de las más de las profundas manifestaciones del ser humano? El presente trabajo esboza, de manera general, un conjunto de respuestas que – por un lado – dan cuenta del modo en que la condición humana ha sido afectada por algunos de los más importantes acontecimientos políticos, económicos, sociales, culturales, jurídicos, y científicos de los últimos sesenta años, así como – por el otro – exponen cuáles son los rasgos esenciales del hombre que se han impuesto y han marcado las características del mundo actual, hundiendo dicha reflexión, de manera especial, en el fenómeno migratorio y laboral.

Mi modesta intervención desea abonar a la identificación de ciertos aspectos de la compleja relación entre la condición humana – de todos los tiempos y de la época actual – y la globalización, que no deben, a mi parecer, ignorarse en el momento en que se aborden los grandes ejes temáticos de este valioso Seminario.

Como punto de partida, habría que comenzar señalando que, cuando uno hace alusión a la condición humana se está refiriendo a los más acuciantes aspectos de nuestra especie, a través de los cuales se define nuestra propia esencia y destino. Dicho de otra manera, referirse a la condición humana es referirse al complejo de asuntos del hombre en los que queda desvelado lo más profundo de nuestro ser – tanto lo más admirable como lo más despreciable.

Al respecto, entre otros aspectos que constituyen y que han constituido, a lo largo de los siglos, las inquietudes más apremiantes de nuestra *humanitas*[2], están el sentido y significado de la vida y la muerte; la definición del ser y de la existencia; el intrincado conjunto de sentimientos en los que se resuelve el actuar del hombre, tanto consigo mismo como con los demás – tales como el amor, el odio, los celos, las envidias, la ambición, las pasiones,

---

[1] Rector de la Universidad Latina de America (UNLA). Licenciado en Filosofía por la Universidad Nacional Autónoma de México, título que obtuvo con Mención Honorífica. Asimismo, tiene un Diplomado en filosofía política contemporánea, por el Centro de Estudios de Política Comparada. Igualmente, es Maestro en Filosofía (con especialización en filosofía política), por la Universidad Nacional Autónoma de México, grado que también obtuvo con Mención Honorífica. Además, posee estudios de Licenciatura en Derecho, realizados en el Centro Universitario México división Estudios Superiores (actualmente Universidad Marista).
[2] Con relación al concepto *humanitas*, vid. GONZÁLEZ VALENZUELA, *El ethos, destino del hombre*, UNAM – FCE, México, 1996, p. 15 – 43.

entre muchos más –; la conquista, conservación y ejercicio del poder; la búsqueda del conocimiento y la verdad; y muchísimos más.

Por tal razón, podríamos afirmar, sin temor a equivocarnos, que dichos asuntos han sido y siguen siendo, al día de hoy, los mismos de siempre, pues, finalmente, mientras no se modifique sustancialmente nuestra esencia, seguimos sufriendo, gozando y padeciendo de lo mismo que sufrieron, gozaron y padecieron los hombres del mundo antiguo, del Medioevo o de la Modernidad, por ejemplo. Por ello, Octavio Paz decía que "El hombre original es todos los hombres"[3], y remataba señalando que "El hombre es

Destino, fatalidad, naturaleza, historia, azar, apetito o como quiera llamársele a esa condición que lo lleva más allá de sí y de sus límites."[4]

Y si esto es así, y no cambia la condición humana, sustantivamente hablando, sí se modifican – por el contrario – los contextos en los que se despliega nuestra propia condición. Las circunstancias y las decisiones sobre ellas, de las que tanto hablaba José Ortega y Gasset, en *La rebelión de las masas*[5], importan en tanto que imponen nuevas exigencias y retos a nuestra humanidad, personal y colectiva. Guerras, hambrunas, violencia, enfermedades, imperios, conquistas, sueños, utopías y triunfos siguen habiendo como siempre han existido, sólo que ahora han adquirido otro rostro y magnitud. En este sentido, conocer cómo son y cómo se resuelven ahora resulta fundamental para resolver los asuntos de nuestro tiempo.

Por ello es importante reparar en las peculiaridades de nuestra época, la cual está marcada – entre otros aspectos – por la emergencia y consolidación de la era global. En el marco de lo anterior, presenciamos la más profunda globalización de todos los tiempos. Por supuesto que no es la primera que ha vivido el hombre en su larga historia. Ha habido antes otros procesos de integración. Baste recordar, por ejemplo, en el caso de Occidente, la conquista de una importante parte del mundo bajo la conquista militar y cultural del gran Alejandro Magno, quien unificó a un conjunto diverso y plural de pueblos y culturas medio orientales bajo la idea cultural del helenismo, propagando el espíritu griego que le enseñó su maestro Aristóteles, bajo el encargo de su padre, Filipo II de Macedonia.

Siglos después el mundo habría de conocer otra importante expansión, ahora hacia el Occidente y el Mediterráneo, que erigirá el imponente Imperio romano de Occidente que, durante siglos, unificará prácticamente a toda Europa, el Medio Oriente, y el norte de África bajo una idea común: Roma y su desarrollado sistema jurídico, conocido como derecho romano. A través de su complejo conjunto de principios, procedimientos, normas e

---

[3] PAZ, "El arco y la lira", en *La casa de la presencia (poesía e historia)*, FCE – Círculo de Lectores, Obras completas, Vol. 1, México. 1999, p. 238.
[4] *Ibidem*, p. 206.
[5] ORTEGA Y GASSET, José, "El ocaso de las revoluciones", en *El tema de nuestro tiempo / La rebelión de las masas*, Porrúa, México, 2005, p. 132.

instituciones jurídico – políticos, el mundo antiguo quedará ordenado de una manera particular, que habrá de influenciarnos hasta nuestros días.

Posteriormente, el Imperio romano de Oriente – conocido también a partir del Renacimiento como Imperio Bizantino–, habrá de unificar a diversas porciones de Europa, Asia y África – dependiendo de la época de que se trate –, bajo una nueva visión del mundo, centrada ahora en la propagación del cristianismo.

Y un último ejemplo que podría presentarse como otro momento histórico globalizador es la expansión del mundo hispano y portugués, principalmente, en el siglo XVI y siguientes, a partir del cual, los vastos territorios y las ricas culturas antiguas del continente americano habrían de conformarse en el "orbe indiano" que magistralmente describió David Brading, en su imponente obra del mismo nombre[6], generando con ello un abigarrado mosaico de culturas mestizas ordenadas bajo la idea de España y Portugal y, por extensión, de la Europa cristiana.

Lo que me importa subrayar, con los ejemplos anteriores, es – en primer lugar – que en cada uno de ellos, se generaron intensos procesos globalizadores en los que convivieron, se fusionaron y se enfrentaron culturas, cosmovisiones, lenguas, instituciones, y pueblos de diversa índole.

Y – en segundo lugar –, que en esos procesos se resolvió, de muchas maneras, los asuntos más profundos de la condición humana, a la que me he referido anteriormente.

Por tal razón, no nos encontramos ante la primera experiencia globalizadora de la historia, pero sí, seguramente, frente a la más extensa que se haya producido, desde siempre. Y esto es así, porque dicha experiencia se ha materializado en todos los sentidos; nos encontramos inmersos en una globalización de toda índole, a saber: humana, económica, política, social, cultural, comunicacional, jurídica, ambiental, lingüística y, además, nos encontramos en una globalización que incluye a todo el orbe entero.

En este sentido, nada ni nadie ha quedado fuera de este proceso de vinculación – diríamos de integración, en muchos sentidos –, aún cuando tal inclusión es todavía irregular y dispareja, a lo largo y ancho del mundo, pues se ha generado y materializado en velocidades y sentidos diferentes. Por fortuna o por desgracia, dependiendo del asunto de que se trate, hay regiones del planeta que no disfrutan o padecen de los beneficios o los perjuicios de la globalización en la que nos encontramos hoy en día.

Y ahí están, precisamente, algunos de los retos y de las tareas que le corresponde atender al derecho, en su conjunto, y al derecho laboral, en particular, y que bien se apuntan en los ejes temáticos del Seminario, y a los que me referiré de manera general, al final de mi exposición. Antes de ello,

---

[6] *Vid.* BRADING, David, *Orbe indiano. De la monarquía católica a la república criolla, 1492 – 1867*, FCE, tr. Juan José Utrilla, México, 2003.

aludiré, a continuación, al estado de nuestra condición humana, en nuestros días, vinculándola con el contexto histórico que nos ha tocado vivir, y en el que se bate dicha condición.

Al respecto, habría que señalar que los principales aspectos de nuestra propia condición, que se han desplegado en las últimas décadas, y que constituyen el sedimento humano en el que se desarrolla el proceso de globalización que nos ha tocado vivir, dan cuenta de un desafortunado momento de nuestra especie.

Asistimos, desde hace ya varias décadas, a la materialización clara y rotunda de las consecuencias derivadas del ocaso de la Razón, la muerte de Dios y el fin de la metafísica tradicional[7], ocurrida en el siglo XIX y reventada en la centuria pasada hasta nuestros días, provocando un profundo nihilismo que carcome nuestro propio ser. Desnudo frente a la profunda e incierta noche que trajo consigo el derrumbe de ese gran macro sujeto que erigió la Modernidad con René Descartes, y que llevó a su apoteosis – en el ámbito del pensamiento – Kant, Hegel, y Comte, – y en el ámbito de los avances de la tecnología y de la ciencia – el positivismo y la Revolución Industrial –, el hombre de nuestros días no encuentra todavía respuestas contundentes para enfrentar la pérdida de referentes que durante siglos parecieron resueltos.

Ya aquel genio que fue Francisco de Goya nos advertía magistralmente, a inicios del siglo XIX, en sus respectivos grabados, en particular en el número 43 de sus *Caprichos*, que *el sueño de la Razón produce monstruos*. Como evidente premonición, habrían de derrumbarse en dicho siglo, todas nuestras más altas seguridades, entre otras: la de nuestra moral judeo cristiana, con Friedrich Nietzsche; la de nuestro aparato político contractual racional, con Max Weber y Karl Marx; la de nuestras certezas religiosas, con Ludwig Feuerbach; la de nuestra seguridad existencial, con Soren Kierkegaard; la de nuestra percepción y sensibilidad racional, con Arthur Schopenhauer; y la de nuestro consciente racional, con Sigmund Freud, por mencionar a algunos.

De pronto, nuestras certidumbres más cómodas se derrumbaron y dieron pie al inicio de una época atroz, en la que la pérdida del sentido y significado de todo cuanto existe se hizo y se ha hecho patente. El presagio de Goya habría de confirmarse un siglo después, dando inicio a esa etapa histórica que se conoce con el nombre de Posmodernidad, que bien propagó principalmente Jean-François Lyotard, en su texto *La condición posmoderna*[8], en la que, precisamente, se desarrolla nuestra Globalización, y que ha nutrido o es un reflejo claro de nuestra condición humana.

---

[7] *Vid.* FREY, Herbert, *La muerte de Dios y el fin de la metafísica. Simposio sobre Nietzsche*, UNAM, México, 1997.

[8] *Vid.* LYOTARD, Jean-François, *La condición postmoderna*, Cátedra, Madrid, 1989.

Durante el siglo XX, acudimos atónitos a presenciar la extraordinaria capacidad de destrucción del ser humano, mostrada principalmente en las dos Guerras Mundiales y la detonación de dos bombas atómicas sobre población civil, que asolaron los principios racionales de nuestra cultura humana. Junto a las dos Guerras Mundiales y las bombas atómicas, el desarrollo de totalitarismos, dictaduras, genocidios, invasiones, muros y políticas segregacionistas, ecocidios, y un sin fin de atrocidades más, completan el funesto cuadro que ratifica el exacerbamiento de la violencia, el cual fue y sigue siendo uno de los aspectos más evidentes de nuestra condición humana, de la que se ha visto empapada la Globalización.

Aunado a lo anterior, presenciamos el deterioro de la propia vida, en general, y de la vida humana, en particular, y de su respectiva valoración. Desde hace muchas décadas hasta la fecha, la manera de abordar la vida se ha trastocado. Como si fuera una cosa prescindible, y en consonancia con una de las principales características de nuestros tiempos, la vida se ha plastificado, se ha vuelto desechable, efímera, líquida, diría el sociólogo polaco Zygmunt Bauman, quien en uno de sus textos, acerca de la sociedad apuntaba que ésta ha quedado "impotente como nunca para decidir su curso con un mínimo grado de certeza, y para mantener el rumbo escogido una vez tomada la decisión."[9] La sustancia de la vida parece entonces perderse, diluyéndose en el marasmo de la insignificancia.

Tal lamentable valoración se ha reflejado en un sin fin de manifestaciones que dan cuenta de la precaria situación humana en la que vivimos. En nuestra época, impera cada vez más el individualismo egoísta, que cancela la conformación de sociedades sólidas, que posibiliten el abatimiento de desigualdades diversas. Asimismo, nunca como ahora presenciamos un riesgoso proceso de enajenación absoluta del hombre, que bien avizoraba el filósofo, sociólogo y economista alemán Fritz Pappenheim[10], que lo ha cosificado, en un bien intercambiable, y que en materia laboral, se ha tornado una máquina cualquiera, en los factores de producción, que bien apuntaba Karl Marx, y que cómicamente denunció Charles Chaplin, en su película *Tiempos Modernos*. Todavía, en este mundo globalizado, el ser humano sigue siendo considerado un objeto que se le sustituye, explota, o que se le criminaliza – como en el caso de la Ley de Arizona –, por encima de sus derechos humanos, en general, y de sus derechos laborales, en particular.

---

[9] BAUMAN, Zygmunt, *Tiempos líquidos. Vivir en una época de incertidumbre*, Tusquets, tr. Carmen Corral, México, 2009, p. 15.
[10] *Vid.* PAPPENHEIM, Fritz, *La enajenación del hombre moderno*, Era, tr. Werner May, México, 1971.

Esta situación no sería posible sin la atmósfera que caracteriza nuestra época, que bien describió *Gilles Lipovetsky* en *La era del vacío*[11], y *El imperio de lo efímero*[12]. En consonancia con dichos títulos, el escenario bajo el cual se despliega la globalización, y que moldea nuestra condición humana, se distingue por la pérdida de criterios y principios referenciales que puedan orientar sustantivamente el conjunto de actividades de la vida humana, así como por una velocidad y ligereza en la dinámica de las relaciones sociales que no deja oportunidad para apreciar, de ninguna manera, lo valioso de la vida misma.

En el caso del poder político y jurídico en la era global, y de la condición humana, la situación también es preocupante, no solo porque dicho poder no ha sido capaz de limitar las violaciones a los derechos humanos, ni ha logrado la consecución de los derechos fundamentales, sino porque el avance e imperio de los poderes fácticos, alimentados de muchas maneras por la propia globalización, han crecido exponencialmente, cuya influencia y capacidad de acción está, muchas veces, por encima de los poderes constitucionales de los Estados o de los poderes y jurisdicciones internacionales.

Baste dar cuenta de las funestas consecuencias que ha traído consigo la imposición de un modelo único de economía global – el neoliberalismo atroz –, que ha profundizado la desigualdad en el mundo, en general, y más aún en ciertas regiones del planeta, en particular, sobre todo en América Latina y México, dejando al individuo sujeto a los poderes económicos privados. Y en ese predominio fáctico – habría que apuntar –, nuestra condición humana ha quedado a merced de los caprichos particulares, provenientes de varios ámbitos de la sociedad, desprovistos de criterios, valores y principios fundamentales

Por otra parte, no podría dejar de referirme a la globalización actual, sin uno de sus componentes característicos, que es, la comunicación y su impresionante desarrollo a través de las tecnologías imperantes. Sin duda alguna, la capacidad de comunicación que existe en la actualidad rebasa por mucho la que ha habido en la historia del hombre. Pero no solo pensemos en la comunicación a distancia, sino también en el desarrollo de las vías de comunicación, que han superado los medios de comunicación tradicionales. Aunado a dicha capacidad, está el enorme sistema global de información que es la Internet. Nos guste o no, quizá los siglos venideros habrán de calificarnos, por sobre todas las cosas, por este maravilloso invento cibernético, que ha vinculado al mundo en esta *aldea global*, a la que se refería Marshall McLuhan.

---

[11] *Vid.* LIPOVETSKY, Gilles, *La era del vacío*, Anagrama, España, 2008.

[12] *Vid.* LIPOVETSKY, Gilles, *El imperio de lo efímero. La moda y su destino en las sociedades modernas*, Anagrama, España, 2007.

Y es evidente que nuestra condición humana ha quedado profundamente modificada por la comunicación imperante y por la Internet. Las relaciones humanas han adquirido un conjunto de peculiaridades jamás pensadas, por dicha comunicación. En materia laboral – tema principal del actual Seminario –, política, económica, comercial, social, amorosa o sexual, los vínculos existentes se han transformado de manera radical. Hoy día sería impensable concebir nuestros procesos de vida cotidiana, en dichas materias o en otras más, sin las herramientas que provee la tecnología.

Pero no nos confundamos, tal desarrollo comunicacional podrá permitir una mayor interacción, o una mayor capacidad de información, pero no necesariamente, un mayor conocimiento de los asuntos humanos ni tampoco una mayor formación. Quizá sea al contrario. Paradójicamente, nunca como antes ha habido un proceso de deshumanización tan extendido, en todos los sentidos, con todas las perniciosas consecuencias que trae consigo. El hombre ha dejado de tener la capacidad de reconocimiento del otro, y ha concebido – en cambio – al ser humano como un objeto digno de consumo, utilización y extinción, a la par que cualquier otra cosa.

Ya apuntaba de tal riesgo el filósofo alemán Martin Heidegger, quien daba cuenta de la posibilidad de la pérdida del ser por la técnica, en el desarrollo de las condiciones materiales tecnológicas de nuestro tiempo.

Ahora bien, respecto al desarrollo de las comunicaciones en la era global, una característica principal de la época actual se centra en la extraordinaria movilidad del ser humano en el orbe, que ha generado el fenómeno de la migración – tema principal de este Seminario. Nunca como ahora, ha habido un desplazamiento humano tan extendido a lo largo y ancho del planeta. Las posibilidades técnicas de que una persona pueda trasladarse a otros lugares de manera temporal o permanente son altísimas, y más aún si se vincula dicha movilidad por motivos laborales.

Al respecto, apunta José María Pérez Gay: "Al cambiar el milenio, según cálculos de Naciones Unidas, de 90 a 120 millones de personas en todo el mundo vivían fuera de sus países de origen. De ellos los inmigrantes económicos legales, por llamarles así, constituyen un grupo entre 25 y 30 millones, mientras la cifra de inmigrantes económicos indocumentados asciende a 57 millones de personas." Y más adelante apuntaba: "Cuando se habla de migraciones comienza un baile de cifras y disfraces, sin contrastes ni garantías; los análisis se distorsionan, la interpretación es imposible". Y remataba señalando "La globalización de los flujos migratorios es un hecho incuestionable, tiene lugar en los cinco continentes: no sólo existen migraciones *cuantitativas*, sino también *cualitativas*."[13]

---

[13] PÉREZ GAY, José María, *La supremacía de los abismos*, La Jornada, México, 2006, p. 213 y 214.

Globalización, medios de comunicación y migración son tres fenómenos indisolublemente intrincados en la época actual. Y dicha imbricación ha generado – a su vez – otra característica de la era global, a saber: el fenómeno del multiculturalismo, en el que cada vez más confluyen – no necesariamente conviven, habría que apuntarlo – diversas culturas, lo cual también afecta a nuestra condición humana, y al derecho laboral, además de otros ámbitos de la vida humana.

Dicha multiculturalidad no solo impone retos al derecho, en general, y al derecho del trabajo, en particular, sino al propio fenómeno de la cultura. El principal riesgo que trae consigo es el que apuntaba a mediados del siglo XX el filósofo y sociólogo alemán Herbert Marcuse, en *El hombre unidimensional*, consistente en que la riqueza de los diversos componentes de la vida humana (ideas, aspiraciones, y objetivos[14]), quede reducida a una sola dimensión, cancelando otras posibilidades, otros discursos, otras manifestaciones vitales.

Y así podría seguir dando cuenta de algunos riesgos que se asoman en nuestra era global. No quisiera extenderme más en este punto. Los anteriores ejemplos ilustran algunas de las características de la globalización en la que vivimos, y la manera como ha transformado nuestra condición humana. Esta era global nos ha alcanzado en un momento en que las luces y sombras que caracterizan al ser del hombre se han radicalizado. La tragedia del hombre actual se bate entre nubarrones negros y visos de esperanza. Ahí está la apuesta que tenemos por delante.

Y, en dicho contexto, se despliega el reto del derecho en la época actual. Ya desde 1940, en plena Segunda Guerra Mundial, y en un contexto histórico, en el que todavía no se tenía claro hacia qué lado de la balanza se inclinaría el triunfo de la contienda, el jurista alemán Edgar Bodenheimer señalaba, en su ya clásico libro, la *Teoría del Derecho* que: "El ataque a que está sometido en nuestros días el Derecho hace imperativo reexaminar las bases de la naturaleza y carácter de esa institución. La Ciencia Jurídica de la época positivista daba por supuesto el fenómeno del Derecho y consideraba sólo su forma. Hoy, cuando el Derecho como instrumento esencial de la civilización está más que 'doblemente amenazado', no podemos permitirnos el lujo de una teoría jurídica positivista. Si consideramos meramente la forma del Derecho no podremos captar la diferencia esencial entre el Estado de poder y el Estado de derecho."[15]

Por ello, el principal y más importante esfuerzo jurídico que se ha llevado a cabo en las últimas décadas, y que es producto también del

---

[14] MARCUSE, Herbert, *El hombre unidimensional. Ensayo sobre la ideología de la sociedad insdustrial avanzada*, Planeta – Agostini, Barcelona, 1993, p. 42.

[15] BODENHEIMER, Edgar, *Teoría del derecho*, FCE, tr. Vicente Herrero, México, 2000, p. 9 y 10.

fenómeno global en el que vivimos, es, precisamente, el que comenzó a partir de la finalización de la Segunda Guerra Mundial, y que bien ha expuesto el jurista argentino Rodolfo Luis Vigo, Ministro de la Corte Suprema de Justicia de la Provincia de Santa Fe, de aquel país. En un extraordinario esfuerzo sintético, el también catedrático de filosofía del derecho, da cuenta de un conjunto de transformaciones que ha tenido el sistema jurídico, que él identifica como el cambio de la cultura de la ley a la cultura del derecho[16], las cuales se caracterizan – en términos generales – por un cambio sustantivo en la forma de concebir, generar, conocer, interpretar, y sancionar el sistema jurídico.

El cambio que se ha dado en los últimos setenta años gira en torno a la prevalencia de principios, valores y criterios de contenido del derecho, frente a su validez formal; tiene como marco referencial fundamental la validez intrínseca material de los derechos humanos y fundamentales, como un insustituible esfuerzo civilizador; rescata la dignidad humana como baluarte impenetrable de los poderes constituidos; ubica al neoconstitucionalismo[17] como una renovada manera de concebir a las constituciones, como texto jurídico y político fundamental, cuyas normas materiales marcan la pauta de actuación sustantiva del Estado; y considera al Estado multicultural, superior a un Estado – nación homogéneo, insostenible en la era global.

En suma, la transformación del derecho de los últimos tiempos, materializada en un mayor peso de los ámbitos jurisdiccionales, los organismos políticos, las organizaciones internacionales ciudadanas, y los diversos mecanismos de protección existentes, está encaminada a salvaguardar aquellos aspectos honrosos de nuestra condición humana – de los cuales nos sentimos orgullosos –, y a contener y sancionar aquellos de los que tenemos mucho de que avergonzarnos como especie humana.

Sin duda alguna, la omnipresente globalización, que caracteriza a nuestra época, es múltiple y variada. Y es precisamente en la tensión de las peculiaridades de la era global donde se resuelven los problemas del hombre de nuestro tiempo, los propios problemas de la condición humana. He ahí la apuesta que tiene frente a sí el derecho para que esta globalización no se acabe de tornar en contra del propio hombre. Ahí está también cimbrada la esperanza de nuestro tiempo.

Finalmente, recordando lo que al inicio de la década de los años veinte, del siglo pasado, Ortega y Gasset apuntaba, en un artículo denominado "El ocaso de las revoluciones". En ese entonces señalaba que "Para definir una

---

[16] *Vid.* VIGO, Rodolfo Luis, *De la ley al derecho*, Porrúa, México, 2005.
[17] *Vid.* RUIPÉREZ, Javier, *El constitucionalismo democrático en los tiempos de la globalización*, UNAM, México, 2005; BARROSO, Luis Roberto, *El neoconstitucionalismo y la constitucionalización del derecho*, UNAM, México, 2008; CARBONELL, Miguel, *Neoconstitucionalismo(s)*, Trotta – UNAM, Madrid, 2006; CARBONELL, Miguel, *Teoría del neoconstitucionalismo,* Trotta – UNAM, Madrid, 2007.

época no basta con saber lo que en ella se ha hecho; es menester además que sepamos lo que no se ha hecho, lo que en ella es imposible. Esto se antojará peregrino; pero tal es la condición de nuestro tiempo"[18]. Y continuaba diciendo "Una época es un repertorio de tendencias positivas y negativas, es un sistema de agudezas y clarividencias unido a un sistema de torpezas y cegueras. No es sólo un querer ciertas cosas, sino también un decidido no querer otras. Al iniciarse un tiempo nuevo, lo primero que advertimos es la presencia mágica de estas propensiones negativas que empiezan a eliminar la fauna y la flora de la época anterior, como el otoño se advierte en la fuga de las golondrinas y la caída de las hojas."[19]

Recogiendo la invitación del pensamiento ortegiano, tenemos la ineludible obligación ética generacional de responder y actuar en consecuencia, a partir de lo que definamos acerca de lo que hemos hecho y de lo que hemos dejado de hacer, y de lo que queremos y de lo que no, de la globalización que nos ha tocado vivir, para que nuestra condición humana se torne en algo mejor. He ahí la apuesta que nos constriñe a todos, de manera inevitable. Nos parezca o no, somos finalmente los herederos de toda la civilización, y de nosotros depende lo que habrá de seguir en adelante.

REFERENCIAS BIBLIGRÁFICAS

BARROSO, Luis Roberto, *El neoconstitucionalismo y la constitucionalización del derecho*, UNAM, México.

BAUMAN, Zygmunt, *Tiempos líquidos. Vivir en una época de incertidumbre*, Tusquets, tr. Carmen Corral, México, 2009.

BODENHEIMER, Edgar, *Teoría del derecho*, FCE, tr. Vicente Herrero, México, 2000.

BRADING, David, *Orbe indiano. De la monarquía católica a la república criolla, 1492 – 1867*, FCE, tr. Juan José Utrilla, México, 2003.

CARBONELL, Miguel, *Neoconstitucionalismo(s)*, Trotta – UNAM, Madrid, 2006.

CARBONELL, Miguel, *Teoría del neoconstitucionalismo*, Trotta – UNAM, Madrid, 2007.

FREY, Herbert, *La muerte de Dios y el fin de la metafísica. Simposio sobre Nietzsche*, UNAM, México.

GONZÁLEZ VALENZUELA, Juliana, *El* ethos, *destino del hombre*, UNAM – FCE, México, 1996.

LIPOVETSKY, Gilles, *La era del vacío*, Anagrama, España, 2008.

---

[18] ORTEGA Y GASSET, José, "El ocaso de las revoluciones", en *El tema de nuestro tiempo / La rebelión de las masas*, 2005, p. 53.
[19] *Idem.*

LIPOVETSKY, Gilles, *El imperio de lo efímero. La moda y su destino en las sociedades modernas*, Anagrama, España, 2007.

LYOTARD, Jean-François, *La condición postmoderna*, Cátedra, Madrid, 1989.

MARCUSE, Herbert, *El hombre unidimensional. Ensayo sobre la ideología de la sociedad insdustrial avanzada*, Planeta – Agostini, Barcelona, 1993.

ORTEGA Y GASSET, JOSÉ, "El ocaso de las revoluciones", en *El tema de nuestro tiempo / La rebelión de las masas*, Porrúa, México, 2005.

PAPPENHEIM, Fritz, *La enajenación del hombre moderno*, Era, tr. Werner May, México, 1971.

PAZ, Octavio, "El arco y la lira", en *La casa de la presencia (poesía e historia)*, FCE – Círculo de Lectores, Obras completas, Vol. 1, México, 1999.

PÉREZ GAY, José María, *La supremacía de los abismos*, La Jornada, México, 2006.

RUIPÉREZ, Javier, *El constitucionalismo democrático en los tiempos de la globalización*, UNAM, México, 2005.

VIGO, Rodolfo Luis, *De la ley al derecho*, Porrúa, México, 2005.

JUSTICIA Y DEMOCRACIA

José Estrada Sámano

JUSTICIA Y DEMOCRACIA

José Estrada Sámano

I.- Marco Temático.

El solo enunciado de este tema, trae inmediatamente a la mente, la recíproca relación interconectada entre las realidades jurídicas y las políticas. Y por lo tanto, los vínculos estrechos que entre sí guardan los conocimientos de tales realidades, obtenidos por las ciencias del Derecho y de la Política, correspectivamente. Pero es pivote y centro de todas estas realidades y de los conocimientos que sobre ellas versan la **humanitas** ("Humanidad"), como solía designarla clásicamente, desde su nacimiento mismo, la Universidad, en lo más brillante de la era medieval; es decir, sobre el ser mismo – ontológicamente considerado- del hombre –realidad antropológica-, que es persona digna, individual y sociable. Subraya esto último, un gran filósofo, quizá el mayor neo-tomista del siglo XX: "Un régimen temporal vitalmente humanista, debe comprender al mismo tiempo el respeto de la persona humana, tanto en su individualidad, cuanto en las multitudes."[1]

Lo primero que exige una sociedad verdaderamente humana, es que las personas que la integran sean genuinamente responsables no sólo de sí mismas, sino también unas de otras y que haya tanta libertad personal y grupal cuanta sea posible y sólo tanta autoridad gubernativa cuanta sea indispensable, de modo que lo grupos mayores –especialmente el Estado- ni absorvan ni menos anulen a los menores. Además, hay otros principios básicos, jurídico-políticos también, de un orden social plenamente humano: "el pluralismo significa que existe diversidad en la unidad. Todo intento de imponer una sola doctrina o ideología es atentatoria contra la persona humana; corrosivo para la comunidad y violenta para la estructura y los fines de la sociedad." Esta "debe promover el desarrollo armónico, integral y ordenado de todos sus miembros –y grupos- sin excepciones, discriminaciones" ni preferencias injustas. "Todos los principios democráticos buscan establecer, conservar y defender la libertad y la paz, dentro del orden de la Justicia."[2] Difícilmente podría enunciarse con mayor acierto y brevedad, el tema de esta aportación, en sus elementos básicos.

Ese orden social justo, es precisamente el Derecho. El 12 de octubre de 2009, ante la Sociedad Mexicana de Filosofía, **in absentia,** tuve el honor de exponer lo que sigue: "El Derecho es forma de la sociedad. Este aserto se basa en la afirmación tomista de que "la Justicia siempre se da en relación con otro(s), puesto que nadie tiene relación, propiamente tal, consigo mismo"

---

[1] MARITAIN, pág. 217. Traducción del autor de este trabajo.
[2] GONZÁLEZ URIBE, pág. 104

(S.T. II-II, q.58 a 2 c), de modo que siendo la Justicia objeto del Derecho, resulta que la propia Justicia es la cuasi forma sustancia – el "alma" en sentido figurado, dijo el de Estagira-, de toda sociedad. A gado que, parodiando a Cervantes, podemos decir: "Dime qué sociedad quieres y te diré qué Justicia debe animarla." Transcribo "2 párrafos de ese texto, uno el del inicio y otro del final. Dicen: l.- La Justicia, en el pensamiento del aquinate, no sólo es la única virtud moral cardinal que indica alteridad y que perfecciona la natural sociabilidad, sino que también es objeto del Derecho; esencia de sus normas jurídicas y el más propio de sus propósitos suyos: su último fin por antonomasia. Los otros fines de lo jurídico, son la seguridad, el Bien común y la Paz, ésta no mencionada por todos los ius-filósofos, pero más relevante cada vez en el mundo de hoy, tanto en lo interno cuanto en lo internacional".- 2.- "Reconstruir la forma perfectiva, que dota de genuina vida orgánica y normada, a la sociedad y a todo tipo de sus grupos e instituciones *intencionales*; acceder a un imperio tal del Derecho, en el que sus relaciones valgan más por su debida esencia justa, segura, orientada al Bien común y a la Paz, para respeto integral de la dignidad humana y de sus derechos inalienables, mucho más que por la fuerza de la coacción; dar a la Ley Natural la base inconmovible y el papel inspirador que le tocan, respecto de normas humanas y de vida comunitaria; vigorosamente ver que actúen a favor de todo ello, cualesquiera autoridades, ejerciendo capacidad de dirección y de servicio y siendo obedecidas, por tanto, más de grado que por la fuerza y usando de ésta, sólo por excepción; así como revaluar todo el inmenso aporte cultural del Derecho, como forma casi sustancial de la sociedad: estos son y seguirán siendo algunos de los retos permanentes de la verdadera Filosofía Jurídica tradicional, de inspiración aristotélico-tomista y de temporalidad perenne. Ha podido ésta, superar tales retos durante dos y medio milenios aproximados. ¿Porqué no confiar en que proseguirá victorioso su futuro derrotero hasta el final? **¡Ius semper vivit!**... ¡El Derecho vive por siempre!...

Pero la Axiología o Teoría de los Valores jurídico-políticos, exige que una sociedad justamente ordenada, se revista también de otras características positivas o cargadas del valer, como son:

1°. Valores jurídicos: a) de abolengo ético: dignidad humana –arriba focalizada-, libertad, paridad o igualdad analógica, etc.- b) de verdadera armonización: valores utilitarios, técnicos, estéticos, intelectuales, etc., para inspirar en las normas jurídicas sus mutuas prevalencias y sus jerárquicas articulaciones. c) de exclusión de valores no jurídicos: simples reglas, atenciones de cortesía, leyes naturales cosmológicas –físicas, químicas, biológicas, etc., de moral monástica –templanza y fortalez- o religiosos, salvo para garantizar, en este último caso, la neutrali8dad o laicidad positiva del Estado, en el libre uso, ejercicio y aplicación, públicos y privados, de los diversos cultos, según la plena libertad de conciencia, a favor de los gobernados.

2°.Valores políticos: a) Jerarquía de éstos en una escala de verdadero Humanismo Político, que en principio responde a esta pregunta: ¿Es el hombre para el Estado, o a la inversa? Y contesta con la segunda disyuntiva, propia del personalismo humanista, que no excluye la solidaridad, pues si bien el hombre en cuanto individuo contribuye a integrar el bien del Estado, éste es trascendido por l dignidad superior de la persona humana, a cuyo servicio está todo tipo de comunidad. En efecto, específicamente, en cuanto persona, el hombre es fin y el Estado, sólo es un medio.- b) Tradición democrática: De los valores precisados en el inciso anterior, síguese que la Historia hispánica e iberoamericana, está impregnada de sentido democrático, en cuanto principio de gobierno. Lo ilustran, entre muchos más, los siguientes ejemplos: 1. "No nacieron los súbditos para el rey, sino el rey, para los súbditos", dijo Diego de Saavedra (1584-1648).- 2. "Al rey, la hacienda yla vida se han de dar, pero el honor s patrimonio del alma y ésta sólo es de Dios": Pedro Calderón de la Barca: (1600-1681). "El alcalde de Zalamea". 3. "Por la libertad, así como por la honra y la Justicia, se puede y se debe aventurar la vida: Miguel de Cervantes Saavedra. "Don Quijote. I-22).- 4) Francisco Suárez, S.J., pugna porque se permita todo lo indiferente a lo justo o a lo injusto, en las leyes temporales –incluso el pecado que no dañe el Bien común-, para limitar el orden jurídico-político a su objeto propio y quiere que el Estado garantice la libertad de conciencia, que incluso la Iglesia respeta, pues hasta el Derecho Canónico tenía –y tiene aún la equivalente-esta norma: **de interniies ñeque Ecclesia judicat:** de lo íntimo, ni la Iglesia juzga.- 5. Para los salmantinos-el propio Suárez- y además Vitoria, Soto, Mariana, etc., en el siglo de oro español, el pueblo es la instancia de apelación suprema, en los más graves problemas de la vida pública. Cierto que a todo lo anterior, existen algunas excepciones, pero confirman la rebla.- 6. Nuestro insigne Don Vasco de Quiroga, fundó instituciones venerables y civilizadoras, que hicieron realidad en Mechoacán (entonces mucho más extenso geográficamente que el actual) la solidaridad participativa –especialmente en los "hospitales-pueblos"- de su elevado concepto del Bien común, que definió como el "pro comunal de todos" y su íntegra e ingente labor de abogado, es un testimonio de promotor, testigo e impartidor fiel de la Justicia.

3°.-Los principios democráticos y de Justicia, derivan ambos del Derecho Natural, en el cual pueden confluir y de hecho confluyen todos los credos religiosos. Por eso hoy es posible hablar de una base firme para un orden jurídico universal, que abrace a todas las naciones del mundo. En éste, como en el interno de las naciones en particular, valen los pensamientos de Unamuno: "Lo que es de uno, lo es de todos: y no sirve sacrificar cada uno a todos, sino en cuanto todos se sacrifican a cada uno". La "globalización" tiene el límite de la simultánea concurrencia de Justicia, Democracia y Bien común de cada una, con los del conjunto "global" de todas las naciones. Aún más: el Derecho Natural es el denominador común de la Doctrina Social de la Iglesia y de los principios jurídicos universales de todas las confesiones religiosas, por l que es posible fundarse también en su autoridad racional y filosófica.[3]

Por otra parte, finalmente, hoy se hace presente doquiera un término – "globalización"-, ya referido, de progenie económica, pero que ha tomado carta de naturalización en todos los ámbitos, incluso los jurídico-políticos. La eminente dignidad de la persona humana la necesidad de principios que funden y aseguren un orden social justo; el Derecho como forma que anime a la sociedad; los valores que lo inspiren y sean fundamento de la Democracia como principio de gobierno tanto como aspiración y vida históricas, actuales y futuras, son hoy realidades que exigen tener, por la anchurosa vía de los derechos y deberes humanos, una extensión universal, garantizada por una autoridad planetaria. Parafraseando a indiscutido líder mundial que fue más de un cuarto de siglo, Juan Pablo II, hoy puede y debe afirmarse que "hay que globalizar la Justicia para la Democracia, así como en un servicio recíproco, globalizar también la Democracia a favor de una mayor y mejor Justicia, con la solidaridad de todos los pueblos de la tierra."[4]

II.- Justicia

La voz "justicia" tiene 2 sentidos: Uno lato, de contenido teológico, como equivalente de toda perfección o santidad en sentido bíblico, o de toda virtud, como para Platón y l Patrística, vgr. los santos Ambrosio, Juan Crisóstomo, Agustín de Hipona, para quien es todo el **ordo amoris** u orden de la caridad.

El otro sentido, más frecuentemente empleado, estricto, es entendido como virtud cardinal, la de dar a cada quien lo suyo, según Ulpiano, y que es objeto del Derecho, para el aquinate: realidad ética que junto con la virtud de la prudencia, generan la ciencia de lo justo o Jurisprudencia, ésta en su amplia acepción.[5]

Un texto clave para captar la Justicia, es la "Etica a Nicómaco" de Aristóteles, cuyo Libro V le está dedicado y que entre otros muchos pensadores ha sido comentado por los seguidores de la filosofía tradicional. De la remota y brillante época greco-latina, pocos pensadores pueden haber

---

[3] OMEBA, *Voz Justicia*; RECASÉNS SICHES, Luis, *In fine*, resumen o intercalados del autor de éste.

[4] Más por extensor, estas mismas ideas, coinciden con muchas de las que se exponent en la 3era, Enciclopedia del Papa Benedicto XVI, "Caritas in Veritatem", que cité varias veces en una ponencia sobre Derechos Humanosen un mundo glbalizado, presentada en reciente Congreso Internacional.

[5] OMEBA, RECASÉNS, Op. Cit. pág. 652.

más profundos y universales, que el "filósofo por antonomasia" ya mencionado, oriundo de Estagira y colocado e la cumbre de la formidable tríada que le prepararon Sócrates, Padre y mártir de la Filosofía y Platón, su maestro, de quien tuvo qué decir que era muy su amigo, pero más de la verdad. En lo conducente a este trabajo, enfatizaremos algunas expresiones, capítulo por capítulo, de la obra aristotélica mencionada, comentada por el aquinate y por un neo-tomista argentino[6], de la siguiente manera: * I. Es virtud social, no íntima como las demás cardinales. Existe siempre entre 2 o más personas, por medio de un objeto. Es el hábito de lo justo. Es injusto el que obra contra leyes buenas.- II. Es el "alma" de la comunidad política.- IV. Cuenta con sus especies: la distributiva, para repartir beneficios y cargas entre los ciudadanos a fin de sostener a la polis y disfrutar de ella y la general o legal, para obedecer las leyes.- VII. Debe adecuar personas y cosas, para ajustarlas y repartirlas bien.- IX. En política, las relaciones entre gobernantes y gobernados, deben darse por razón y no por arbitrariedad.- XII. El Derecho se divide en 2 grandes ramas: el Natural, que rige doquiera y el Político o Legal, que define en una comunidad ciudadana determinada, lo que antes era indiferente, como justamente obligatorio.- XIII. Es acto humano propiamente tal: racional, voluntario, deliberado, libre, -con intención- para ser justo o injusto.- XVII. Es alteridad: requiere la presencia –e interacción- por lo menos entre 2 personas. El estagirita, en fin, define esta virtud, así: "Es el hábito por el que se llama justo al hombre que obra por elección de lo justo y sabe distribuírlo."

En el clacicismo jurídico romano, destacan, entre otras, estas definiciones: **"Iustitia, constans et perpetua volunctas jus suum quique tribuendi, est"**, o sea, la "Justicia es la constante y perpetua voluntad de dar a cada quien lo suyo," atribuída a Ulpiano, como se dijo antes. La defiición de Cicerón es esta: **"anim affectio suum cuique tribuens"**, es decir, la afección del alma de darle a cada quien lo suyo. Se explican estos conceptos, porque la Justicia nace como un sentimiento connatural: a cada uno, lo suyo. Es decir, lo que le pertenece, corresponde o toca. Pero tal afecto, inserta a las personas en un orden social: lo suyo es diferente de lo mío y ambos son distintos de lo nuestro, con sus respectivas estructuras de deberes recíprocos, con los que nace la "debitud", como hoy se le llama. Ensambla, articula, establece, construye relaciones sociales a las que fija y estatuye.

Para S. Isidoro de Sevilla, lo justo es el Derecho. En las 7 Partidas, Alfonso X el Sabio, define la Justicia como "raigada virtud que da y comparte a cada uno igualmente su derecho (III, I, 1) y "son tenudos los homes de obedecer a su patria (I-I-1,2), como queriendo cada uno su derecho para el otro , se guarde de no hacelle lo que no quiera que le hiciese a él (I,I,1,10). Subraya las funciones jurídica y política de la Justicia.

---

[6] RUFF MAGNASCO, Op. Cit.

Es para Santo Tomás de Aquino, nota esencial suya, la alteridad y de entre sus especies, da efectos especialmente políticos a la legal, que determina lo suyo del Bien común y que le debemos todos los miembros de la sociedad. Dante Alighieri define la Justicia como "la proporción que entre los hombres existe respecto de las cosas y de las personas, la cual, conservada, conserva a la sociedad; y destruída, la destruye", y nadie duda del fuerte influjo del gran florentino en la cultura latina en general y en la de Hispanoamérica en especial. Por su parte, Vitoria dice que "lo que es justo, es que ya está ajustado, o viene por igual". Luis de Molina, S.J., refiere la alteridad al Bien común y enfatiza que la Justicia legal, omnicomprensiva es del orden jurídico-político, al igual que lo hizo Juan de Mariana, S.J., todos ellos eminentes juristas de la Universidad de Salamanca, en el siglo de oro (XVI-XVII) español. El más grande de ellos, Francisco Suárez, S.J., precisa que ls Justicia legal, en sentido estricto, es la propia de la sociedad política, cuya realización es deber del Estado; un requisito intrínseco de la ley temporal, es que sea just en todo sentido.

Entre nosotros, el mexicano ilustre don Rafael Preciado Hernández, dice que la Justicia es la igualdad y armonía postulados por el orden, para coordinar las acciones entre los hombres y dirigirlos al Bien común

La historia del pensamiento humano en materia jus-filosófica, demuestra esencial coincidencia e n que la Justicia es igualdad y armonía de proporcionalidad, cada uno con sus matices. Sin embargo, paradójicamente, grandes luchas políticas y divergencias filosóficas también, se dan porque no hay concordrancia en la manera de establecer tal igualdad: ¿Cuál es la medida exacta? ¿Qué es lo suyo exactamente equivalente a lo debido? El problema es hacer homogéneo lo heterogéneo: es de estimativa jurídica muy compleja: lo relacional, lo útil, lo laborioso, lo biológico, lo ético, etc., es decir, un enjambre de factores implícitos, que habría qué combinar casi algebráicamente y más: establecer criterios de valor, con la Axiología jurídica, estructuralmente. Su jerarquía es vital también para la Filosofía Política, que ha de establecer proporcionalidad en las relaciones entre personas y Estado. La Justicia debe ser u orden de coexistencia de cada uno con los demás -alteridad-, de modo que encajen, ensamblen, se inserten en el todo de la sociedad política, a la que llamamos Estado."[7]

No debe pasarse por alto, un inmejorable estudio histórico-filosófico sobre la esencia de la Justicia, en el pensamiento de varios de los más connotados pesadores de la Historia Universal, que demuestra que la humanidad, de maneras multiexpresivas, siempre la ha tenido en gran aprecio, como una de las más altas aspiraciones de toda cultura verdadera y como una de sus mejores realizaciones posibles.[8]

---

[7] RECASÉNS. Ibidem.

[8] GÓMEZ ROBLEDO, Cfr. Bibliografía: Texto de lectura integra casi obligada en este tema: ya se le conciba como virtud, idea, acción, imperativo, norma o como valor, la Justicia es

El valor de la Justicia no mengua por los anti-valores que lo deturpen o lo nieguen. "La vida del hombre es una milicia sobre la tierra". Cicerón veía claro, el drama moral de la humanidad: **"video melior; proboque deteriora sequor"**, o sea, "veo lo mejor y sin embargo hago lo peor. Por eso, a un gran bien como lo es la Justicia, se han opuesto siempre y se seguirán oponiendo, los obstáculos de la violenta agresión, de la autocracia y en suma, de la injusticia inicua, contra su mejor inspiración: la fraternidad. En efecto: " La injusticia es *in-iquidad* y por serlo etimológica y realmente resulta también desigualdad antidemocrática." "Ni **homo nomini lupus** (el hombre, es lobo del hombre), postulado de una sociedad con origen artificial –pese a J.J.

Rousseau-; ni **homo homini Deus** (el hombre, es Dios del hombre), fórmula del estatismo –sea idealista a lo Hegel o materialista a lo Marx -, sino el hombre es hermano del hombre: **homo homini frater,** por Ley de Jesucristo."[9] Resulta indudable que en la cultura occidental, que es cristiana, la Justicia se subalterna, se sublima y se perfecciona, por la caridad fraterna entre los hombres.

Y no por ello, esta virtud social, pierde nada de s naturaleza de conocimiento práctico, que es aquél que propende al **scire propter operationem,** es decir, a ese saber que es propio para orientar la actividad de nuestras operaciones hacia el bien y participa, por tanto, del sentido de la prudencia, definida como **recta ratio agibilium** o lo que equivale, la recta razón en el obrar. Así, se afirma válidamente: "Estaremos en situación más propicia para realizar la Justicia en la práctica, en la medida en que tengamos una comprensión más clara, profunda y completa de lo que entraña." "Además de fomentar en nosotros el desinterés, el sincero amor a la Justicia y todos los sentimientos nobles y elevados, debemos tratar de alcanzar las características de este valor ético y de todas las consecuencias que del mismo se derivan".[10] Engendrada por el bien honesto –siempre ético- la Justicia es hábito bueno – virtud- que, por tanto, hace bueno a quien la practica y hace buenas sus obras; hace justo al bueno y justas sus conductas.

En cambio, la injusticia, fruto del mal, no tiene raíces exclusivamente externas; tiene su origen en el corazón humano, donde se encuentra una misteriosa connivencia con el mal. El hombre es frágil a causa e un impulso profundo, que le resta capacidad para entrar en comunión con otro(s).

Abierto por naturaleza al flujo de compartir, siente dentro de sí, una extraña gravitación que lo lleva a replegarse en sí mismo: es el egoísmo." "Por lo tanto, para entrar en justicia, es necesario salir de la ilusión de autosuficiencia, cerrazón –u ostracismo- que es el origen de nuestra

---

indispensable tanto para las sociedades, cuanto para los pensadores: Platón, Aristoteles, Sto. Tomás de Aquino, Leibniz, Kant, Hartman, Scheler, Radbruch, Mesner, Georges, Renardy, Nef, a quienes el autor pasa ponderada revista, elegantemente redactada.

[9] HERRERA Y LASSO, Tomo I. pág. 219

[10] TORAL, pág. 11

injusticia. Es necesaria una liberación del corazón. Al fin, podremos entrar en la Justicia más grande, que es la del amor, la de quien en cualquier caso se siente más deudor que acreedor, porque ha recibido más de lo que pedía esperar y las más de las veces, gratis. Precisamente por la fuerza de esta experiencia, entre otros casos, en justa democracia, el ciudadano todo ha de ver impulsado a contribuir a formar sociedades justas, en las que todos reciban lo necesario para vivir según su propia dignidad de personas, según exige el Bien común."[11] El remedio a lo inicuo de lo injusto, está pues, no sólo en lo justo, sino también en lo moralmente recto y bueno. No en vano el jurisconsulto Celso esculpió el adagio inmortal: **Ius, ars bonum et aequi, est.**: "El Derecho es el arte de lo bueno y de lo equitativo."

III.- Politica y bien común

La especie legal o general de la Justicia, conduce de modo natura y necesario al Bien común de las sociedades. Pero a su vez, este "pro comunal de todos", es redistribuido entre los miembros de la colectividad, según criterios de proporcionalidad que el Estado debe saber calcular idóneamente, para lo cual se vuelve a apoyar en la Justicia, esta vez, en su especie distributiva.[12] Integrar y distribuir el Bien de todos: he aquí l función de la Política, máxima expresión de la Etica Social en la tradición filosófica que arranca de Aristóteles y se prolonga, perenne, en l Historia el pensamiento humano, pero que pretendió mutilar Maquiavelo y han continuado bifurcando todos los seguidores suyos, directos e indirectos, empeñados en establecer u falso divorcio entre Moral y Política, así como entre Etica y Derecho. En consecuencia, una "democracia" ajena a la Justicia y viceversa. Son disecciones que siguen cobrando víctimas numerosas, aún frecuentemente, de entre sus mismos propugnadores.

La base de la inescindible coalición entre Justicia y Política por un lado, y entre Política y Bien común por otro –on todas sus consecuencias para la genuina Democracia- es el Derecho Natural, fudamento histórico explícito, al menos desde la filosofía del estagirita. En efecto, " la Justicia es transeúnte porque sale del sujeto justo para relacionarlo con algo exterior, que lo vincula a otro otros, en interés ajeno, dentro de l "polis" –o ciudad-: es nexo político, pues, para Aristóteles. El objeto de esta "justicia-política", general o legal, es el Bien común, con sus ventajas y desventajas; sus cargas y sus beneficios, que se apoyan en toda la gama de leyes, fundadas por último, en un Derecho de la naturaleza humano, inmutable en cuanto tal, aunque ligada a las vicisitudes de la historia: Es la Ley Natural, propia de hombres libres, racionales, sociables, dueños del destino de sus "polis" o ciudades-

---

[11] Tomado de BENEDICTO XVI VISNews, Internet, *Mensaje para la cuaresma de 2010.*
[12] La 3era. Especie de Justicia –conmutativa- queda para los intercambios entre particulares

Estados."[13]Es la misma Ley Natural que Antífona oponía –en las voces inmortales de Sófocles- a la crueldad del tirano, como la "ley no escrita y superior a la tuya, que rige desde los cielos." Es el verdadero *puente* que une toda realidad jurídica con toda verdad política; que es capaz de hacerse denominador común de racional sociabilidad solidaria para la huanidad entera, aún en el pluralismo étnico, cultural, lingüístico o religioso, porque la naturaleza humana permanece igual a sí misma y aún en el último aspecto mencionado, para aspirar a la vida inconmutable, bast cumplir de buena fe tal Ley Natural, si no hubo oportunidad de conocer la Verdad revelada. Así, esta Ley de ala naturaleza humana, es como el hogar común de todas las religiones, en que es fácil el encuentro simplemente humano, pero pleno en su línea antropológica.

Lo anterior no obsta para que en cuanto itinerante en este mundo, el creyente cristiano, no sólo se sienta, sino sea de verdad, sujeto de doble nacionalidad simultánea: una temporal y otra trascendental. Con razón afirma uno de los más brillantes filósofos neo-tomistas contemporáneos: "La doctrina política del aquinate gira en torno al concepto de orden agustiniano y al mismo tiempo asume la idea de Justicia legal aristotélica. Pero su filosofía política es también original, tanto que se permitirá afirmar algo que el hiponense nunca dijo, a saber, que el hombre, aquí en la tierra, puede pertenecer a las dos ciudades, a la **civitas** (ciudad) terrena y a la **civitas Dei (ciudad de Dios)".**[14] Difícilmente puede concebirse una "globalización" absolutamente más universal, es decir, más "católica".

Por eso, para uno de estos creyentes, es imposible separar las raíces de Justicia y de Caridad, que simultáneamente subyacen –al menos ene. Orden íntimo de las intenciones –de las raíces latinas **tendere** e **in,** o sea, tender hacia dentro- de la propia conciencia, presente en todo deber político: El pueblo "ha comprendido que el deber político es un deber de Justicia, que exige a todo hombre participar desinteresadamente en la vida pública, en lugar de abstenerse egoístamente o permanecer indiferente; y como buen cristiano, ha comprendido que este deber es además de Caridad, el cual no suprime, sino supone y supera el de Justicia, pues fincado en el amor a la patria, es una forma alísima de amor al prójimo y de amor a Dios."[15]Son precisamente, en forma solidaria –en el sentido de hacerse sólidas- Justicia y Caridad, columnas inamovibles, cuando existen de verdad, de la Democacia, que echa raíces en el tiempo y en lo trascendental, de consuno: " La Justicia, sublimada por el amor de Caridad, tine un vastísimo trabajo democrático por delante en servicio del hombre y de todos los hombres, especialmente de los necesitados que esperan ayuda; de los primidos que aguardan liberación; de los desocupados que demandan traabajo; de los marginados que requieren

---

13 ARISTÓTELES, Notas de Samaranch, pág. 1406-1407

14 FORMENT, pág. 284

15 PRECIADO HERNÁNDEZ., *Democracia*, pág. 45

respeto. ¿Cómo es posible que en este tercer milenio de la era cristiana, todavía haya personas humanas que mueran de hambre; condenadas al analfabetismo; carentes de toda asistencia médica; privados de un techo par cobijarse? El panorama de la pobreza puede extenderse indefinidamente y aumentar hasta el de la miseria extrema, con nuevos flagelos como la desesperación del sin sentido existencial, de la insidia de la droga, del abandono de los ancianos, del desequilibrio ecológico, del escarnio o vilipendio de los derechos humanos fundamentales" y muchos más que engrosarían largamente la lista de las injusticias anti-democráticas de todo orden. Pero a todos los pobres, oprimidos y explotados, debe vérseles "no como un problema, sino como a personas humanas que pueden llegar a ser protagonistas de un futuro nuevo y más humano para todo el mundo."[16]

Lejos de que las anteriores evidencias pudieran conducir a cualquier "dogmatismo", representan una apertura mayor que cualquiera otra, al pluralismo, pues de la Justicia a la Democracia, se transita por el puente del Bien común, que es precisamente el que favorece a todos –civiles y políticos; personas, grupos y destinos; justos y demócratas, pero nunca a egoístas cerrados en sí mismos, ni a autócratas destructores de los demás- ya que "es preciso establecer neta distinción entre comunidad política y sociedad civil, con la visión del hombre como ser racional, autónomo, relacional y abierto a la trascendencia, que contrasta tanto con las ideologías políticas individualistas, cuanto con las totalitarias, para militar a favor del pluralismo, que se propone conseguir el Bien común y la misma Democracia, según los principios de la Justicia."[17]

Por la misma razón por la que la ciencia de la Justicia y del Derecho –llamada Jurisprudencia estrictamente- y la ciencia del Bien común, que es la Política, están íntimamente vinculadas por estudiar realidades espirituales –*noológicas* diría Ampère-, de la vida social, es por esa misma razón por la que la Justicia misma en sí y el propio Bien común, cívico-político, resultan recíprocamente condicionados y condicionantes. Al respecto, no en vano se ha afirmado, con aplomo: "La Justicia es el objeto y la medida intrínseca de la Política. La construcción del orden justo de la sociedad es tarea de la autoridad política y goza de legítima autonomía. La Política no se reduce a simples técnicas para determinar ordenamientos públicos. Su origen y meta está en la Justicia y ésta es de naturaleza ética. La Justicia es una virtud dinámica y viva qu promueve y defiende a dignidad de las personas y tutela sus relaciones y las de los pueblos. Restaura, no destruye; reconcilia en vez de instigar a la venganza."[18] Los tecnócratas, tanto como los sumisos que se niegan a reconocer la legítima autonomía objetiva de lo temporal, cuanto los

---

[16] JUAN PABLO II: VISNews, *Mensaje para la Paz 2000*, Compendio Núm. 5.
[17] Compendio 417
[18] Mensaje de la Conferencia Episcpal Mexicana, 24 de abril de 2009

ahítos de odios y de venganzas, no pueden encontrar campos propios de acción fecunda, ni en la moral, ni en la Justicia, ni en la verdadera Política.

Acaso la hallen con demasiada frecuencia en lo que las falsifica o las simula. Esta última posibilidad es la que plantea, sobre todo en las arenas públicas, la imperiosa necesidad de la pureza de *intencionalidad* que "haga correr parejas, ideas y vida". Por esto mismo, sostuvo un elocuente tribuno: "Venimos a hablar e cosas graves y profundas; de esa acción política de la que hasta ahora se ha tenido un concepto tan mezquino, tan pobre. Vamos a decir que hacer Política, es la más noble actividad de los hombres; vamos a decir que quien no hace Política no merece ser hombre, porque el que no hace Política no se preocupa por el Bien común, lo que es star en una situación que entraña disminución de la propia personalidad." "¡Cómo es reconfortante la acción poítica para el Bien común de la patria, frente al estallido de la pasión; frente al debatirse de los apetitos y de los mezquinos intereses!" Venimos a hablar de principios: persona digna, Justicia, Bien común, Nación Municipio, Democracia, Educación, etc., al "soplo del espíritu y este aliento, es un tónico de máxima potencia, para que pongamos una plenísima rectitud de propósitos y una elevada –elevadísima- altura de miras, pues sólo a los limpios, les está reservado e los designios del Espíritu, la definitiva fecundad."[19]

Lo anterior, no significa desprecio por el valor genuino de la técnica, a condición de que no se le descordine del valor general de todo lo humano, que es prevalerte. "Debemos afirmar la necesidad de la técnica y de los valores humanos: del saber de sentido y del saber de profundidad. Uniendo esos 2 conocimientos, será posible la colaboración de todos en la construcción de una Democracia con Justicia."[20]Una eminente filósofa mexicana, ha captado claramente el alcance propio y el valor humano de la técnica.[21] La Política, ella también, es una técnica humanista de salvación del Bien común, en la Justicia, para los pueblos. No puede ser una mera técnica de inmediatez de resultados contabilizables por estadísticas o constatables por gráficas de coordenadas cartesianas u otros métodos –aún cibernéticos- que sólo tengan en cuenta el **quantum** (cantidad) pero no el **quale** (calidad) y ni siquiera el **quid** (qué o ser).

La Política, antes que técnica es una disciplina esencialmente humanística, que milita en pro de las personas "de carne y hueso", que han asumido sus elevados valores. En efecto, "el hombre conciente, sabe que la primera manera de servir al Bien común temporal, es la de ser fiel a los valores de la verdad, del amor y de la Justicia, que son sus elementos

[19] ESTRADA ITURBIDE, Cfr. Bibligrafía.
[20] GONZÁLEZ MORFIN, Discurso, Confrontación en el ITAM, Monterrey, N.L., 28 de abril de 1970
[21] GARCÍA ALONSO, Cfr. Bibliografía. Puede considerarse a esta pensadora Mexicana como filósofa celebrada a nivel planetario, por méritos propios.

principales"[22], de orden superior. Existe, sin genero de dudas, un mutuo condicionamiento, de orden tanto ontológico, cuanto axiológico, entre las personas humanas dignas y el Bien común, que son capaces de edificar y también de disfrutar equitativamente. Se sostiene hoy con plena razón: "La persona como máxima perfección, como suprema participación en el acto de ser, necesita expansionarse y comunicarse, es decir, darse a los demás. Lo hace con las relaciones interpersonales –como las de la Justicia- y su consecuente solidaridad, en la búsqueda del Bien común, que es el fin más propio del arte político. A la inversa, toda persona tiende al ser y a sus trascendentales: unidad, verdad, bien y belleza. Pero para que se haga explícitas estas tendencias, se procura un trabajo difícil, especialmente interior, pues las facultades para su desarrollo, actúan de modo íntimo e inmanente. El Bien común es el que proporciona las ayudas necesarias para ello. Puede decirse que la sociedad está subordinada a la vida interior de las personas, para que consigan la actualización de las tendencias a la plenitud de los trascendentales de su ser."[23]No en vano, desde hace tiempo con definición adecuada, el Bien común es el conjunto de elementos y de condiciones materiales y espirituales, necesarias para que las personas humanas alcancen la perfección propia e íntegra de su dignidad, en el seno de las sociedades de que son miembros.[24] Tampoco cabe duda de que Justicia y Democracia son 2 de los principalísimos ingredientes –condiciones o elementos- espirituales, del Bien común.

En efecto, si son verdaderos, se da entre Justicia y Bien común, una cohesión inseparable: "Una nota implícita en la Justicia es su conexión con el Bien común. Las leyes emanadas del poder público deben ser justas y para serlo, se requiere que se encaminen a la consecución, la conservación o el incremento del Bien de la colectividad. Para el aquinate, *la Justicia da a otro lo suyo, en consideración al Bien común*. Este no es nunca algo para cuya consecución hubieran de quedar eliminados, absorbidos o colapsados los auténticos derechos de los ciudadanos, ni es una finalidad que para alcanzarse, permita o tolere que la persona sea tratada como mero medio, pues el propio Bien común supone respeto a la persona humana y aseguramiento de los derechos que le corresponden."[25]Tan estrecha es esta relación, que existe un mutuo influjo innegable, que partiendo de la Justicia legal, construye con labores y esfuerzos de todos, el Bien común y que éste reparte entre todos los sujetos de la sociedad, convertida en recta Justicia distributiva, en proporción a sus necesidades y a sus méritos. Lo enseñó claramente un jus-filósofo mexicano, quizá el mejor del siglo XX, en estos

---

[22] MARITAIN, pp. 382-383

[23] FORMET, p. 292

[24] Esta definición se aproxima a las formuladas por DELOS y por PRECIADO HERNÁNDEZ.

[25] TORAL, pp. 95, 154.

precisos términos: "El Bien común no sólo aprovecha a todos, sino requiere el esfuerzo común. Se necesita un criterio para distribuir racionalmente entre los hombres las cargas y beneficios que implica el Bien común. Este, pues, postula la Justicia, pues ésta es tal criterio. En este sentido, la Justicia es un principio formal y recto con relación al Bien común. Pero desde el punto de vista de sus realizaciones, el Bien común comprende a la Justicia, ya que ésta, en cuanto se traduce en un orden fáctico, instituido en una sociedad determinada, constituye su Bien común. En este otro sentido, la Justicia cae bajo la extensión del concepto Bien común."[26]

Natural es, entonces, que la confluencia entre Justicia –valor jurídico esencial- y Bien común –valor político absolutamente básico- desemboque en el principio democrático, conforme al cual es preciso decidir alas cuestiones públicas con arreglo al criterio mayoritario, asegurando de consuno, con real pluralismo, el respeto a los derechos de pareceres minoritarios, para que ambos concurran, sin exclusivismos ni segregaciones, a los destinos temporales de las sociedades, en especial al que toca al Estado Nacional y de Derecho. "Para asegurar el Bien común, el gobierno tiene el deber de armonizar en Justicia, los diversos intereses de grupos e individuos, que es una de las funciones más delicadas del poder público. En un Estado democrático, las decisiones se toman ordinariamente por quienes representan a la mayoría pero el fomento del Bien común exige la perfección del derecho de todos los miembros de la comunidad civil, incluidas las minorías."[27] Esta necesaria realidad, abre ahora la reflexión al siguiente polo temático.

IV. Democracia

A. Algunos datos esenciales
Toca al más sistemático de los constitucionalistas mexicanos del siglo XX –en concepto del autor de este estudio-, redondear las ideas del párrafo precedente, con que al mismo tiempo que se cierra un tópico, se abre otro nuevo –ambos en las mismas líneas de continuidad- en los siguientes sabios y elegantes términos: "Santo Tomás de Aquino planteó la diferencia entre 2 cosas: a las que debe atenderse –**duo sunt attenda**-: una, la participación de todos los ciudadanos en la formación de la voluntad del Estado –**ut omnes aliquam partem habent in principatum**- y otra, la especie de gobierno y dominación –**specie regimini vel ordinationis principatu**- (Summa I-III,105.a.1). La coincidencia de estos 2 principios, resuelve el contrato entre la libertad y el orden, porque hace coincidir la voluntad individual con la voluntad total del Estado. El fenómeno de la "autodeterminación", que hemos ubicado en la entraña del acto soberano de darse un pueblo su

---

[26] PRECIADO HERNÁNDEZ , *Lecciones,* p. 215
[27] Compendio núm. 169

Constitución, se proyecta de este modo en el fenómeno de la "autodominación", nota característica y suprema del régimen democrático."

"El compromiso previo, implícito en todo evento democrático de que los disidentes habrán de someterse al criterio de los más, siempre y cuando aquéllos y éstos sean escuchados por igual, es lo que a nuestro juicio deja a salvo el principio de autodominación: la dominación de la mayoría aceptada de antemano, a condición de ser descuida con libertad, es cabalmente una autodominación."[28] Presiden así el Derecho y la Justicia constitucionales, algunos conceptos luminosos sobre la Democracia, demostrando que lejos de estorbar, es muy apreciable ayuda, la que recibe el estudioso de lo jurídico-político –toda Constitución lo es- de parte de la Filosofía tomista.

Pero ésta, se remonta, como es bien sabido, a la Grecia clásica. Etimológicamente, **demos** es pueblo y **kratos,** autoridad en sentido propio, aunque también impropiamente signifique poder o fuerza, incluso. Democracia es, por ende, la autoridad del pueblo. La idea greca es dar en este sistema, intervención a todos los ciudadanos de una **polis** (ciudad, entonces; hoy, Estado), en el gobierno.

La Democracia cuenta con una larga historia, tanto cívico-política, cuanto socio-filosófica. Nacida en Grecia, su paradigma fue la Atenas del siglo de oro de Pericles, y cuando Roma conquistó a aquélla por la fuerza de las armas, se vio a su vez conquistada por la altura cultural de los griegos, como por extenso narra, vgr., Foustel de Coulanges. Lo que en algunas etapas de la Historia romana hubo de democrático, se lo debe a la inspiración de Grecia.

En la larga Edad Media privaron instituciones tales como el vasallaje, la burguesía, las rebeliones, el feudalismo, etc., poco compatibles con la Democracia, pero ésta cobró alientos singulares, p. ej., con los antiguos "fueros" gótico-hispánicos –genialmente fusionados por San Isidoro de Sevilla con el Derecho Romano y con el Canónico-, hasta culminar con las "7 Partidas" del rey Alfonso X el sabio, semejantes a la más bella y elevada catedral gótica de lo jurídico, en el mundo, o bien, con los *writs* y *la Magna Charta* ingleses. No puede dejar de mencionarse el sentido humanista que sobre la base generosa de Isabel la Católica, y que consta expresamente en su testamento con su codicilo, marcó con un sello de identidad de principio democrático de gobernanza, las Leyes de Indias, después del imborrable 12 de octubre de 1492, cuando se consumó la hazaña de Cristóbal Colón.

La Edad Moderna quedó marca con grandes hitos, tales como la revolución francesa de 1789, junto con la Declaración de los Derechos del Ciudadano y la revolución de independencia de las 13 colonias inglesas en el Norte de América, que fijaron los signos de la Democracia liberal y en el

---

[28] TENA RAMÍREZ, pp. 90, 97 y 98.

último caso, la invención casi inmediata posterior, de la federación, como solución política para la unión.

Pronto seguirían, en el siglo XIX, las guerras de independencia y la fundación, con la emancipación de Iberoamérica, respecto de la dominación de sus colonizadores europeos, la instalación de nuevos Estados nacionales. El panorama iberoamericano presenta la regla general de una opción por las repúblicas presidencialistas, con la excepción, por algún tiempo, del Brasil, que permaneció en la monarquía. Esta regla general ha tenido numerosas excepciones de autocracias dictatoriales, unas efímeras u otras prolongadas, algunas de las cuales aún se perpetúan o han emergido recientemente.

Hoy doquiera en el mundo, la Democracia es una idea-fuerza; caudal y no cauce; corriente, tendencia, dinamismo, impulso –*élan vital*, diría Bergson- ; es contenido, no continente. Se es demócrata por temperamento y por convicción. En tanto, es no sólo forma de gobierno, sino además actitud social; posee un sentido ético regulador y orientador e la vida de relación y así la Democracia adquiere cada vez más un significado preciso; un valor expresivo y categórico; una actualidad viviente, activa y fecunda."[29]

El breve panorama histórico-político que antecede, obliga a distinguir entre *formas y principios* democráticos de gobierno. En el fondo de la distinción aristotélica entre formas puras e impursla Filosofía Política, suele encontrar el germen del distingo fundamental. En efecto: "Estrictamente, cualquier *forma* de gobierno tiene que ser clasificada en alguna de estas 2 categorías de sus *principios de fondo:* Democracia o autocracia, ya que lógicamente no hay más que estas 2 posibilidades: O se considera que el asentimiento popular es una de las condiciones de legitimación del poder, o se admite que el gobernante tiene un título propio, que no deriva de la comunidad que gobierna, para ejercer el poder."[30]

A la luz de esta distinción de *principios*, debe señalarse que la democracia individualista-liberal, es errónea, porque no todo está sujeto a votación, por ejemplo, la Justicia, la Verdad. Es, en cambio, genuina Democracia, la que puede describirse explicando que es *orgánica*, porque parte del Estado como de un todo moral, análogo a un cuerpo vivo, cuya teoría, con bases aristotélicas, desarrollaron sobre todo el aquinate y Francisco Suárez y en cuyo espectro político, se incluyen al menos estas exigencias básicas: 1) El poder es propio e la comunidad, que lo atribuye libremente a los gobernantes, según es Voluntad de Dios. 2) El poder se legitima en su ejercicio, no sólo obrando el Bien común, sino lográndolo en la realidad con la participación y la voluntad del pueblo. 3. Son irrenunciables las libertades y obligaciones fundamentales de l las personas, que gozan de igualdad analógica. 4. Los gobernantes deben se responsables

---

[29] AMEBA, *Voz Democracia*; SÁNCHEZ VIAMONTE, Carlos, resumen, más comentarios o adiciones del autor de este trabajo.
[30] PRECIADO HERNÁNDEZ, *Democracia*, pp. 28-29

de sus actos y omisiones con apego a la legalidad. 5. Todo gobierno debe informar de sus datos, planes, programas y logros, correlativamente al derecho de los ciudadanos de conocerlos oportuna, cabal y verazmente. 6. El pueblo tiene derecho a realizar formas que establezca la prudencia política, de consulta, en ejercicio de la democracia directa, complementaria de la representativa, mediante actos tales como el referéndum, el plebiscito, la revocación del mandato y la iniciativa popular.[31]

Resulta indudable que la esencia de la Democracia, se vincula con su propio *principio* de gobierno, así como con sus exigencias necesarias, que se expresaron en el párrafo precedente. Tales esencias y exigencias, son puestas de manifiesto, entre otras, en estas elocuentes citas: "La Democracia hoy continúa siendo –también además de un principio- una forma de gobierno, aunque ya no se opongan –aristotélicamente- a monarquía y aristocracia. Hay monarquías democráticas y democracias aristocráticas, mezclando formas con principios gubernativos. Pero más que forma de mandar, la Democracia es condición de dignidad humana y exigencia de decoro cívico, en pro de todos, en el orden comunitario."[32] En "la Democracia a secas, sin equívocos ni adjetivos antitéticos, lo que importa es su esencia misma. No es tanto en el plano de la razón, cuanto en el campo de la investigación sociológica, donde debe estudiarse la concreción histórica de las ideas democráticas. También producto de la evolución política –desarrollo y creación- la Democracia se ha transformado y enriquecido con elementos renovados. ¿Cuál es hoy su contenido real? La respuesta: régimen de auto-gobierno, mediante representación; la ley, obra de todos; libertad, igualdad y Justicia, condiciones esenciales de la organización política; posibilidades de autoridad para todos; alternativa de los ciudadanos en el mando y en la obediencia; gobierno constitucional y derechos del hombre. Con una doble consecuencia: respeto a la persona humana y legitimidad del poder."[33] "La Democracia, en sí misma, no es una mera forma de gobierno o un simple régimen político, sino que es más bien una forma de vida, un estilo de conducta, un modo de proeder que corrsponde a la madurez humana, a la plenitud existencial del hombre, cuando ha dado de mano con sentido de responsabilidad a una convivencia justa, pacífica, razonable, buena."[34]

No es, pues, la Democracia algo instintivo, ni gregario, ni automático. Depende de los valores que sólo pueden realizarse por la libre determinación de la voluntad humana, especificados por su razón, es decir, como frutos conjuntos e la dignidad de las personas y del Bien común, que de consuno persiguen la Justicia y la Ley Natural. Con recia experiencia, se afirma: "La Política sin valores, sin límites para ejercer el poder, lleva al imperio del mal.

---

[31] Idem, para más insistencies y exposiciones, pp. 31, 39, 51
[32] HERRERA Y LASSO, Tomo I, p. 220
[33] Idem, pp. 213-214
[34] GONZÁLEZ URIBE, pág. 78

Sembrar la política de valores, es abonar el campo propicio a la virtud ciudadana." "La Democracia no es simple recuento perpetuo de sufragios, sino también, sobre todo, una forma de vida, congruente con la dignidad del hombre, para distribuir equitativamente el saber, el tener y el poder."[35]

Y se confirma: "Hay que observar que sino existe una verdad última que guíe y oriente la acción política –sino puro relativismo de escépticos o de equilibristas convenencieros- entonces las acciones políticas pueden ser fácilmente instrumentalizadas para fines de más poder, ajeno al Bien común.

Una democracia sin valores se vuelve autocracia visible o encubierta, como demuestra la Historia. Su carácter axiológico y ético no es automático, sino depende de su conformidad con la Ley Natural; depende, por tanto, de la moralidad del fin que persigue, cual es el Bien común y de los medios de que se sirve."[36]

Los valores para la Democracia, según criterios de la Doctrina Social Cristiana "expuesta en plan filosófico, aceptada también por no católicos e incluso por no creyentes", pueden resumirse en 5 puntos fundamentales: 1) Persona, en su ser de "sustancia individual de naturaleza racional" (Boecio), porque sólo ella es titular de derechos y de deberes políticos. 2) Solidaridad, que es interdependencia humana activa, dinámica, para obtener entre todos el Bien común; debe darse en 3 niveles: sociedad a sociedad; persona a sociedad y persona a persona. 3. Subsidiariedad, que constituye la ayuda que complementa los diferentes, garantizando tanta libertad cuanto sea posible y tanta autoridad cuanto sea necesaria. 4) El Bien común, ya definido antes, pues los seres, los fines y los bienes humanos, tienen valor absoluto: es preciso promoverlo y respetarlo. 5) Autoridad: a) Moral e intelectual, ambas juntas y no sólo la segunda sin la primera. B) De origen y de ejercicio. C) Jurídica, para dirigir y servir desde el mando, a la comunidad, hacia el Bien común.[37]

Y en precisa, así como en preciosa síntesis: "Lo insustituible de la Democracia, es la identificación del poder con el pueblo."[38]

B.- Ciudadanía

El pueblo es el conjunto de los ciudadanos. Y la cualidad esencial de éstos, que los hace pertenece al pueblo, es su ciudadanía. Concepto jurídico-político de raíz moral, debiera ser el epifoco de la Democracia. Ningún título podía haber de mayor jerarquía que éste, p. ej., entre los romanos. Y se caracterizaba por datos superiores: **honeste vivere; non laedere; suum cuique tribuere,** o sea, vivir honestamente, sin dañar a nadie y ser justo. Datos muy por encima de una mera etapa cronológica de 18 años de edad,

---

[35] ALVAREZ, Luis H., pág. 372
[36] Compendio, núm. 407
[37] Resumen tomado de GONZÁLEZ MORFIN, *Temas*, pp. 192 ss.
[38] GÓMEZ MORÍN, *La Democracia en México*, pp. 107-108

que no siempre es signo de madurez, ya no ético-política, sino siquiera psíquica; menos mal que se acompañe del "modo honesto de Vivir" y se suspenda al compurgar penas por delitos.

La ciudadanía iguala analógicamente a gobernados y a gobernantes: todos somos ciudadanos sujetos al Derecho, con el distingo de que unos –los primeros-, son mandantes –los que dan o imparten las órdenes- y otros –los gobernantes- son mandatarios, o sea, quienes deben obedecer y cumplir lo mandado, en la auténtica representación política. Esto hacía enfatizar: "La autoridad suprema radica en la ley y todos somos autores y súbditos de ella.

El piloto es también un tripulante. Entre gobernantes y gobernados, más que una relación de jerarquía, hay una diferencia –analógica- de función: no entregamos los ciudadanos al Estado nuestros derechos, sino una parte de nuestro trabajo y de nuestros productos, a cambio de su protección –y servicios-. Gobernar no es tanto mandar, cuanto dirigir, coordinar y administrar –así como impartir Justicia-y nadie tiene otros derechos que cumplir con su deber."[39] La igualdad de todos ante la ley,en una misma calidad de ciudadanía , es condición necesaria para ser hombres libres y sin serlo, la Democracia sería imposible, como ya hacía notar uno de los mejores observadores políticos universales: ": "Si el despotismo se estableciera en las Naciones democráticas contemporáneas, sería más amplio y más benigno que en el pretérito y tal vez degradaría a los hombres sin necesidad de atormentarlos," "Se hace difícil cómo hombres que han renunciado enteramente al hábito de dirigirse a ellos mismos, podrían elegir acertadamente a quienes han de conducirles; y no es posible que un gobierno abio y enérgico, se establezca con los sufragios de un pueblo de esclavos."[40]

Por eso, la ciudadanía, entraña seria responsabilidad cívico-política: "El compromiso político es una expresión calificada y exigente de empeño al servicio de los demás. Buscar el Bien común con espíritu de servicio; desarrollar la justicia con especial atención al sufrimiento y a la pobreza humanos; respetar la autonoía de las realidades temporales, el diálogo y la paz: estas y otras, son orientaciones irrenunciables que deben inspirar la acción política de todos los titulares de derechos y deberes cívicos, especialmente si gestionan directamente asuntos públicos –municipales-, locales, nacionales o internacionales, pues los gobernantes con cualquier género de autoridad, deben tenerlas muy especialmente en cuenta."[41]

La calidad responsable y libre de una ciudadanía conciente, debe empeñar a la sociedad íntegra e el esfuerz de lograr la mejor educación política de los ciudadanos: "Cada uno con plena honestidad, debe profesar las propias convicciones cívico-políticas: yo no soy dueño de la verdad. La Verdad es mi dueña. Me plantea preguntas fundamentales. Cada uno debe

---

[39] HERRERA Y LASSO, Tomo I, p. 219
[40] TOCQUEVILLE, 2º Tomo, pp. 267-268
[41] Compendio núm. 565

responderlas con libertad privada y pública, ésta garantizada en pluralismo verdadero, no con falsos relativismos."[42] Educación que no es para la Verdad, que es la única que nos hace libres, no es sino simulación falsaria. El civismo sigue siendo la virtud de la verdad del ciudadano, para acceder a la plenitud de la ciudadanía, que se sabe profesar sin ambages, en la propia convicción y en el respeto a las ajenas, si son sinceras, sin perjuicio de un diálogo que por las discrepancias, haga brotar las luces.

La educación para la Democracia, es una suerte de auto y hetero-docencia de la ciudadanía misma, que mucho más que en las aulas, debe aprenderse a lo largo de la historia de la vida pública, merecedora de íntegra salud cívico-política, doquiera: "Se requiere un largo proceso de maduración de desarrollo humano, contra aspectos desenfrenados y desordenados impulsos de dominación y en favor de obtener la efectiva vigencia de los valores morales de la sociedad: honradez, sinceridad, adueñamiento de las pasiones, servicialidad, Justicia. Es el ideal al que apunta la educación para la libertad. Y esa educción es la base de toda genuina Democracia."[43] Y más a profundidad de análisis: "La Democracia ha sido y será el ideal para el pueblo. Desde que obtuvo su independencia, nuestra Nación no quiere dictaduras, ni militares, -ni disfrazadas-, ni de partidos, todas más o menos larvadas de totalitarismo. Quiere una sana, genuina, firme Democracia, que aún con defectos, sea siempre perfectible. ¿Cómo lograrla? Nunca con violencia, sino con renovada decisión, constante, de servir –aún con sacrificio- al Bien común y defender –aún con la vida misma- la libertad y la Justicia. Su base innegable es la educación de la población, que no es masa amorfa, sino Nación de hombres libres, concientes, responsables, alertas, decididos. Debe pasar por todas las edades de la vida y por todos los grados de la formación y al llegar a serlo, el ciudadano debe participar cívica, electoral y políticamente, según sus convicciones y mediante tres actividades: ver, juzgar, decidir; combatir apatías y abstencionismo, pereza, cobardía, egoísmo, codicia, corrupción y demás vicios que corroen el espíritu cívico-político. Y saber combinar las facetas de la política: arte y técnica, poniendo por encima de ambos, lo más alioso: las virtudes políticas."[44] Si más arriba encontrábamos el gran influjo de l Justicia sobre la Democracia, ahora, en este punto de la Educación política, para la ciudadanía, volvemos a otro señalado encuentro de convergencia, esta vez, a la inversa. Nada más injusto que dejar al pueblo en estado de iopia de formación cívico-política.

La peor forma de ignorancia, es la anti-cívica: es de lesa Patria. Es también la más inicua y autocrática.

Cuando los ciudadanos están bien educados, fluye de modo natural, la participación política de la ciudadanía –esta vez tomado este último vocablo

---

[42] GONZÁLEZ MORFIN, *Temas*, p. 197
[43] GONZÁLEZ URIBE, *Hombre y Estado*, p. 78
[44] Idem, pp. 324-326

en su acepción de *pueblo*- : "La participación en la vida comunitaria, no sólo es una de las mayores aspiraciones del ciudadano libre y responsable, con y para los demás, sino también uno de los pilares del orden democrático y una garantía de su permanencia. Es evidente que toda Democracia debe ser participativa. Los sujetos de la comunidad civil, en todos sus niveles, deben ser y son así normalmente, informados, escuchados e implicados en el ejercicio de las funciones públicas."[45]

Ningún grupo intermedio –ni siquiera los partidos- pueden suplantar el papel protagónico de primacía política, de lo ciudadanos. Los intentos de perpetrar lo contrario, han llevado a una variante totalitaria o autocrática, que se ha dado en denominar "partidocracia". Es otra la función de los partidos: organizar e ilustrar corrientes afines de opinión pública, para ofrecer alternativas y opciones doctrinarias, programáticas, de estudios de soluciones a problemas reales y los candidatos más idóneos, a la ciudadanía. Son los ciudadanos el factor que decide, en las Democracias: "En estos regímenes, el ciudadano es un factor determinante, más que ningunos otros. Como titular del poder público y otorgante de investiduras, de él dependen la legitimidad y la fuerza del Estado." "Todo orden político es, en último término, resultado de la entidad personal de los ciudadanos y de su conducta social –en toos los ámbitos-. Cualquiera que sea la forma del Estado, la realidad del pueblo influirá necesariamente en su estructuración concreta y en su acción."[46]

Efectivamente, además, "los partidos deben ser democráticos en su estructura interna; capaces de síntesis y análisis políticos, con visión del futuro"." Deben favorecer en lo interno, una amplia participación y acceso de todos sus miembros a las responsabilidades públicas –con plena Justicia en las oportunidades- y ofrecer a los ciudadanoe en lo externo, la efectiva posibilidad de formar y de escoger opciones políticas" reales y viables[47]

En la vida democrática en general, pero especialmente en la de los partidos, siempre es legítima la fundada discrepancia y si eso, contra opiniones dominantes, aún on mayor razón, contra las que pretendan imponerse como "líneas obligadas": "Alí donde el disenso es libre de manifestarse, el consenso es real y solamente donde el consenso es real, el sistema puede llamarse justamente democrático."[48] Lo único en que no cabe el disenso, es en los principios; en cambio, en todas sus derivaciones –por vía de inferencia, de determinación o de consecuencia- son opinables y sujetas al libre y racional discernimiento de cualquiera de los interesados. Este discernimiento racional no sólo no puede confundirse con la indisciplina, sino debe verse como un estímulo a la libertad y al enriquecimiento de las propuestas. Esto, sin embargo, no puede ocurrir cuando lo ciudadanos se ven

---

[45] Compendio núm. 190
[46] GONZÁLEZ LUNA, p. 71
[47]Compendio núm. 413
[48] BOBBIO, p. 49

obligados a opinar en materias políticas, necesariamente, a través de un partido: si disienten de la posición d éste, su disenso no sólo es acallado, sino también reprimido, don un proceder de corte dictatorial, que es esencialmente antidemocrático. Primero es el ciudadano; después, los partidos.

C. Algunas fortalezas y debilidades

El ingenio político de la humanidad, parece no haber llegado a descubrir, a todo lo largo de su historia, una mejor solución d convivencia colectiva de las personas humanas, que el principio democrático de gobierno, inspirado y al mismo tiempo onstructor del valor ela Justicia y garante del Bien común. Pero aún esta solución no carece de riesgos propios: son los peligros de la Democracia, que es humana. Y lo decían bien los romanos: **Humanum errare est**, o sea, es humano equivocarse. Aún tratándose, no del principio democrático, sino de sus aplicaciones, de sus opciones constantes, de sus consecuencias prácticas, es posible caer en errores.La mayor fortaleza de la Democracia, estriba en que su sistema de principio "vale en la medida en que asegura la participación de los ciudadanos en las opciones políticas y garantiza a los gobernados la posibilidad d elegir y controlar a sus propios gobernantes o bien la de sustituirlos de manera pacífica y oportuna. Una auténtica Democracia, sólo es posible en un Estado de Derecho que busca realizar la Justicia, sobre la base de una recta concepción y respeto íntegro de la persona humana, a la que procura se incluya forme también en lo social, dentro de estructuras de participación y corresponsabilidad".[49] La mayor debilidad de este sistema, es que no logre dar acceso real a la ciudadanía a sus propias decisiones políticas; deturpe o niegue la dignidad humana; o sólo finja o simule la educación cívico-política para participar corresponsablemente en la vida pública. Es que en materia política, también existe –quizá más enconada- la vieja milicia humana entre el bien y el mal; la tragedia moral de ver lo mejor y sin embargo, hacer lo peor; el drama de no abrazarse a la Verdad presente, a cambio de preferir las monedas falsas de la mentira, como sifueran auténticas: la Política –ella también- , tiene sus escribas y sus fariseos.

Una manera de atenerse sinceramente a la Democracia, es cumplir sus elementos mínimos característicos, descritos jurídico-políticamente, al menos: "La Democracia aglutina sistematizadamente diversos principios cuyo conjunto implica su caracterización." "La falta de alguno de tales principios elimina su calificación de democrática, aunque proclame los demás." "Esos elementos concurrentes son: La radicación popular de la soberanía; el origen popular de los órganos de representación política y de los órganos primarios del Estado; el control popular de sus atribuciones: el

---

[49] Compendio núm. 50

pluripartidismo; la responsabilidad de sus titulares; el referéndum; la juridicidad y la Justicia y la separación de poderes."[50] Este pequeño catálogo de fortalezas de la Democracia, se ve negado en la práctica, cuando se sostiene la mera posibilidad de su coexistencia con un "partido oficial", identificado con el gobierno, como el que monopolizó el poder por muchas décadas en el Estado mexicano, sustituyendo una dictadura personal, por otra de grupo faccioso. Tal fenómeno representó la negación misma de la Democracia.

Por otra parte, es cada vez más evidente que la representación política indirecta o representativa, debe complementarse y perfeccionarse con métodos democráticos semi-directos o directos, como lo han venido ampliando cada vez más la doctrina y la práctica políticas. Además de lo ya afirmado con antelación, este otro modo de fortalecer la Democracia –aún corriendo con prudencia los riesgos que entraña- no puede ya postergarse, como se desprende de las siguientes enseñanzas: "Un sistema de gobierno semi-directo, con revocación de mandatos, iniciativa popular y referéndum, se remediarían muchos males del régimen representativo."[51] "El referéndum es también un instrumento de participación política con que se realiza una forma directa de elaborar decisiones políticas. Los ciudadanos pueden, en efecto, ser interpelados o consultados en forma directa, en la decisiones de mayor importancia para la vida comunitaria o social."[52] Y después de un documentado estudio, ilustrado con estadísticas, se ha llegado a concluir: "Los procedimientos participativos –plebiscito, referéndum, revocación del mandato, iniciativa popular- pueden mejorar el desempeño de nuestras instituciones, si son concebidos como un complemento de la democracia representativa. Por eso la necesidad de diseñarlos de manera tal que inhiban su trivialización y su uso faccioso. Hay que tener claro que sólo cumplirán su propósito si, al mismo tiempo, se perfecciona la democracia representativa, al restaurare el vínculo de responsabilidad entre represnentante y representado. Es necesario vincular la aprobación de los procedimientos participativos, con la elección consecutiva de legisladores y –con sus ayuntamientos- de alcaldes."[53]

Los riesgos de estas consultas populares pueden educirse hasta el grado de minimizar sus posibles debilidades, si se limitan a cuestiones de interés verdaderamente general, reductibles a interrogantes públicas acertadas; si no se permite su proliferación excesiva más allá de l que corresponda a tópicos locales o regionales; y si se reservan las nacionales o internacionales, a problemas trascendentes, como pueden ser los que atañan a reformas constitucionales de fondo; a una posible adecuación constitucional integral,

---

[50] BURGOA ORIHUELA, *Voz Democracia*, p. 110
[51] HERRERA Y LASSO, Tomo I, p. 218
[52] Compendio núm. 413, 2º Párrafo.
[53] DWORAK, p. 36

que ponga remedio a constantes y numerosísimas enmiendas o comprometan seriamente las posiciones mexicanas sustanciales, frente a parte o la totalidad de la comunidad internacional, antes de que el Senado ratifique los tratados respectivos.

Por otra parte, e el sistema democrático, "no sólo se gobierna desde el poder y con la fuerza organizada, sino también desde el pueblo y con la opinión pública bien formada", parafraseando a Vázquez de Mella. Los medios de comunicación y de información, tienen en esta materia, acusadas responsabilidades e innegable importancia. Esta es tanta, que ha legado a llamárseles el "cuarto poder". En efecto, "la información es uno de los principales instrumentos de participación democrática. Hoy es impensable ésta sin aquélla. Es necesario asegurar el pluralismo rea en este delicado ámbito de la vida social y facilitar condiciones de equidad en cuanto a uso y posesión de instrumentos de comunicación e información mediante leyes apropiadas. Deben combatirse especialmente las concentraciones televisivas y editoriales con vínculos crecientemente estrechos con las actividades gubernativas y en los poderes financieros."[54] Fácilmente por desviación de estos deberes, la Democracia puede caer víctima de la tecnocracia informativa opero aún, de la plutocracia que la controla desde sus espaldas.

La fortaleza que establezca contrapesos frente a estos riesgos, debe surgir de una opinión pública moralmente fuerte y políticamente bien orientada, en juego mutuo, que obligue a los informadores y comunicadora a cumplir cabalmente con sus deberes. No en vano se previene: "El primer deber de los usuarios de las comunicaciones sociales, es el discernimiento con selección: desechar la mentira; acoger la verad. No hablar para dañar, sino para edificar, es deber de los operadores. Sólo escuchar lo positivo y desdeñar lo negativo, es atribución de los receptores. Servir a las personas en al justicia, para fomentar el Bien común de la sociedad –en la genuina Democracia- es lo propio de los medios."[55] Signo de legítimo honor académico, es que el Posgrado de la Facultad de Derecho de la Universidad Michoacana, sea pionero en al establecimiento de la Maestría en Derecho de la Información, que se espera responda a las necesidades aquí anotadas, entre otras.

Luego de un balance, con optimismo moderado, debe afirmarse la esperanza de que las fortalezas superaran a las debilidades de la Democracia, como ha ocurrido en el pretérito y aún ocurre hoy. Ejemplo posible de Democracia casi perfecta, entre otras, puede rememorarse enseguida: Una de

---

[54] Compendio núm. 414
[55] Idem. Núm. 55, sed non ad litera (pero no literalmente). El autor de este estudio, fue compañero en el estudio de algunas disciplinas filosóficas comunes, de la generación fundadora de la Licenciatura en Ciencias y Técnicas de la Comunicación, carrera fundada por el notable filosofo mexicano, Dr. José Sánchez Villaseñor, S.J., el año 1960, en la Universidad Iberoamericana

las Democracias más antiguas y continuadas del mundo, que dura ya más de un milenio, es la de Islandia, con capital en Reykiavik, de aproximadamente 300,000 habitantes, concentrados en una isla sobrepoblada por seres humanos que son los lectores campeones del mundo; isla llena de geisers y volcanes, con agua natural químicamente pura y en buena proporción de calidez termal; carente de fuerzas armadas desde el siglo XIII y con un número de reclusos que no excede un par de cientos de delincuentes convictos.

D. México: Democracia militante, con esperanza de solidificación

Desde fuera, nuestro país ha sido observado como la principal Nación hispanoamericana, con cocción semejante al resto de sus semejantes, pero con largas luchas internas –monarquías o repúblicas; centralismos o federalismos; conservadores o liberales; dictadores-personas o dictadores-grupos, etc.-, en trance de lograr una definición política estable; después de 200 años de haber iniciado su guerra emancipadora contra el imperio español y luego de 100 años de hacer estallar la primera revolución social del siglo XX, ha creado los derechos básicos constitucionales de trabajadores y campesinos; ha dado función estratégica a ciertos recursos de propiedad nacional, como el petróleo o la energía eléctrica; y ha tenido el gran mérito de inventar el amparo, como protección jurídico-política de los derechos fundamentales de las personas , o sea, de crear un proceso de esencia jus-democrática.[56]

En el marco mexicano muy actual del bicentenario del inicio de la guerra de Independencia y de centenario de la revolución, conviene recordar algunas reflexiones derivadas de la oportuna relación entre Filosofía de la Historia, Filosofía del Derecho y Filosofía Política, que sirvan de marco a la consideración de la Democracia en México:

Dentro de nuestra Nación, "Justicia y Derecho viven como factores constructivos de la sociedad. La Filosofía sirve para cotejar las ideas con la realidad. Desde la fusión de la doble vertiente de nuestros pueblos indígena e hispano, con el choque inicial de la conquista y los largos 3 siglos coloniales, como diría Don Vasco de Quiroga, se engendró u ser social nuevo, de "hombres a las derechas", observantes de un orden jurídico, mestizo también, nunca antes visto en el planeta. Pero lo pervirtió en la segunda mital de la décima octava centuria y principios de la décimo-nónica, la invasión de la Metrópoli, no sólo por la bota autócrata del extranjero, sino también por el trastorno de las instituciones. No se dejaron esperar las ideas de abolición de la esclavitud de Hidalgo, proclamadas por vez primera la ciudad de Valladolid –hoy Morelia- por don José María de Anzorena y López Aguado;

---

[56] OMEBA, resumen, tomado de SÁNCHEZ VIAMONTE y actualizado por el autor de éste. Op. *Cit.*

los sentimientos de la Nación del incomparable Morelos, que culminaron en la primera Constitución republicana de Apatzingán de 1814, contrastante con la monárquica, aunque autonómica, anterior en tiempo, mas no en vigencia, expedida en Cádiz, en 1812; ni dejaron de surgir, luego, la creación de nuestra ínclita Bandera Nacional, casi junto con el nacimiento del Estado Mexicano, éste inmediatamente después de a consumación de la Independencia el 27 de septiembre de 1821, por nuestro estricto conciudadano vallisoletano Agustín de Iturbide y por su ejército trigarante, al dar éxito, por fin, a una guerra que por la libertad de nuestra Nación, se había iniciado algo más de once años antes, el no olvidable 16 de septiembre de 1810. Con todo ello, revivió la Justicia: se exigieron independencia, libertades y lo mejor de los derechos básicos de todos los mexicanos, a través de todo este movimiento desde 1810 hasta 1821.

Cien años más tarde de ese inicio, luego de interminables titubeos y de abiertas luchas o guerras intestinas y contra invasores, e instaurada una dictadura unipersonal de más de 30 años de Porfirio Díaz, nuestra Revolución, nacida del sueño democrático de Francisco I. madero, el 20 de noviembre de 1910 –pronto se cumplirá el primer centenario- en un visionario esfuerzo, que volvió a costar mucha sangre, la lucha de fuerzas, quiso reivindicar para trabajadores y campesinos, por primera vez en la Historia Universal, efectivamente, el nuevo género de los derechos fundamentales de orden social, en la nueva Constitución de 1917, para ejemplo y emulación del mundo. Otra vez revivió aquí el Derecho, en una nueva invención de Filosofía comunitaria, en ademán todavía tendido hoy, hacia un porvenir de mayor solidaridad entre mexicanos, de base genuinamente democrática y republicana. Su Ley fundamental de Querétaro aún vive, muy reformada, como norma positiva suprema.

En Filosofía de la Historia, es conocida una ley llamada del doble progreso contrario del bien y del mal: medran juntos, a expensas de robar este último, a la sociedad, su verdadero Derecho, socavando la Justicia que lo nutre, e impidiendo el avance del sistema político ajustado al principio democrático de gobierno. Hoy sólo vivimos el estado más avanzado del desenvolvimiento de tal ley: impunidad, corrupción, crimen organizado, múltiples tráficos ilícitos –de drogas, blancas, menores y hasta de órganos vitales-, secuestros, inseguridad, violencia, venta de protección", así como ese interminable catálogo de crímenes típicos penales. Parece ser el lado oscuro de la moneda.

Pero hay otro lado luminoso. Es la vieja Justicia, que por medio de la renovada y renovadora Verdad del Derecho, vuelve a ser la estrella que pueda seguir orientando la navegación histórica de nuestras vidas, en las familias, en los grupos sociales todos, en la Política –tantas veces desencaminada del genuino Bien común-, en la fraternidad reconciliada, en la economía disminuida, , mal globalizada, deshumanizada, pero que puede volverse a recuperar, pese a todo; en la cultura medio tambaleante; en la naturaleza ecológicamente precaria y prácticamente en toas nuestras realidades que, empero, son susceptibles de mejorías, de luces, de fortalezas, si es que sabemos, queremos y podemos solidificar nuestra Democracia, mal que les pese a los autores de sus deficiencias, debilidades y fallas.

Nuestro México tiene sin duda vocación democrática, aunque haya vivido dictaduras de tod género, durante la mayor parte de su vida libre, como Nación soberana. Pocas críticas más severas se han podido expresar contra la perpetuación en el poder, que la de un eminente constitucionalista:

Enemiga acérrima de la Democracia, está "hecha la dictadura, que es poder único y omnipotente –autocrático- su primera condición de perpetuidad. La omnipotencia a término fijo, es un absurdo, y ya que la dictadura no puede contar con la eternidad, que la haría divina, se ampara en lo indefinido, que no deja como fin posible, sino la incertidumbre de la muerte o la incertidumbre de la abdicación, que es en sí, también un acto de "autoridad" suprema".[57] Estas palabras, dirigidas al dictador postrero del siglo XIX y primero del XX,, podrían por igual haberles sido aplicada, antes, al dictador-comediante Antonio López de Santa Ana –quien en su fatuidad se hizo llamar "Alteza Serenísima"-, o después, al "partido oficial", dictador colectivo durante alrededor de 7 décadas, en mala hora inventado por el embajador estadounidense Morrow, en beneficio de una facción, con la diferencia, en el último caso, de que la muerte no fue física, sino moral y de que la abdicación fue suplida por la derrota electoral con la consiguiente alternancia en el Poder Ejecutivo, ocurridas éstas, hasta el año 2000, principio del siglo XXI y simultáneamente, del tercer milenio de la era cristiana. Mérito mayor, fue que sucediera esta alternancia sin nuevos disturbios violentos. Así deberán proseguir las sucesiones en los poderes del Estado, para que la Democracia mexicana sea realmente sólida.

La historia de la Democracia mexicana, al menos a partir del final de la Revolución –inclusa la "Cristíada" en 1929-, no podrá escribirse, prescindiendo de la génesis, desarrollo y efectos de los partidos políticos y sus antecedentes, tópico que está más allá del alcance temático de este trabajo. Sin desdoro de otras formas más o menos ameritadas de oposición a la dictadura del partido oficial del gobierno, sin duda la historia principal de la oposición democrática dentro de ese entorno anti-democrático, corrió a cargo del Partido Acción Nacional (PAN), que desde 1939 hasta 2000, presentó un frente continuo de exigencia de este sano principio de vida pública. Tampoco sería posible, dada la extensión y temas de este estudio, intentar siquiera una síntesis de esa trayectoria de más de 61 años. Bastarán algunas citas, en calidad de "botones de muestra" de la calidad, genuinamente democrática de las luchas de algunos de sus más destacados

---

[57] RABASA, Emilio, pp. 111-112

líderes, que además servirán para ilustrar algunos de los temas tratados en este opúsculo.

Nos encontramos en presencia de la Democracia en acción práctico-práctica: "Sólo unas cuantas veces –una quizá en cada generación- cuando el interés nacional es orientado por causas más permanentes que el inmediato cambio de un gobierno, el verdadero pueblo decide ser actor y tomar la decisión en sus propias manos." "Ahora existen el deseo de un cambio y la conciencia de que e menester una renovación total que se extienda, sobre todo, a dar su exacto sentido a las grandes palabras que expresan el anhelo: Justicia –mejoramiento real-; convivencia fecunda y pacífica ene. Bien común para cumplir cabalmente los destinos colectivos y los personales[58] Desde muy al principio, pues, quedó claro el nexo, no sólo teórico, sino factible, entre Justicia y Democracia.

Y muy pronto vendría la condena a la indefinición y a los abusos de la autoridad: "Subsiste sin solución el problema del Estado, de la organización de la autoridad, de la definición de su misión y de sus límites, de la creación de los medios para subordinarla en todo momento al servicio del Bien común, de su conjugación con las libertades y prerrogativas esenciales de la persona humana y de las comunidades naturales; de los métodos eficaces para lograr que los hombres concretos encargados de ejercitarla, sean genuinos y de modo exclusivo, representantes de la comunidad y que ésta tenga constantemente los medios para exigirles cuentas y responsabilidades. Este problema político ocupa un primer lugar y no puede ser diferido ni oscurecido a pretexto de urgencia cierta que tienen otros problemas, del económico al educativo."[59] Ningún problema mexicano podría ser entonces –ni puede serlo ahora- más urgente que el del verdadero orden jurídico-político en la resolución firme de la genuina Democracia.

Pero el gobierno se negaba sistemáticamente a darle la atención debida, ni menos la solución idónea. Apenas hasta 1963, abrió "la primera grieta en el monolito" del monopolio político casi invariado antes, con la institución de los diputados de partido. Brilló entonces, refulgente, el genio de un auténtico estadista: Adolfo Christlieb Ibarrola. Poco a poco, esa grieta, se iría ampliando más.

De enorme importancia resultó la proyección de los principios doctrinarios del PAN, poniéndolos al día y adaptándolos a las necesidades del país, a los 30 años del nacimiento de esta oposición política: "Cambio democrático de estructuras", en 1969, "se pronuncia por dotar de sentido formal a la democracia sin adjetivos, para hacer de ella algo más que un principio de actuación política. La democracia es vista como un instrumento ordenado al cambio de las estructuras impuestas: una herramienta de la que,

---

[58] GÓMEZ MORÍN, 20 de abril de 1940, p. 61
[59] Idem, 6 de septiembre de 1949, pp. 291-292

sin embargo de su carácter instrumental, resulta indeseable prescindir." Este documento "denuncia los perniciosos efectos que tiene la divergencia entre normas y conducta. Su apuesta se da por una cultura de la legalidad que parte de una base sólida, simple pero no sencilla: para gozar de autoridad, las leyes deben decir la verdad." "Leyes que falsean la realidad no merecen ser cumplidas. Mucho menos son acreedores de respeto los funcionarios que se empeñan en violentar con empirismo audaz y cínico el **ordo juris** (orden de Derecho)." Hoy "haríamos bien en preguntarnos si en verdad se ha transformado la cultura constitucional del mexicano o si seguiremos considerando que las inaceptables desigualdades so males que forman parte de lo insuperable que no merece la pena arrostrar. El estamentismo sindical y el cupular que aún hoy nos agobian, son motivo de honda preocupación."

El "espíritu de "Cambio democrático", es inigualable ensayo para la liberación del país y aaso el mejor documento partidario que vió el siglo XX mexicano"[60] Y el hecho de dejar por motivos personales justificados la militancia, años dspués, no sólo no hacía abandonar al autor, dicho documento, sino lo afirmaba, en la docencia universitaria, en la que supo, quiso y pudo sustentar la misma convicción democrática, hermanando en un mismo Derecho Natural, la Doctrina Social de la Iglesia, con la Filosofía Moral y Política para condenar toda forma de corrupción: "Para la doctrina social cristiana, toda autoridad política viene finalmente de Dios, mediante el libre consentimiento del pueblo. Este es el principio fundamental de la democracia, en que se fundan los derechos humanos a la participación democrática. Es el derecho del pueblo de nombrar a sus gobernantes y de vigilarlos en el ejercicio del poder. La falta de legitimidad de origen de los gobernantes tiende fatalmente al ejercicio ilegítimo del poder, es decir, en contra del Bien común. Una forma básica de corrupción consiste en crear, mantener y cultivar problemas para vender soluciones."[61]

El caer continuo, gota a gota, del agua sobre una roca, es capaz de perforarla. Más de 50 años de insistir n la evidente necesidad de la urgencia democrática, fueron al fin preparando de cerca, el elevo del Ejecutivo, por la oposición. Uno de sus más destacados constructores, fue precisamente un comunicador y filósofo, que enfatizó en célebre ocasión: "Hemos refrendado nuestra voluntad democrática; hemos corido el riesgo de someter a la inteligencia y ala voluntad de delegados, democráticamente electos, nuestras prepropuesta y programa; hemos preferido construir el orden a imponerlo; hemos privilegiado dificultades y complicaciones de la democracia sobre las facilidades de cualquier liturgia de "destape"; hemos demostrado que la democracia no divide, sino reúne; no debilita, sino fortalece; no genera

---

[60] ESTRADA MICHEL. El documento que comenta, se debió al esfuerzo encabezado por Efraín González Morfín, quien en 1970, sería muy brillante candidato a la Presidencia de México
[61] GONZÁLEZ MORFÍN, *Temas*, pp. 159-160

violencia, sino edifica la verdadera paz; la democracia, en la derrota no envilece ni en la victoria, diviniza; perder no humilla, obedecer no rebaja, ganar no ensoberbece y mandar no enferma."[62] Sólo un demócrata existencialmente experimentado, podría exaltar de este modo, las cualidades de la vida humana empeñada en el servicio "del pueblo, por el pueblo y para el pueblo". Y como buen filósofo partidario del realismo crítico, afirmaba: "La democracia real es vista como un peligro. Se aducen 2 temas que suelen hacer más mella que otros: el de la inexperiencia personal de los opositores en materia de gobierno y el de la inestabilidad social que seguiría a una victoria de candidatos no "oficiales". Pero la democracia es un sistema que tiene que garantizar la probabilidad de acceso al poder precisamente a quienes no lo han ejercido. Algo implica de perversión política convertir a la democracia en peligro, de manera que se olvide o soslaye que es una oportunidad. Por otra parte, es la rigidez anti-democrática, la que produce fragilidad socio-política. Es la flexibilidad democrática la que evita rupturas tan bruscas cuanto traumáticas."[63] No alcanzó este filósofo a verlo en esta tierra, pero le han dado la razón los sucesos posteriores más recientes: las alternancias en el Poder Ejecutivo por 2 ocasiones consecutivas; las numerosas gubernaturas en varias entidades federadas; el número elevado de legisladores federales y locales; la cantidad nada despreciable de ayuntamientos el partido de sus siglas; y más que todo ello, los progresos en normas jurídicas y en prácticas políticas que representan –pese a datos negativos- un balance de ganancias para la Democracia mexicana obtenidas a partir de una oposición democrática.

Siguen existiendo innegables vicios, que advierten hasta observadores internacionales, desde la atalaya de la investigación académica: "Con la participación de los ciudadanos debe destacar la protección de los derechos humanos de naturaleza política. Pero por desgracia ante cualquier elección se ve la corrupción innombrable; la guerra sucia de partidos y candidatos: son los mercaderes de la democracia, negociando el sentir y decir de los ciudadanos; intimidando la participación y chantajeando con lo que les ofrecen. Así sólo ganan que los mexicanos no salgan a sufragar."[64] Nuestra Democracia sigue exhibiendo más flaquezas y debilidades de las que fuera de desear.

Faltan muchos avances inaplazables, entre otros: la reforma política integral, que incluya formas de expresión prudente, pero más decidida, de democracia directa complementaria de la representativa, perfecciona; más amplio referéndum que el proyectado para reformas constitucionales; reelección de legisladores federales y locales, así como de alcaldes y ayuntamientos; reglamentación de la Guardia Nacional, para contribuir a la

---

[62] CASTILLO PERAZA, pp. 499-500

[63] Idem, pp. 437-438

[64] ODIABA ON', p. 62

seguridad pública, a cargo del Senado, para los Estados de la Unión; reinstalación de la Secretaría de Justicia en el gabinete del Ejecutivo Federal; prohibición de aplicar leyes declaradas inconstitucionales por Jurisprudencia; mejoras a la administración de Justicia, incluyendo la concentración en el Poder Judicial, de todas las funciones materialmente jurisdiccionales (incluidos Tribunales Administrativos, Juntas Laborales, etc.) y en fin, hasta una revisión general del texto constitucional, para hacerlo coincidir más y mejor con las necesidades de la realidad actual del pueblo mexicano. A estos meros apuntes pueden y deben añadirse, por supuesto, muchas otras iniciativas y programas, que den nueva perspectiva democrática a un México bicentenariamente deseoso de emancipación internacional y centenariamente creador e impulsor de nuevas garantías sociales, en medio del anhelo del "sufragio efectivo y la no reelección" sólo de Ejecutivos, como norma el texto original de la Constitución revolucionaria de 1917.

Pero frente a estas u otras flaquezas o ante la ausencia de estos u otros avances, existen indudables puntos de acierto. Reconózcanse algunos notables: Reservas económicas que soportaron lo más grave de las crisis internacionales recientes; nuevo enfoque humanista dado a la política exterior, principalmente en defensa de un modelo económico más solidario; de una protección a los migrantes mexicanos y de una corresponsabilidad con otros países en graves delitos que no reconocen fronteras. Espíritu abierto de gobierno, en ámbitos de diálogo abierto, sin cerrazones facciosas ni negativas de audiencia. Combate irrenunciable a la delincuencia organizada, con su torvo séquito de tráficos, secuestros y crímenes. Apertura a procesos penales con sistema de oralidad. Etc. También hay varios asientos de "abónese", a esta contabilidad política gubernativa federal.

¿Y ente luces y sombras; entre aciertos y errores; entre avances y retrocesos, qué pensar de nuestro futuro? Un personaje público actual de primer nivel, dice: Afirmo que "en la construcción de la democracia multipartidista, muchos actores jugaron papeles activos; el protagonista y actor más activo y decididamente comprometido con la historia de nuestra democracia fue el PAN; la izquierda mexicana no siempre, porque la llamó burguesa y el PRI fue su principal obstáculo. Las transiciones democráticas han probado que la élite del autoritarismo se divide y una de sus facciones se compromete con el juego democrático porque sabe que ahí está la posibilidad de su sobrevivencia. En la izquierda, p. ej., Martínez Verduzco y Gilberto Rincón Gallardo fueron actors clave para modificar una percepción equivocada en relación con la democracia y sus virtudes y eso debe ser siempre bienvenido." "Queremos un Estado eficaz, promotor de Justicia y de equilibrio social. Ese es el principal legado de uno de nuestros líderes*: su énfasis en la imperiosa necesidad de Justicia para hacer viable la Democracia." Esta "es una copa de cristal; no es de roca; es delicada; requiere tratamiento fino; consideraciones teóricas y prácticas que lleven siempre a apuntalarla, a fortalecerla. La democracia quiere encauzar positivamente la visión política para que sea constructora del Bien común.[65] Coronemos el futuro de México, con una sola esperanza: Ciertamente, ayer para hoy, como hoy para mañana, *únicamente con Justicia habrá Democracia y únicamente la Democracia perfeccionará la Justicia.*

---

[65] El lider a que se refiere es, Efraín GONZÁLEZ MORFÍN.- LUJAMBIO. Op. Cit. LUJAMBIO, Alonso.

LA JUSTICIA EN EL DEVENIR HISTÓRICO (HISTORICIDAD DEL VALOR JUSTICIA)

Elena Alejandra Ibarra Rojas

LA JUSTICIA EN EL DEVENIR HISTÓRICO
(HISTORICIDAD DEL VALOR JUSTICIA)

Elena Alejandra Ibarra Rojas
"La justicia es como las serpientes:
sólo muerde a los descalzos"
(Eduardo Galeano)

Existe una peculiar pregunta que se mantiene en la mente de las personas a través de los siglos e incluso de las civilizaciones, algunos la vociferan, otros la murmuran, otros simplemente la piensan pero no la expresan. Lo cierto es que siempre ha estado y estará en la mente o voz de más de algún filósofo, jurista, escritor, docente, alumno, o simplemente en la del obrero que después de trabajar ocho horas por un salario ridículo escucha esa pequeña palabra una y otra vez ¿qué es la justicia?; sin embargo, ninguno de ellos tiene una respuesta que sea total y universalmente válida, en realidad, hasta ahora, nadie la ha tenido.

Así pues, una vez más, al igual que ese sinnúmero de personas, debemos de preguntarnos, ¿Qué es la justicia?. Y ya que estamos en esa interrogante, ¿Dónde está la justicia? ¿Quién se encarga de aplicarla? ¿Es algo inherente al ser humano? ¿Le corresponde al Derecho? ¿Es posible?

Lo que es realmente imposible es pretender llegar a una respuesta sin considerar el recorrido histórico de semejante interrogante, debido a que el ser humano debe de aprender de los siglos anteriores, es menester revisar desde lo más antiguo de las civilizaciones hasta los conceptos que se desarrollan en nuestros días, sin embargo, esta sería una tarea monumental que por el momento tendré que limitar al estudio de los principales pensadores de la antigüedad hasta los pensadores de la escuela clásica del Derecho Natural.

En mi opinión, el jurista Hans Kelsen lo expresa de una manera tan correcta que es casi poética: "No hubo pregunta alguna que haya sido planteada con más pasión, no hubo otra por la que se haya derramado tanta sangre preciosa ni tantas amargas lágrimas como por ésta; no hubo pregunta alguna acerca de la cual hayan meditado con mayor profundidad los espíritus más ilustres, desde Platón a Kant. No obstante, ahora como entonces carece de respuesta".[1]

Quizás debamos remontarnos a una época más antigua que aquella del esplendor de los grandes filósofos griegos, ya que como bien expresa Ibarra

---

[1] KELSEN, Hans, *La teoría pura del Derecho*, 2ª ed., trad. De Vernengo, Roberto J., México. UNAM. 1982, p. 542.

Serrano: "La justicia como instinto nace con el hombre, se muestra en el reparto equitativo de lo recolectado y, en forma negativa, en la imposición de la ley del más fuerte, que genera en la víctima el sentimiento de injusticia".[2]

Así pues, se puede decir que esta figura llamada justicia ha acompañado al ser humano desde sus inicios, incluso si se considera que el hombre se integró en una comunidad en base a una necesidad de sobrevivencia, es innegable que para que esa unión fuera posible eran necesarias una serie de reglas consideradas como justas. El hombre siempre ha buscado y buscará que ese reparto de bienes sea equitativo y que ese elemento de la ley del más fuerte o poderoso no lo consuma.

De esta manera, junto con la sociedad nace la justicia, y con ella, una promesa de seguridad jurídica y económica que será el discurso político que recorrerá toda la historia hasta implantarse en cualquier forma de organización, por simple o complicada que esta sea.

De tal forma que a grandes rasgos se podría definir de la siguiente manera: "La justicia es la concepción que cada época y civilización tienen acerca del bien común. Es un valor determinado por la sociedad. Nació de la necesidad de mantener la armonía entre sus integrantes. Es el conjunto de reglas y normas que establecen un marco adecuado para las relaciones entre personas e instituciones, autorizando, prohibiendo y permitiendo acciones específicas en la interacción de individuos e instituciones."[3]

Y es por esa evolución a lado de la sociedad que debemos remontarnos a uno de los Códigos más antiguos creados por el hombre, el Código de Hammurabi, escrito en el 170 a C. y consistente en doscientas ochenta y ocho leyes dictadas por el que es considerado el fundador del Imperio de Babilonia y que fue descubierto en 1902 en Susa.

Este Código está grabado en una estela de basalto de 2,25 metros de altura. En la zona superior está representado Hammurabi en bajorrelieve, de pie, delante del dios del Sol de Mesopotamia, Shamash, el principal de la ciudad sumeria de Larsa. Debajo aparecen, inscritos en caracteres cuneiformes acadios, las leyes que regían la vida cotidiana. Ya que se puede decir que mediante una legislación común se pretendía homogenizar jurídicamente el reino de Hammurabi.

"Estas leyes, al igual que sucede con casi todos los códigos en la Antigüedad, son consideradas de origen divino, como representa la imagen tallada en lo alto de la estela, donde el dios Shamash, el dios de la Justicia, entrega las leyes al rey Hammurabi. De hecho, anteriormente la administración de justicia recaía en los sacerdotes, que a partir de

---

[2] IBARRA SERRANO, Francisco Javier, *La Justicia*, 1ª ed., Editorial, A. C. 1992, p. 15
[3] Justicia http://es.wikipedia.org/wiki/Justicia

Hammurabi pierden este poder. Por otra parte, conseguía unificar criterios, evitando la excesiva subjetividad de cada juez"[4]

Incluso en este Código famoso por la utilización de la Ley de Talión, "se conoce la contradictoria relación entre el Derecho y la justicia: en el discurso jurídico se aspira a ser justo pero el contenido normativo beneficia más al grupo en el poder. Otra contradicción ocurre con las leyes de elevada tendencia social pero escasa o nula aplicación.

En el fondo tal contradicción nace de una realidad social clasista y de lucha por el poder a la que se tiene que adecuar el Derecho, disfrazándose de beneficio para toda la sociedad, lo cual no es posible dada la existencia de intereses no solo diferentes sino, incluso, antagónicos.

El discurso de la filosofía del Derecho es entonces un intento por explicar estas contradicciones."[5]

Pese a la existencia de códigos jurídicos que pretendían regir la vida cotidiana, son los grandes filósofos griegos quienes no sólo mostrarán el camino a seguir, sino que representarán el máximo avance en toda cuestión filosófica. Son ellos los que pretenden conceptualizar y otorgar un valor a las cuestiones vitales, tales como la justicia.

Hesíodo, que es considerado el más antiguo de los poetas helenos después de Homero, expone en su obra de "los trabajos y los días" (en torno al 700 a. C.) que: "las bestias, los peces y las aves se devoran entre sí. Pero el hijo de cronos dio a los hombres la justicia, y es con mucho lo mejor que tienen".[6]

Otro ejemplo se puede atribuir a Pitágoras, puesto que la exposición de Aristóteles respecto al matemático, refleja una idea muy clara relativa a la justicia, ya que explica que la justicia es un número cuadrado. El cuatro es en efecto la armonía de un número (el dos) que al multiplicarse o sumarse indica el mismo resultado, considerado en consecuencia compuesto de dos factores iguales; es entonces la justicia una relación de igualdad.

Sin embargo, para Platón "…la justicia es sobre todo idea, virtud de virtudes, armonía plena del alma. Sin embargo complementa su teoría aplicándola al campo jurídico-político. En el Estado perfecto cada individuo debe desempeñar la función o aptitud que le corresponde de acuerdo al lugar social que ocupa."[7]

Como señala Yon B. en su ensayo "La Justicia de Acuerdo a Platón": Para él todas las virtudes se basan en la justicia; y la justicia se basa en la idea del bien, el cual es la armonía del mundo. Únicamente son tres las virtudes; que son la prudencia, la templanza y la valentía. La prudencia es ser acertado en las deliberaciones. Esta virtud reside en el Estado, en aquellos

[4] Código de Hammurabi, http://es.wikipedia.org/wiki/C%C3%B3digo_de_Hammurabi
[5] Ibidem, p. 21
[6] HESÍODO, *Los trabajos y los días,* 1ª ed., Losana, Argentina, 2007, p. 134
[7] PLATÓN, *Diálogos,* Universidad de México, México, 1921, p. 62

magistrados que están encargados de su guarda. El valor es defender a la ciudad, la cual recae sobre los guardianes de la polis. La templanza es ser "dueño de uno mismo", la cual concierne a la polis. La justicia es que cada uno haga realmente lo que tiene que hacer y atañe a toda la polis. Por lo tanto la justicia es el principio mismo, virtud única de donde brotan las tres anteriores.

Entonces la justicia consiste en el perfecto ordenamiento de las tres almas, es decir, cuando cada una desarrolla las virtudes que le son propias: el alma racional, la prudencia el alma concupiscible, la templanza el alma irascible, la fortaleza. Cuando estos presupuestos se dan, se llega a la felicidad a través de la virtud. No obstante, Platón mantuvo siempre la afirmación de que debe ser la razón la que gobierne y que el único medio que nos puede llevar a la justicia, y por tanto a la felicidad, es la educación.

Para Platón el imperio de la justicia deviene necesariamente en la prevalencia de la felicidad. Por ello es que el Estado tiene como misión promover ambas cuestiones, sobre todo porque la felicidad en la cual desemboca la teoría platónica es la de la sociedad entera (haciendo abstracción de la felicidad personal o individual). La justicia y la felicidad son entonces, la justicia y la felicidad de la comunidad entera; es decir, de la ciudad-estado en su conjunto. Platón rechazó, así mismo, la concepción de la justicia como el mero restablecimiento del equilibrio perdido por algún exceso. No es la justicia, para él, simple compensación ante un daño sufrido. Justicia para Platón es más bien, y sobre todo, rectitud. Esto equivale a decir que absolutamente todo en la ciudad-estado debe responder y corresponder al orden ideal, descubierto por la vía racional por el filósofo-gobernante.

De esta manera, Platón muestra una verdadera definición de rectitud, no espera que el hombre obedezca las leyes por miedo al castigo, sino por encontrar en esa obediencia una libertad inigualable, puesto que de no hacerlo se rebaja a ser como cualquier animal, sin raciocinio y sobre todo, sin alma.

Otro aspecto fundamental de su filosofía radica en que considera la justicia como principio fundamental y esencia del Derecho, ya que de no ser así, se convertiría en una participación imperfecta en la idea de justicia, misma que, como se ha mencionado antes, tiene el potencial de liberar al hombre.

"Aristóteles (384 a C. – 322 a C.) Establece una distinción entre la igualdad numérica y la igualdad proporcional; en la primera todo hombre es o significa una unidad igual a todos y cada uno de los demás; en tanto que la proporcional otorga a cada hombre aquello a que tiene Derecho en función de sus capacidades.

Hace también una diferenciación entre justicia distributiva y justicia correctiva; en la primera se trata de que a igual logro se otorgue igual recompensa, lo que puede observarse en el Derecho público; en tanto que en la segunda lo que busca es que se corrijan y eliminen desigualdades producidas por ilícitos.

Sin embargo pese al reconocimiento de un Derecho natural y universal, este no puede ser invocado en un conflicto con la norma positiva, pues evidentemente será está la que impere. Se demuestra así cómo la justicia y la igualdad se quedan en el discurso filosófico, en la realidad del Derecho sigue siendo una forma de ejercicio del poder." [8]

Como lo expresa en su obra maestra "Ética a Nicómaco" (Siglo IV a C.) se puede relacionar la justicia con la felicidad, puesto que es la justica la que produce y protege tanto la felicidad como sus elementos, de manera que es la ley que prescribe los actos relativos a los valientes.

Aristóteles dice que la justicia es "la virtud perfecta, pero no absolutamente, sino en relación de otro. Y por esto la justicia nos parece a menudo ser la mejor de las virtudes; y ni la estrella de la tarde ni el lucero del alba son tan maravillosos.

Es ella en grado eminente la virtud perfecta. Es perfecta porque el que la posee puede practicar la virtud con relación a otro.

La justicia así entendida no es una parte de la virtud, sino toda la virtud, como la injusticia contraria no es una parte del vicio, sino el vicio todo. La virtud y la justicia son lo mismo en su existir, pero en su esencia lógica no son lo mismo, sino que, en cuanto es para otro, es justicia, y en cuanto es tal hábito en absoluto es virtud."[9]

Es interesante como Aristóteles le otorga a la justicia un grado máximo de entre todas las virtudes basándose en una práctica que se relaciona con los otros, de modo que se podría considerar que la convivencia con las demás personas son un elemento sumamente importante para cualquier virtud, pero sobre todo, para la justicia.

En palabras de uno de los más destacados juristas romanos, Marco Tulio Cicerón, "el verdadero Derecho es la recta razón, conforme a la naturaleza; es de aplicación universal, inmutable y eterna; llama al hombre al bien con sus mandatos y le aleja del mal mediante sus prohibiciones."[10]

Debemos recordar que para Cicerón la república es "cosa del pueblo" entendiendo por pueblo "la reunión fundada en el consentimiento del derecho y en la utilidad común"[11], por lo que para Cicerón no puede haber estado sin justicia. Junto con esta noción tan pura de justicia, nace una máxima moral que diferencia entre dos clases de injusticias: las injusticias en sí mismas, y permitir que éstas se realicen, pudiendo evitarlo.

Por otra parte, la justicia no ha de confundirse con la ley. Está claro que una engendra a la otra, pero la justicia es totalmente universal y ha de

---

[8] IBARRA SERRANO, Francisco Javier, *op cit.*, p. 50
[9] ARISTÓTELES, *Ética a Nicómaco*, C. E. C. España, 1971, p. 120
[10] CICERÓN, Marco Tulio, *La República*, 1ª ed., AKAL, 1989, p. 90
[11] Ibidem, p. 152

iluminar todos nuestros actos. En determinadas ocasiones transgredir la ley puede ser justo, o bien en sentido opuesto, "la extrema justicia ser injusticia extrema... Por consiguiente, no hay que cumplir las promesas que resulten nocivas a quiénes se han prometido, o si producen más perjuicio a quien las hizo que provecho a quienes fueron hechas."[12]

Cicerón expresa como la utilización de justicia crea conflictos entre los hombres, explicando los grados de unión que puede haber entre ellos, empezando por lazos de unión tan estrechos como la familia, o la ciudad, terminando por la patria y el comercio. Aquí se puede ver cómo hay una superación de la concepción del origen del Estado. Ya no se plantea esta cuestión como la necesidad de superar la insuficiencia del individuo, como lo veían Platón y Aristóteles, sino a la de asegurar la propiedad privada de las cosas.

Lo cierto es que en materia de filosofía la humanidad ha tenido una evolución prácticamente diminuta después de los grandes pensadores griegos; sin embargo, incluso la edad media, que comienza a partir de la caída del Imperio Romano de Occidente y que ha sido definida como una época de estancamiento intelectual, brindó pensadores tan importantes que aún se discuten sus teorías de filosofía.

Así pues, San Agustín de Hipona (354 – 430) muy acorde con su tiempo, expone que la justicia equivale al cumplimiento de los deberes para con Dios y el prójimo, incluso en su obra "la Ciudad de Dios" dice que "sin la justicia qué son los reinos sino grandes latrocinios", lo anterior lo explica más ampliamente de la siguiente manera:

"Qué justicia es esa que no da a Dios, autor y dueño de todas las cosas, el honor y el respeto que le son debidos? No puede, sino ser una justicia falsa, viciada de pies a cabeza, un desorden, un desarreglo. Porque la razón no tiene títulos para dirigir el coraje y los instintos sensibles, si ante todo esa misma razón no obedece a Dios."[13]

Agustín responde que lo justo es dar a cada quien lo suyo. Pero especialmente a Dios, cuyos representantes son los padres católicos. La justicia es entonces creer en Dios, venerarlo y adorarlo, dando a la iglesia el lugar adecuado dentro de la comunidad.

Incluso se podría decir que la clave de su doctrina jurídica, es el mismo Dios. Lo que aporta de nuevo viene de esa fuente trascendente de donde deriva todo. La obra de *Las Confesiones* recuerda este descubrimiento: "Yo no conocía todavía esta justicia verdadera, totalmente interior que en modo alguno juzga de las cosas por las costumbres y las prácticas exteriores, sino por la rectitud inmutable de la ley eterna de Dios todopoderoso la justicia es aquello que Dios quiere"[14]

---

[12] Ibidem, p. 148
[13] SAN AGUSTIN, *La Ciudad de Dios*, Alma Mater, S. A., España, 1958, p. 196
[14] SAN AGUSTIN, *Confesiones,* Librería Religiosa, España, 1882, p. 305

Para él, la verdad ha escrito por la mano del Creador en nuestros corazones, por lo que justicia, Derecho y mandato divino parecen nacer de la propia naturaleza del ser humano.

Sin embargo, al igual que Platón, justificó la existencia del Derecho en cuanto sinónimo de justicia y como esencia y finalidad del orden social, incluso llega a especificar que la ley que no es justa no es realmente ley.

No es de extrañar que en su intensa lucha contra los pueblos paganos, San Agustín exprese que "la guerra sólo se legitima en cuanto es el único medio de hacer frente a la injusticia entre los pueblos. El derecho a la guerra es así una manifestación del derecho a castigar, que corresponde a la autoridad."[15]

Al igual que San Agustín, encontramos en Santo Tomás de Aquino (1225 – 1274) un concepto de justicia basado en dar tanto a Dios como al prójimo lo que le es debido.

En la Summa Theologiae, Santo Tomás define a la justicia como "el hábito por el cual el hombre le da a cada uno lo que le es propio mediante una voluntad constante y perpetua". [16]Clasifica a la justicia como una de las cuatro virtudes cardinales, junto con la templanza, la prudencia y la fortaleza; y distingue el sentido general y particular de la justicia.

Así, la justicia en un sentido general, es la virtud por la cual una persona dirige sus acciones hacia el bien común. Cada virtud, explica Santo Tomás, dirige su acto hacia el mismo fin de esa virtud. La justicia es distinta de cada una de las otras virtudes porque dirige todas las virtudes del bien común.

Para Santo Tomás, el Derecho es el objetivo de la justicia, por lo que si alguna ley positiva llegára a contener alguna contradicción con el Derecho Natural, esa ley sería injusta y por lo tanto no podría ser obligatoria. Sin embargo, también señala que hay casos en los que es necesario observar una ley injusta, esto en pro de evitar un daño mayor con su inobservancia.

Algo importante en la filosofía de Santo Tomás, es que limita de manera muy estricta la autoridad del gobierno político, en base a que a éste le es inherente una finalidad moral. Esta restricción lleva incluso a justificar la rebelión, que dejaría de ser pecado mortal en caso de que se oriente contra una autoridad injusta.

"La justicia es para Santo Tomás aquella virtud de la voluntad que ordena al hombre en las cosas relativas a otro, lo cual puede realizarse de dos maneras:

a) Hacia otro considerado individualmente, en lo que se llamada justicia particular, que a su vez puede presentarse en dos tipos: 1. Justicia conmutativa, en la relación entre individuos o personas privadas dentro de una comunidad. 2. Justicia distributiva, cuando la relación es entre una

---

[15] SAN AGUSTIN, *La Ciudad de Dios,* Op. cit, P. 204
[16] AQUINO, Tomas, *Sumatteológica*, Biblioteca de Autores Cristianos, España, 1953, p. 182

institución social y sus integrantes o entre la colectividad a sus miembros. En la justicia conmutativa existe una igualdad absoluta, en tanto que en la justicia distributiva ésta es proporcional en función al mérito personal.

b)   La justicia general o legal, tiende a ordenar los actos de toda las virtudes hacia el bien común que, se supone, es la intencionalidad de toda ley."[17]

Una vez teóricamente superada la etapa de la Edad Media, se inicia una nueva corriente del pensamiento jurídico que desembocaría en la Escuela Clásica del Derecho Natural, de la mano de Hugo Grocio (1583-1645) quien es considerado el "Padre del Derecho Natural Clásico", y abre un pensamiento en el que considera que la justicia parte de considerarle al hombre una sociabilidad innata, que le permite convivir pacíficamente en sociedad.

Grocio, tenía tanta confianza en esa sociabilidad innata que consideraba que todo lo que es conforme a ese impulso social o bien, conforme a la naturaleza racional del ser humano, sería sin lugar a dudas justo.

Es importante señalar que Grocio no coincidía con la filosofía Aristotélica, incluso, llega a expresar que no comprendía la definición de Aristóteles de que la justicia consistía en un justo medio de las cosas, puesto que para él la justicia es una virtud interior del hombre. Así pues, desarrolla una nueva definición de injusticia, que vendría siendo la violación del dato inicial y esencial: los derechos subjetivos de los individuos.

"Si para Grocio el hombre es esencialmente un ser social y gregario, Thomas Hobbes le concibe egoísta y malvado: en estado de naturaleza todos los hombres estaban en guerra contra todos los demás. Por eso es necesario el Derecho para una vida pacífica y segura."[18]

Siguiendo la idea tradicional de justicia: dar a cada uno lo suyo, Hobbes concluye que "allí donde no hay suyo, esto es, propiedad, no hay injusticia, y allí donde no se haya erigido poder coercitivo, esto es , donde no hay República, no hay propiedad, por tener todo hombre derecho a toda cosa"(…).La naturaleza de la justicia consiste en el cumplimiento de pactos válidos, pero la validez de los pactos no comienza sino con la constitución de un poder civil suficiente para obligar a los hombres a su cumplimiento. Y es entonces también, cuando comienza la propiedad."[19]

En mi opinión, Thomas Hobbes, brinda una de las definiciones más concretas de sociedad, él explica que ésta nace de la necesidad de seguridad que obliga a sus integrantes a establecer un contrato mutuo, a través del cual se acepta la transferencia tanto del poder como de los derechos a un hombre o asamblea de hombres, con la condición de que todos los demás hagan lo

---

[17] IBARRA SERRANO, Francisco Javier, op cit, p. 77
[18] Ibidem, p. 150
[19] HOBBES, Thomas, *Leviathan,* Puerto Rico, 1968, p. 189

mismo. Se crea así un poder omnipotente para mantener la paz y el orden, responsable únicamente ante Dios, no ante las leyes o los gobernados.

Así pues, se podría resumir su visión en la siguiente afirmación "Donde no hay poder común, la ley no existe; donde no hay ley, no hay justicia."[20] Y es por esto que su obra "Leviatan" es tan importante para la Filosofía del Derecho, ya que le confiere a la ley y al poder del que emana, una justicia que le es prácticamente inherente.

Dentro de esta misma escuela podemos encontrar a Baruch Spinoza (1632 – 1679), considerado discípulo de Hobbes, en su obra "Tratado Político" Spinoza sostiene que la democracia es el mejor sistema posible y el que más se ajusta a la naturaleza y a la razón. Según su visión, el fin del Estado es hacer libres a todos los hombres. Él explica que todo sujeto tiene un derecho soberano a todo lo que está en su poder y le pertenece, y es este principio el que da origen a la sociedad, ya que preocupado el individuo por conservar dicho poder, se agrupa y organiza racionalmente.

Jean-Jacques Rousseau (1712 – 1778) es considerado uno de los principales pensadores de la historia al adjudicársele una importante influencia en la Revolución Francesa, el desarrollo de las teorías republicanas, y el crecimiento del nacionalismo.

La principal idea que se puede admirar a Rousseau es la del contrato social, mismo que "… constituye una idea regulativa de la razón para juzgar sobre la justicia o injusticia de un régimen jurídico."[21]

Así pues, para Rousseau este contrato es un órgano del pueblo, el cual, puede determinar la soberanía en base a su voluntad, de tal manera que el gobierno parece tan sólo una comisión designada para ejecutar la voluntad de aquel pueblo que llega a ser, según el pensamiento de este escritor, una asociación con personalidad moral y colectiva.

"El orden social, según Rousseau, es un derecho sagrado que sirve de base a todos los demás. Precisa que se trata de encontrar una forma de asociación que otorgue protección a las personas y a los bienes de cada asociado, y por la cual, uniéndose cada uno a todos, no obedezca más que a sí mismo y quede tan libre como antes.

Para Rousseau la sociedad deviene debido a la necesidad de proteger la propiedad. Pero también porque al convertirse en miembros de la sociedad, los hombres ganan individualmente más de lo que ganarían permaneciendo aislados. En este caso, la sociedad sustituye al instinto por la justicia y da a las acciones de los hombres la moralidad de que antes carecían."[22]

Sin embargo, se puede decir que ese pacto social otorga al cuerpo político un poder absoluto sobre todos los suyos. Señala Rousseau que cuando cada individuo enajena su poder, sus bienes y su libertad por el pacto

---

20 Ibidem, p.301
[21] IBARRA SERRANO, Francisco Javier, op cit. p. 88
[22] ROUSSEAU http://www.monografias.com/trabajos10/teopol/teopol.shtml

social es necesario convenir también sobre las capacidades del soberano en cuanto al uso que da la comunidad, por lo que se convierte en juez de manera limitada, pues no puede imponer ningún concepto que no sea en beneficio para la comunidad.

Carlos María de Secondat, Barón de Bréde y de Montesquieu, considerado el "Padre del Constitucionalismo", vivió de 1689 a 1775 y una de sus principales obras: "El espíritu de las leyes" publicado en Ginebra en 1748, ha tenido una gran trascendencia en el transcurso de la historia. Y es en este libro que expone: "para que no se pueda abusar del poder es preciso que el poder detenga al poder". [23] Es decir, que los poderes del Estado deben tener una estructura que les permita enfrentarse mutuamente.

En las *Cartas Persas* define la justicia como: "… relación de conveniencia que se encuentra realmente entre dos cosas; esta relación es siempre la misma, sea cual sea el ser que se considere, sea Dios, sea un ángel o sea, finalmente, un hombre." [24]

Esta idea de contrato seguirá siendo estudiada por los pensadores, como lo hace John Lock (1632 – 1704). Según su pensamiento: en estado de naturaleza todos los hombres tenían el poder de llevar a la práctica el derecho de castigar por su propia mano, sin embargo, por se una decisión personal, frecuentemente caía en el exceso, convirtiéndose en algo negativo. Razón por la que los hombres se vieron obligados a hacer un pacto, en el cual acordaron unirse en una comunidad y constituir un acuerdo político en el que gobernase la voluntad de la mayoría.

Debido a que este ingreso a la sociedad civil es a través del contrato, en el caso de que sea violado por la autoridad pública, misma que resultó de la voluntad de los ciudadanos, se vuelve al estado de naturaleza en el que se había comenzado.

Lo anterior se debe a que para Locke, es imposible que un hombre se encuentre sometido a la autoridad de otro, ya que todos se encuentran regidos por un Derecho Natural que mantiene al ser humano en una condición de igualdad e independencia que imposibilita el perjuicio entre sí.

Otro aspecto importante en el pensamiento de Locke es que la justicia deja de concebirse como una virtud (propio de la filosofía aristotélica) para referirse al conjunto de principios universales que regularían la vida pública y el Derecho, principios que debían ser postulados desde un sistema objetivo de fundamentación. Se busca un conjunto de principios universales que todo individuo racional pudiese entender como obligatorio y vinculante.

Por último me referiré a Immanuel Kant (1724 – 1804) quien define la justicia como el respeto a los máximos valores del hombre, por lo que el

---

[23] MONTESQUIEU, *El espíritu de las leyes*, Tecnos, España, 1980, p. 205
[24] MONTESQUIEU, Cartas persas, Cátedra, España, 1984, p. 115

Derecho es aquel ente que va a hacer posible la convivencia de los individuos sin afectarse mutuamente.

Kant establece que "es justa toda acción que por sí, o por su máxima, no es obstáculo a la conformidad de la libertad del arbitrio de todos con la libertad de cada uno según las leyes universales".[25]

Se podría decir que para Kant el principio en el que se debe basar toda la sociedad, incluyendo el Derecho, es la libertad; de tal modo que todo lo que se le oponga será injusto y será menester de la justicia anular cualquier impedimento que se expresa contra el libre albedrío; lo anterior, en razón de que "la ley lleva consigo el derecho de coaccionar a quien trate de estorbarla".[26]

Como se ve, la pregunta: ¿Qué es la justicia? ha sido una constante en la sociedad humana en función de que el hombre realmente no sabe si conoce la justicia, no sabe si la vive, si la experimenta, concretamente, si existe, quizá la intuye o la desea, pero la humanidad no la ha conseguido hasta hoy. Incluso si se supusiera que su existencia es afirmativa, entonces se tendría que indagar sobre su ubicación ¿dónde está la justicia?

El ser humano se ha preguntado una y otra vez sobre la justicia, porque la busca, porque la quiere, porque la anhela, porque la justicia es la verdadera justificación para la existencia de la sociedad, y sin embargo, es imposible asegurar siquiera si realmente nos acompaña.

En una sociedad que no deja de cambiar, que nunca abandonó la ley del más fuerte, que sigue devorando a unos y engrandeciendo a otros, se necesita no sólo de la justicia, se necesita una justicia social, que se adapte a las necesidades de los individuos de nuestros tiempos, se necesita una justicia que contemple, más allá de lo comercial, más allá de la propiedad privada, la satisfacción de las necesidades elementales de todo ser humano: salud, alimento, educación, vivienda, trabajo y recreación, que no ha conseguido la humanidad en su evolución histórica; es necesaria una justicia que comience a contemplar al ser humano común, como ese sujeto que nunca ha dejado de buscarla, y nunca dejará de hacerlo, porque cuando el hombre se pregunta ¿qué es la justicia? es porque la necesita y no la ha conseguido, hoy menos que nunca.

REFERENCIAS BIBLIOGRÁFICAS

AQUINO, Tomas, *Sumatteológica*, Biblioteca de Autores Cristianos, España, 1953

---

[25] KANT, Immanuel, *Principios metafísicos del Derecho*, americalee, Argentina, 1974, p. 172
[26] Ibidem. p. 204

ARISTÓTELES, *Ética a Nicómaco*, C. E. C. España, 1971.

CICERÓN, Marco Tulio, *La República*, AKAL, Argentina, 1989.

HESÍODO, *Los trabajos y los días,* Losana, Argentina, 2007.

SAN AGUSTIN, *Confesiones,* Librería Religiosa, España, 1882.

SAN AGUSTIN, *La Ciudad de Dios,* Alma Mater, S. A., España, 1958.

HOBBES, Thomas, *Leviathan,* Puerto Rico, 1968

IBARRA SERRANO, Francisco Javier, *La Justicia*, Editorial, A. C. México, 1992,

KANT, Immanuel, *Principios metafísicos del Derecho,* americalee, Argentina, 1974,

KELSEN, Hans, *La teoría pura del Derecho*, 2ª ed., trad. De Vernengo, Roberto J., UNAM, México, 1982.

MONTESQUIEU, *El espíritu de las leyes*, Tecnos, España, 1980.

PLATÓN, *Diálogos*, Universidad de México, México, 1921.

Electrónicas

Código de Hammurabi, http://es.wikipedia.org/wiki/C%C3% B3digo_ de_Hammurabi

Justicia,http://es.wikipedia.org/wiki/JusticiaRousseau,
http://www.monografias. com/ trabajos10/teopol/teopol.shtml

MÉXICO Y EL DERECHO INTERNACIONAL. REALIDADES, RETOS Y PERSPECTIVAS EN EL CONTEXTO DEL SIGLO XXI

Emmanuel Roa Ortiz

MÉXICO Y EL DERECHO INTERNACIONAL. REALIDADES, RETOS Y PERSPECTIVAS EN EL CONTEXTO DEL SIGLO XXI

Emmanuel Roa Ortiz[1]

1. Introducción: Ordenamientos Jurídicos en Transición.

Los inicios de la nueva centuria han puesto en el centro mismo del debate académico, *in genere*, una serie de cuestiones y de problemas que precisan respuestas claras y eficaces –en la medida de lo posible– no sólo para entender una realidad cuya dinámica resulta ser vertiginosa[2], sino, además, condicionante a efectos de concretar un mundo habitable, una sociedad que pueda tener un mínimo de certeza en el futuro[3].

Bajo tal perspectiva, la comunidad internacional del siglo veintiuno –o tercer milenio, como se prefiera– requiere, entre otras cosas, de un orden normativo que fije reglas inspiradas en nuevos valores[4] y haga posible la

---

[1] El autor es Profesor de Derecho Internacional Público y Privado en la Facultad de Derecho y Ciencias Sociales de la Universidad Michoacana de San Nicolás de Hidalgo y Director del Instituto de Especialización Judicial del Supremo Tribunal de Justicia del Estado de Michoacán. Las opiniones que se expresan en este ensayo son hechas estrictamente a título particular. Se agradecen las observaciones de Luis Fernando Anita Hernández, Mario Alberto García Herrera y Benjamín Revuelta Vaquero.

[2] En el sentido de que los cambios, en prácticamente todos los campos y las áreas, se suceden rápidamente, alterando nuestra percepción tradicional de entendimiento y comprensión de las cosas. Ello es fácilmente apreciable en el espectacular avance de la ciencia y de la tecnología, pero no lo es menos por lo que respecta a la dinámica propia de los colectivos, el quehacer económico y político así como la propia idiosincrasia.

[3] Ciertamente, el contexto internacional no es particularmente propicio: el incremento de la inseguridad, la escalada terrorista que trasciende las fronteras mismas de los estados, la violencia en las relaciones interestatales de varios ámbitos geográficos, el progresivo deterioro del medio ambiente, la erosión –paulatina pero insoslayable– de la soberanía nacional, los desafíos de una acendrada globalización económica y financiera que se perfila, en buena parte, excluyente, entre otros problemas, a los cuales se añaden los "clásicos" obstáculos que se derivan de la vieja –pero aún extraordinariamente activa– sociedad de estados soberanos, hacen de la nuestra una etapa conflictiva y conflictuada. Por lo demás, no deseo que tales afirmaciones puedan derivar en una perspectiva pesimista o negativa; por el contrario, pretendo ser realista en términos simples y claros, enfatizando mi confianza en que por muy graves que puedan ser los problemas que nos aquejan como sociedad, siempre hay posibilidad de solución.

[4] Empleo el término "nuevos" en sentido de "redescubiertos", pues valores como la dignidad humana, la solidaridad, la cooperación entre los pueblos, entre otros, siempre han estado presentes en el espíritu del ser humano, aún cuando en periodos de la historia se les haya minimizado, ignorado o, incluso, rechazado.

materialización de principios[5] a la luz de los cuales pueda orientarse y adoptar aquellas decisiones más convenientes frente a tales desafíos.

La afirmación precedente implica tomar al Derecho como un importante marco referencial –que no el único, como es fácil advertir– en la búsqueda de soluciones a la diversidad de necesidades que los colectivos tienen en esta época de dudas y de sombras.

Ahora bien, el marco jurídico que menciono debe integrarse no sólo por el tradicional andamiaje que proporciona la normativa interna o nacional. Además, es insoslayable la contribución que a dicho contexto de referencia imprime el orden jurídico externo, el Derecho Internacional, cuya estructura, principios, nomogénesis y, por supuesto, normas, no dejan de irradiar, desde hace ya un buen tiempo, la configuración jurídica tanto de la propia comunidad internacional como la respectiva de las entidades de naturaleza estatal.

Lo anterior significa que adopto un enfoque que pretende, en cierta forma, soslayar la tradicional visión académica que insiste en distinguir dos esferas jurídicas, separadas y autónomas, independiente una de la otra, entre el derecho interno –o nacional– y el derecho externo –o internacional–[6]. Hago, entonces, *confessio mea* la concepción monista del Derecho como un *totum* incluyente; *id est*, estoy convencido que tanto el orden jurídico interno como el externo deben conformar una unidad, con sus respectivos ámbitos ciertamente, pero en una sola estructura jurídica que los comprenda a ambos.

En este sentido, el actual andamiaje jurídico normativo no puede existir sin la activa interacción entre las normas producidas en el nivel interno de todos y cada uno de los Estados con las originadas en el ámbito del consenso soberano de los mismos[7]

A la consideración precedente debe añadirse la nada despreciable cantidad de disposiciones normativas que emanan de las organizaciones internacionales, incluyendo, por supuesto, la normativa a la que se ha venido

---

[5] Tales como los siempre anhelados de libertad, orden, seguridad, paz, estabilidad, cuya búsqueda ha exigido a la humanidad, desde siempre, constantes sacrificios.

[6] Me refiero, por supuesto, a la clásica discusión acerca de la naturaleza de las relaciones entre el Derecho nacional y el Derecho Internacional. De la misma se desprenden dos concepciones específicas: la monista y la dualista, con sus respectivas características. Cfr., por todos, GONZÁLEZ CAMPOS, J. D. *et al*, *Curso de Derecho Internacional Público*, Sexta Edición, Civitas, Madrid, 1998, pp. 261-265, así como *infra* punto 2 de este ensayo.

[7] Mismo que incluye no sólo el clásico ordenamiento convencional internacional, sino, además, la creación de derechos y obligaciones por virtud de la conducta de los entes soberanos además de la normativa de naturaleza consuetudinaria. Cfr., para una panorámica general de este tema, REMIRO BROTÓNS, A. *et al*, *Derecho Internacional*, McGraw-Hill, Madrid, 1997, pp. 175-330.

denominando *soft law*[8], cuya influencia es cada vez más expansiva y creciente[9].

De ahí, entonces, el imperativo de considerar tales "órdenes" jurídicos como uno solo, en constante evolución y transición a estadios superiores y con múltiples aspectos problemáticos que precisan de solución y adecuada coordinación en sus variadas y diversas facetas normativas.

Ciertamente se trata de modificar una serie de perspectivas y enfoques extremadamente nacionalistas, reticentes de todo lo que lleve el calificativo de "internacional"[10].

Asimismo, la adopción de una perspectiva más amplia e incluyente debe pasar por un proceso de "desmitificación" del orden normativo nacional. Ello no significa, por supuesto, negar los indudables avances que tanto la legislatura como la judicatura, en sus respectivos ámbitos de competencia, han impreso, en los diversos Estados, al entramado jurídico interno. Sin embargo, debe reconocerse que los operadores jurídicos se sienten más "cómodos" en el uso de los dispositivos que pone a su disposición el Estado a través de los mecanismos nomogenéticos tradicionales –*id est*, la codificación, la jurisprudencia, etc[11]. –.

---

[8] Cabe destacar la complejidad a que los autores se refieren al tratar de definir el concepto de *soft law*, pues como señala Senden, "Defining soft law is not easy". Más que acuñar una definición, lo relevante es identificar los elementos centrales de tal fenómeno jurídico, mismos que pueden ser enlistados de la siguiente manera: son reglas de conducta –de ahí que se use, convenientemente, el término *derecho* o *law*–; tales reglas se recogen en instrumentos que no tienen *per se* fuerza vinculante pero que tampoco carecen de cierto efecto normativo; y, su finalidad es, principalmente, la de influenciar la práctica de los sujetos a los que se dirigen –*ad exemplum*, los Estados–, para que de manera voluntaria y libre observen dichos contenidos. Cfr., SENDEN, L., *Soft Law in European Community Law*, Hart Publishing, Oxford y Portland, 2004, pp. 111-112. También es recomendable la lectura de DEL TORO HUERTA, M. I., "El Fenómeno del *Soft Law* y las Nuevas Perspectivas del Derecho Internacional", en *Anuario Mexicano de Derecho Internacional*, vol. VI, 2006, pp. 513-549.

[9] Tal afirmación evidencia que no puede constreñirse la nomogénesis en el ámbito de la comunidad internacional a lo indicado por el texto del artículo 38.1 del Estatuto de la Corte Internacional de Justicia, como se había querido anteriormente ver por un sector de la doctrina.

[10] En este sentido no es desconocido que ya desde sus inicios, el Derecho Internacional ha tenido fuertes objetores, detractores e, incluso, negadores de su misma existencia como ordenamiento jurídico, por no mencionar a quienes, sin negarlo, dudan de su eficacia. Para una panorámica y crítica de tales opiniones *vid.* REMIRO BROTÓNS, A. *et al, op. cit.*, pp. 1-35.

[11] Tal fenómeno de resistencia –reticencia– a la irradiación de los efectos del Derecho Internacional por parte de los operadores jurídicos nacionales no es privativo de tal área jurídica. En efecto, el Derecho Comparado también resiente dicha actitud "aislacionista" –por no decir de rechazo– a sus grandes posibilidades de empleo, considerándosele, más bien, cuestión "exótica", propia de círculos académicos "cerrados". Cfr., por lo que respecta a la afirmación primera, BINGHAM, T., "Foreword", en *Fatima*, S., *Using International Law in Domestic Courts*, Hart Publishing, Oxford y Portland, 2005, p. XI; por lo que concierne a la situación del Derecho Comparado, cfr. MARKESINIS, B., *Comparative Law in the Courtroom and Classroom*, Hart Publishing, Oxford y Portland, 2003, pp. 1-33. Resulta interesante destacar que Markesinis, refiriéndose a las actitudes adoptadas por los operadores

El Derecho Internacional, en este contexto, ha debido atravesar, también, un proceso evolutivo[12]. De hecho, se encuentra todavía en transición y en un momento en que precisa de encontrar los cauces más adecuados para una más eficiente coordinación con las normativas nacionales[13]. Si la perspectiva que se adopta es la de un solo ordenamiento jurídico en donde hay niveles que deben coordinarse entre sí para asegurar la operatividad, lo más adecuada posible, de las diversas partes del mismo, la parte que le corresponde al Derecho Internacional ha sido –es– permear, poco a poco, las estructuras jurídicas internas. A su vez, estas últimas han ido modificando su tradicional y restringida interacción con la dimensión iusinternacionalista para favorecer, paulatinamente, una mayor apertura a los efectos que irradia dicha dimensión.

Estamos, pues, frente a un ordenamiento jurídico en transición, cuyos respectivos niveles –interno y externo– se encuentran sometidos a una serie de modificaciones, de percepciones, de reformas, de transformaciones y de prácticas que hacen de su interacción una dinámica de contornos y matices *sui generis*. En mayor o menor medida, todos y cada uno de los integrantes de la comunidad internacional[14] se encuentran involucrados en esa dinámica, adaptando el nivel jurídico interno a las exigencias del nivel jurídico internacional y haciendo más precisas, más claras, más eficientes –si cabe– las coordenadas de interacción entre ambos.

---

jurídicos –incluso de propios colegas de otras áreas jurídicas–, denomina a los círculos iuscomparatistas –de los que él mismo ha formado parte, por lo que ha experimentado tal percepción en carne propia– como verdaderos "ghetos".

[12] Un importante sector de la doctrina ha destacado que el Derecho Internacional es el ordenamiento jurídico de la comunidad internacional, "[...] un grupo social en transición [...]". En este contexto, de acentuada dinámica evolutiva, la comunidad internacional continúa siendo la heredera de la vieja "sociedad de estados soberanos", puesto que las relaciones internacionales aún son vistas desde la perspectiva que brindan los esquemas clásicos interestatales. Pero es innegable que se han agregado nuevos fines, desafíos y problemas que condicionan tal visión y, por ende, implican un redimensionamiento tanto de la comunidad internacional –ya no sociedad de estados soberanos– como de su estructura jurídica. Cfr. GONZÁLEZ CAMPOS, J. D. *et al*, *op. cit.*, pp. 63-68, así como Nguyen Quoc, D. *et al*, *Droit International Public*, 6e. Édition Refondue, L.G.D.J., Paris, 1999, p. 36.

[13] Tal situación responde, evidentemente, a las profundas transformaciones que la esfera internacional también experimenta y a las que hacemos referencia en los párrafos iniciales de este ensayo. Cfr., además, LAGOS, E., "Algunas Tendencias del Derecho Internacional a Principios del Siglo XXI", en *Anuario Mexicano de Derecho Internacional*, vol. V, 2005, pp. 310-317.

[14] No sólo los de naturaleza estatal, sino, además, las organizaciones internacionales y los propios mecanismos de integración, mismos que, aún careciendo en su mayoría de subjetividad en el plano internacional (las excepciones de referencia son la Unión Europea y el Mercosur), despliegan esfuerzos para la adaptación de sus respectivas estructuras a los parámetros de la dimensión internacional.

En tal escenario, cabe el cuestionamiento de cuáles serían las tareas que un país como México debe llevar a cabo para hacer de la transición –en el sentido de adaptación– en la que actualmente se encuentra el ordenamiento jurídico, un periodo que culmine con éxito. De manera específica, el planteamiento se despliega en torno a las acciones que se podrían adoptar en función de concretar un nivel jurídico interno en consonancia con las expectativas –y exigencias– del Derecho Internacional.

Por razones de espacio, en los siguientes párrafos abordaré únicamente tres de las acciones que, en mi opinión, son cruciales para materializar tal finalidad. En primer lugar, la necesaria e imprescindible adaptación de la base normativa que sustenta el nivel jurídico interno de nuestro país a las realidades –y requerimientos– de la dimensión iusinternacionalista; formulado de otro modo, la apertura de la norma constitucional a la irradiación de los efectos del Derecho Internacional. En segundo lugar, la coordinación de la aplicación de la normativa internacional –de manera particular la de naturaleza convencional, pero tomando en consideración la importancia creciente de la costumbre internacional– por la judicatura. Finalmente, y a manera de referencia conceptual complementaria, la insoslayable tarea de modificar la metodología de la enseñanza jurídica, que actualmente se desarrolla en los centros universitarios, a efectos de incorporar, plenamente, la dimensión iusinternacionalista en la formación de los juristas mexicanos.

Cierto es que los tiempos y modos de implantación de las acciones mencionadas en el párrafo precedente dependen de las características específicas de cada una de las mismas. No tiene comparación una reforma constitucional –por más compleja que ésta sea– con la capacitación de los operadores judiciales para que apliquen, correcta y de manera uniforme, las normas convencionales internacionales, o la desafiante tarea de reformar los planes de estudios universitarios y contar con docentes sensibilizados por las exigencias del nuevo enfoque pedagógico que se propone.

Sin embargo, estoy convencido que constituyen un buen punto de partida para la reflexión –primero– y la configuración de estrategias –después– que permitan a nuestro país adecuar su normatividad interna a las condicionantes del orden jurídico contemporáneo, fundamentalmente en su esfera externa.

2. La Apertura del Derecho Mexicano a la Dimensión Internacional del Orden Jurídico.

Aspecto central en la coordinación que debe prevalecer entre los dos niveles normativos del ordenamiento jurídico –tanto interno como externo– lo es la existencia de mecanismos que aseguren una respuesta adecuada por parte de la dimensión jurídica interna a la irradiación de los efectos del nivel externo. En otras palabras, la coordinación entre ambos niveles –y, por ende, la eficaz integración y unidad del orden jurídico– está condicionada por la naturaleza y flexibilidad de los instrumentos que hacen posible la coordinación entre dichos ámbitos.

Desde una perspectiva doctrinal, la temática planteada en el párrafo anterior nos sitúa, de manera precisa, en el análisis de las relaciones entre el Derecho Internacional y el ámbito jurídico nacional[15]. Cierto es que adentrarse en tal cuestión implica, necesariamente, retomar las dos posturas teóricas a las que hacía ya referencia en el primer punto de este ensayo. Así, por un lado está el enfoque dualista –o pluralista–, mismo que sostiene la "dualidad" –o "pluralidad", en la opinión de Nguyen Quoc[16]– de ordenamientos jurídicos[17]. Por otro lado, la perspectiva monista enfatiza la existencia de un solo orden jurídico que regula tanto los aspectos "internos" o "nacionales" como la dimensión "externa" o "internacional"[18].

Los efectos prácticos de las posturas doctrinales enunciadas son de particular relevancia. La doctrina dualista, como es bien sabido, exige la previa "incorporación" de la normativa internacional al orden interno a efectos de que la primera pueda desplegar algún tipo de eficacia jurídica[19]. Por su parte, el postulado monista, que defiende la unidad del ordenamiento jurídico y concede la primacía al orden normativo internacional respecto del Derecho nacional, no precisa tales mecanismos, pues una vez que opera la nomogénesis, la norma creada posee eficacia directa y aplicación inmediata *ad intra* de la dimensión jurídica interna. De esa forma, se asegura y preserva

---

[15] También denominado *municipal law* en la terminología inglesa. Cfr. BROWNLIE, I., *Principles of Public International Law*, Fifth Edition, Oxford University Press, Oxford, 1998, pp. 31-56.

[16] Cfr. NGUYEN QUOC, D. *et al*, *op. cit.*, p. 95.

[17] Estructurada por los autores H. TRIEPEL (*Droit International et Droit Interne*, Pédone, París, 1920) y D. ANZILOTTI (*Scritti di Diritto Internazionale Pubblico*, Vol. I, Cedam, Padua, 1956, pp. 281 *et seq.*), ha sido recogida por la mayoría de los estados modernos e incorporada a sus disposiciones normativas. Tal es el caso de la Constitución mexicana, cuyo artículo 133 es de una clara orientación dualista al prever un mecanismo de aprobación de las normas convencionales internacionales que condiciona su incorporación al Derecho mexicano.

[18] Defendida por H. KELSEN, "Les Rapports des Systemes entre le Droit Interne et le Droit International Public", en *Recueil des Cours de l'Académie de Droit International de La Haye*, T. 14, 1926-IV, The Hague, pp. 261-262 y G. SCELLE *Précis de Droit des Gens. Principes et Systématiques*, Vol. I, Sirey, Paris, 1932.

[19] La "incorporación" se efectúa mediante los procedimientos que el propio Derecho nacional dispone. Cabe destacar que, pese a la diversidad de figuras y mecanismos empleados por los Estados y en el caso específico del Derecho de los Tratados Internacionales, puede apreciarse la existencia de una tendencia –reconocida por el Convenio de Viena sobre Derecho de los Tratados de 1969– a dejar el tema álgido de la negociación –e inclusive la firma– a los órganos ejecutivos, en tanto que la manifestación del consentimiento en obligarse es una competencia usualmente atribuida a las legislaturas. Cfr., *inter alia*, BASTID, S., *Les Traités dans la Vie Internationale. Conclusion et Effets*, Économica, Paris, 1985, pp. 34-46 y Aust, A., *Modern Treaty Law and Practice*, Cambridge University Press, Cambridge, 2000, pp. 57-65 y 75-99.

la mencionada unidad del ordenamiento jurídico y la adecuada coordinación entre los dos niveles normativos.

Ahora bien, con anterioridad he manifestado mi convicción de que el Derecho mexicano adopta una postura de naturaleza dualista[20], a pesar de la opinión de un sector doctrinal que afirma que nuestro ordenamiento jurídico se caracteriza por su orientación "monista moderada"[21]. En efecto, el mecanismo a doble grado que prevé la normativa constitucional no deja dudas por su claridad: en el caso de los tratados internacionales, éstos se "incorporan" al orden jurídico mexicano siempre y cuando cumplan con los extremos que dispone el artículo 133 de la Constitución federal[22]. A semejanza de la Constitución norteamericana, la única forma en que el derecho convencional internacional puede desplegar sus efectos es mediante su "incorporación" –por virtud del acto legislativo– al "[…] supreme law of the land"[23].

Sin embargo, debe resaltarse que la propia Constitución mexicana, en un giro muy particular y con un trato distinto al que contempla para las normas convencionales, dispone una especie de apertura parcial a los efectos del orden jurídico internacional por lo que se refiere a la delimitación de los espacios territoriales de la Nación.

Ciertamente, de una atenta lectura del texto de los artículos 27[24] y 42[25] constitucionales se desprende que el Constituyente de Querétaro incluyó una referencia –velada– al "derecho internacional" en su dimensión consuetudinaria[26], *id est*, la remisión que la Ley suprema hace es a la

---

[20] Cfr. mi artículo "Tratados Internacionales y Control Previo de Constitucionalidad: Una Propuesta para Evitar que la Impartición de Justicia sea Motivo de Responsabilidad Internacional para el Estado Mexicano", en Valadés, D. y Gutiérrez Rivas, R., *Justicia. Memoria del IV Congreso Nacional de Derecho Constitucional*, Tomo I, UNAM/IIJ, México, 2001, pp. 181-183.

[21] Al respecto, e *inter alia*, cfr. ORTIZ AHLF, L., *Derecho Internacional Público*, Harla, México, 2004, p. 8.

[22] Haber sido negociados por el Presidente de la República; no contradecir al texto constitucional; y, haber sido aprobados por el Senado.

[23] Cfr. artículo VI(2) de la Constitución norteamericana así como los comentarios que al respecto hace Becker, J. D., *The American Law of Nations. Public International Law in American Courts*, Juris Publishing, Huntington, 2001, pp. 3-9.

[24] Por lo que corresponde a la delimitación del espacio aéreo, el numeral indica que "Corresponde a la Nación el dominio directo de […] el espacio situado sobre el territorio nacional, en la extensión y términos que fije el derecho internacional". Asimismo, el párrafo quinto de la misma disposición normativa especifica "Son propiedad de la Nación las aguas de los mares territoriales en la extensión y términos que fije el derecho internacional; […]".

[25] Las fracciones V y VI reiteran lo previsto por el artículo 27 en lo que corresponde a los límites territoriales de la Nación respecto de "las aguas de los mares […]" y del "[…] espacio situado sobre el territorio nacional […]".

[26] Tanto en relación con la normativa de los espacios marítimos como de la que regula el espacio aéreo es pertinente señalar que no obstante su compleja evolución codificatoria, ambos entramados jurídicos derivan de normas de naturaleza consuetudinaria que refleja una

costumbre internacional, en el sentido en que lo dispone el artículo 38.1 b) del Estatuto de la Corte Internacional de Justicia cuando hace la mención de "[…] la costumbre internacional, como evidencia de una práctica general aceptada como derecho".

La diferencia en el tratamiento no puede soslayarse. Tanto el derecho convencional internacional como la normativa consuetudinaria tienen efectos jurídicos precisos, pues no sólo crean derechos y obligaciones en la esfera internacional sino que son capaces, además, de desplegar tales consecuencias *ad intra* de los Estados. Aún más, considero que el proceso de incorporación al que nuestra Carta Magna somete a las normas convencionales, si bien responde a una lógica que trata de preservar la coherencia interna del orden jurídico mexicano a través de la defensa irrestricta de la supremacía constitucional, no se corresponde, en su mayor nivel de exigencia, con el reenvío *ex constitutionis* al derecho internacional consuetudinario.

No es este el lugar adecuado para comentar las peculiaridades nomogenéticas de la costumbre internacional. Basta indicar, en este sentido, que el proceso de constatación de la existencia, contenido, alcances y límites de las normas consuetudinarias quedan fuera, por supuesto, de la intervención de los Estados[27] y se confían a las instancias judiciales internacionales[28]. De ahí, entonces, la falta de igualdad de trato constitucional entre ambos medios nomogenéticos de ascendencia internacional.

La afirmación anterior no debe prestarse a confusión. No propongo que la costumbre internacional se someta a los mismos parámetros de "incorporación" que regulan la manifestación del consentimiento del Estado mexicano en obligarse por una norma convencional que ha sido negociada previamente por el poder ejecutivo y cuyo texto no contradice la letra constitucional. Antes bien, considero que si el Constituyente de 1917 asumió como confiable y segura la remisión al derecho internacional –consuetudinario– en tratándose de los aspectos ya referidos, podría hacerse lo mismo por lo que corresponde al derecho convencional internacional.

---

práctica constante y reiterada cristalizada en su eficacia jurídica. Cfr. NGUYEN QUOC, D. *et al, op. cit.*, pp. 1094-1097 y 1194-1204, respectivamente.

[27] Quienes, por otra parte, son los creadores directos de dicha normativa internacional a través de los mecanismos clásicos y tradicionales que implica la cristalización de la costumbre, pues son los "[…] acts and omissions counted as State practice for the formation of customary law". Cfr. MERON, T., "International Law in the Age of Human Rights", en *Recueil des Cours de l'Académie de Droit International de La Haye*, T. 301, 2003, Martines Nijhoff Publishers, Leiden/Boston, 2004, p. 378.

[28] Cfr. *inter alia*, COLLIER, J. Y LOWE, V., *The Settlement of Disputes in International Law. Institutions and Procedures*, Oxford University Press, Oxford, 1999, pp. 132-155 y Meijers, H., "On International Customary Law in the Netherlands", en Dekker, I. F. y Post, H. H. G., *On the Foundations and Sources of International Law*, T.M.C. Asser Press, The Hague, 2003, pp. 81-93.

Dicha apertura –o remisión–, sin embargo, no sería irrestricta sino que tendría matices importantes y límites *ratione materiae* específicos. Aunque actualmente se haga énfasis de una progresiva "deconventionnalisation" del derecho internacional[29] y la relevancia de los tratados internacionales, pese a su gran número, empiece a ser compartida por una renovada *vis* expansiva de la costumbre internacional, no puede ignorarse que aún seguimos viviendo "[…] in a treaty world"[30].

De lo anterior se desprende que la remisión –o reenvío– que se sugiere adopte el texto constitucional, sin la necesidad de atravesar el mecanismo de "*incorporación*" *ex* artículo 133 constitucional, debe hacerse sólo en relación con aquellos instrumentos convencionales que, por su importancia, puedan equipararse a –o incluso colocarse por encima de– la propia Ley fundamental.

En esta línea argumentativa, considero es apropiado señalar que los tratados internacionales a los que se les podría reconocer[31] status de rango – supra– constitucional y, por ende, inmediatamente aplicables y con eficacia directa en el nivel interno del ordenamiento jurídico, serían aquéllos cuyo contenido estuviese integrado por disposiciones en materia de derechos humanos. Asimismo, estarían incluidos en dicho reenvío los acuerdos internacionales que regulan el derecho internacional humanitario, por virtud de su trascendencia. En tercer lugar, también deberían formar parte de ese reconocimiento *ex constitutionis* los instrumentos convencionales que han codificado las normas internacionales en materia penal, de manera específica aquéllos que han conformado una estructura con incidencia en la responsabilidad penal individual[32].

En conjunto, los tratados internacionales mencionados conforman lo que se ha denominado "orden público internacional"[33], una estructura que se

---

[29] Cfr. FLAUSS, J.-F., "La Protection des Droits de l'Homme et les Sources de Droit International: Rapport General", en *Colloque de Strasbourg, 29-31 May 1997*, Société Française de Droit International, 1997, p. 28.

[30] Según la expresión de YOO, J. C., "Globalism and the Constitution: Treaties, Non-Self Execution and the Original Understanding", en *Columbia Law Review*, Vol. 99, Núm. 8, Diciembre de 1999, p. 1955.

[31] Subrayo el término "reconocer", puesto que la propuesta que hago se refiere precisamente a dicha acción: que el Estado *reconozca* el despliegue, directo e inmediato, de los efectos normativos de dichos instrumentos convencionales de carácter internacional.

[32] De manera particular me refiero al Estatuto de Roma que crea la Corte Penal Internacional, adoptado el 17 de julio de 1998 y en vigor a partir del 1 de julio de 2002. México depositó el instrumento de ratificación el 28 de octubre de 2005. Tal instrumento no sólo prevé una serie de tipos penales sino que, además, crea un órgano judicial internacional con facultades para conocer, de manera complementaria a la acción estatal, dichos ilícitos.

[33] Becerra Ramírez hace uso de una interesante figura –o "alegoría" como él mismo la denomina– en donde la normatividad que informa dicho orden público internacional conformaría una especie de "[…] segundo piso jurídico que apoya o amplía los derechos que los Estados tienen en su interior y en donde encontramos obligaciones para ellos, con un sistema de responsabilidad estatal, así también para los individuos que pueden ser sujetos de

integra por normas jurídicas *erga omnes*[34] e incluso, disposiciones de *jus cogens*[35]. La propuesta de apertura de la Norma constitucional a tal orden público internacional no es, ciertamente, novedosa *in toto*. En este sentido, el

Proyecto de Ley de Amparo de 1999[36] recogió, en su articulado[37], la sugerencia de que el mecanismo protector del amparo resolviera "[...] toda controversia que se suscite por normas o actos de autoridad que violen las garantías que consagra la Constitución Política de los Estados Unidos Mexicanos y los *derechos humanos que protegen los tratados internacionales generales en la materia, a saber: la Declaración Universal de Derechos Humanos; el Pacto Internacional de Derechos Civiles y Políticos; el Pacto Internacional de Derechos Económicos, Sociales y Culturales; la Declaración Americana de los Derechos y Deberes del Hombre y la Convención Americana sobre Derechos Humanos*"[38].

Sin embargo, debe señalarse que el texto de la disposición, de conformidad con la Introducción al Proyecto de la Nueva Ley de Amparo[39],

---

responsabilidad penal". Cfr. BECERRA RAMÍREZ, M., *La Recepción del Derecho Internacional en el Derecho Interno*, UNAM/IIJ, México, 2006, p. 59.

[34] Son aquellas normas jurídicas internacionales, desarrolladas por la jurisprudencia internacional, específicamente a partir del asunto de la *Barcelona Traction, Light and Power Company, Ltd.* (sentecia del 5 de febrero de 1970), que imponen obligaciones cuyo cumplimiento es susceptible de ser exigido por cualquier sujeto de la comunidad internacional, especialmente los estados, puesto que su violación implica una lesión en el orden internacional. Cfr. MARIÑO MENÉNDEZ, F. M., *Derecho Internacional Público. Parte General*, Tercera Edición Revisada, Editorial Trotta, Madrid, 1999, pp. 73-75 y DE HOOGH, A., *Obligations* Erga Omnes *and International Crimes. A Theoretical Inquiry into the Implementation and Enforcement of the International Responsibility of States*, Kluwer Law International, The Hague, 1996, p. 49.

[35] También conocidas por un sector de la doctrina como "principios constitucionales del orden jurídico internacional", su formulación más autorizada se recoge en la Resolución 2625 (XXV) adoptada por la Asamblea General de las Naciones Unidas el 24 de octubre de 1970, misma que incorpora la *Declaración sobre los Principios de Derecho Internacional Referentes a las Relaciones de Amistad y a la Cooperación entre los Estados de Conformidad con la Carta de Naciones Unidas*. A dicho instrumento es preciso añadir la Declaración de Helsinki de 1 de agosto de 1975, que incluye, como principio constitucional del Derecho Internacional el respeto a los derechos y las libertades fundamentales del ser humano. Cfr. MARIÑO MENÉNDEZ, F. M., *op. cit.*, pp. 66-73. Por otra parte, debe mencionarse que de las normas de *jus cogens* se derivan las normas que imponen obligaciones *erga omnes*, tal como lo señala DE HOOGH, A., *op. cit.*, pp. 44-45.

[36] El proyecto fue el resultado del exhaustivo trabajo que desarrolló la Comisión de Análisis de Propuestas para una Nueva Ley de Amparo, conformada a iniciativa de la Suprema Corte de Justicia de la Nación el 17 de noviembre de 1999 y cuyo documento final fue presentado el 29 de agosto de 2000 por el entonces Ministro Humberto Román Palacios, presidente de la referida Comisión.

[37] Artículo 1°. del Proyecto.

[38] Las itálicas son propias.

[39] Cfr. punto IV de la Introducción al Proyecto de la Nueva Ley de Amparo.

tenía por objeto "[...] que mediante el juicio de amparo se protejan de manera directa, además de las garantías que actualmente prevé nuestra Constitución, los derechos contenidos en los cinco instrumentos internacionales generales que en materia de derechos humanos ha ratificado el Estado mexicano [...]", pero reiterando que su posición jerárquica normativa "[...] seguirá siendo inferior a la propia Constitución".

Como se puede apreciar, aún la pretendida "ampliación" de la protección, por vía de amparo, que el Proyecto pretendía concretar respecto de los derechos humanos contenidos en los instrumentos convencionales internacionales referidos, no implica una verdadera apertura del nivel jurídico interno a la irradiación de los tratados internacionales en materia de protección de derechos humanos. Aún más, no creo que la sede para dicha apertura sea una ley federal de rango secundario, inferior al texto constitucional, ello sin demeritar la trascendencia y relevancia que la Ley Reglamentaria de los Artículos 103 y 107 de la Constitución federal tiene en el ordenamiento jurídico mexicano. La apertura al Derecho Internacional –convencional– debe recogerse en una disposición de rango constitucional por virtud de los efectos que deben materializarse.

La afirmación que hago en el párrafo precedente se extiende, asimismo, a criticar la postura que la Suprema Corte de Justicia adopta respecto de la interpretación del contenido de la primera parte del artículo 133 de la Constitución federal por lo que se refiere a la jerarquía de las normas internacionales de carácter convencional en relación con la propia Ley fundamental y las leyes federales –así como estatales–[40].

En efecto, si bien la modificación de la anterior línea interpretativa del Alto Tribunal puede considerarse como positiva, pues realmente constituye un avance[41], no basta, ni es suficiente, para garantizar la coordinación de ambos niveles –externo e interno– del ordenamiento jurídico. Ni menos aún concreta la apertura al Derecho Internacional, por parte del Derecho

---

[40] Como se recordará, la tesis P. LXXVII/99 [rubro "Tratados Internacionales. Se Ubican Jerárquicamente por Encima de Leyes Federales y en Un Segundo Plano Respecto de la Constitución Federal"], derivó de la ejecutoria del amparo en revisión 1475/89, promovido por el Sindicato Nacional de Controladores del Tráfico Aéreo, resuelto el 11 de mayo de 1999. La tesis puede consultarse en la *Gaceta del Semanario Judicial de la Federación*, T. X, noviembre de 1999, p. 46.

[41] Cfr. las tesis P. C/92, "Leyes Federales y Tratados Internacionales. Tienen la Misma Jerarquía Normativa", Amparo en Revisión 2069/91, Manuel García Martínez, 30 de junio de 1992, en *Gaceta del Semanario Judicial de la Federación*, T. 60, diciembre de 1992, p. 27; "Tratados Internacionales. El Artículo 133 Constitucional, Última Parte, No Establece su Observancia Preferente sobre las Leyes del Congreso de la Unión Emanadas de la Constitución Federal", en *Semanario Judicial de la Federación*, Séptima Época, Vols. 151-156, parte sexta, p. 195; y, "Tratados Internacionales y Leyes del Congreso de la Unión Emanadas de la Constitución Federal. Su Rango Constitucional es de Igual Jerarquía", en *Semanario Judicial de la Federación*, Séptima Época, Vol. 78, parte sexta, p. 196.

mexicano, que he venido sosteniendo como esencial para la concreción de tales relaciones de coordinación.

Además de no resolver una serie de problemas que se derivan de la consolidación del principio de supremacía constitucional[42], los criterios judiciales, aún sean aquéllos sostenidos por los más altos tribunales de cualquier estado –y, por lo tanto, del nuestro– no son, en mi opinión, la sede más adecuada –ni oportuna– para "abrir" el ordenamiento normativo nacional a las exigencias del Derecho de la comunidad internacional[43].

En tal virtud, se precisa de una modificación del texto constitucional que, a semejanza de otras normas supremas[44], reconozca la aplicación inmediata así como la eficacia directa de los instrumentos convencionales que conforman el "orden público internacional"[45].

De esa forma, se garantiza una adecuada coordinación entre los niveles del ordenamiento jurídico, consolidándose su unidad material –y no meramente formal–, para, asimismo, reforzar el "[...] success and progress [...]"[46] del propio Derecho Internacional.

Asimismo, *last but not least*, la apertura de la Constitución mexicana al Derecho Internacional, en el sentido que propongo, disiparía las

---

[42] *Ad exemplum*, se deja sin solución el supuesto de que, a través del procedimiento de reforma constitucional, el nuevo texto de la Ley fundamental entre en franca contradicción con tratados internacionales vigentes para nuestro país. Por virtud del criterio sostenido actualmente por la Suprema Corte de Justicia, la Constitución prima sobre los instrumentos convencionales internacionales y ello abre la puerta de la responsabilidad internacional de nuestro país al incumplir obligaciones adquiridas *ex bona fide*, vía tratados internacionales, con otros miembros de la comunidad internacional. En la misma línea, la tesis del Alto Tribunal intenta mantener, considero que sin mucho éxito, la coherencia interna del ordenamiento jurídico a partir de la Ley fundamental, pero desconoce, sin más, las disposiciones del Derecho Internacional en el sentido de que no se pueden alegar normas jurídicas nacionales para incumplir obligaciones asumidas en la esfera externa. Cfr. los artículos 26 y 27 del Convenio de Viena sobre Derecho de los Tratados celebrados entre Estados de 27 de mayo de 1969 [ratificado por México el 5 de noviembre de 1968, publicado en *Diario Oficial de la Federación* de 10 de diciembre de 1968].

[43] No obstante, un rápido vistazo a la práctica de otros estados apunta a que han sido las más altas instancias judiciales las que han impulsado la apertura de dichos países al Derecho Internacional, de manera específica por lo que ve a la opción por la primacía de éste respecto de los respectivos ordenamientos jurídicos internos, como los casos de Bélgica y Luxemburgo.

[44] Como son los casos de las normas constitucionales de Holanda (artículos 94 y 120), Grecia (artículo 28.1), España (artículo 96.1) y Portugal (artículo 8, párrafos 2 y 3).

[45] Ortiz Ahlf sugiere, además, que la Norma constitucional debe contener, asimismo, "una disposición relativa a la incorporación de las normas en materia de derechos humanos consuetudinarios y su jerarquía supra-legal, con el fin de asegurar el cumplimiento de dichas normas, so pena de incurrir en responsabilidad internacional". Cfr. ORTIZ AHLF, L., "Integración de las Normas Internacionales de Derechos Humanos en los Ordenamientos Estatales de los Países de Iberoamérica", en *Anuario de Derecho Internacional*, Vol. III, 2003, p. 299.

[46] Cfr. SCHERMERS, H. Y WAELBROECK, D. F., *Judicial Protection in the European Union*, Sixth Edition, Kluwer Law International, The Hague, 2001, pp. 158-159.

ambigüedades y actitudes pasivas que hasta la fecha se han propiciado por la redacción vigente que recoge el texto fundamental.

Claridad y precisión es lo que requiere el Derecho Internacional del siglo XXI en sus relaciones de coordinación con el nivel normativo interno de los estados.

3. Aplicación Judicial del Derecho Internacional en México: Una Asignatura Pendiente.

Tarea que también requiere una cuidadosa atención a efectos de concretar la imprescindible adaptación de nuestro país a los desafíos del Derecho Internacional en el contexto del nuevo siglo lo es, por supuesto, que sus normas no sólo sean conocidas sino, además, correctamente interpretadas y aplicadas a los casos específicos por la judicatura.

En este sentido, es conveniente recordar que, precisamente por causa de la evolución que el Derecho Internacional experimenta, y que aludí en la parte introductoria de este ensayo, no es dable esperar que sus normas únicamente regulen las relaciones entre sujetos de naturaleza estatal[47].

De manera concreta, la gran variedad de los tratados internacionales que forman parte del entramado jurídico mexicano, así como su heterogeneidad, hace posible su invocación, en sede judicial, por personas, físicas o morales – *id est* particulares–, cuyos derechos se derivan de la asunción de obligaciones internacionales por los estados.

A la luz de la anterior afirmación, el papel del juez resulta de extraordinaria trascendencia en el marco de las relaciones internacionales, tal como lo destaca Conforti cuando señala: "In a world where almost every aspect of life is becoming internationalized, national judges can find themselves taking positions that may affect the external relations of their State in a great many cases"[48]. Asimismo, la función judicial, que repercute en el ámbito de las relaciones entre el estado y los particulares y, por supuesto, en el amplio mundo de las interacciones jurídicas *inter privatos*, también está condicionada, en ciertos casos, por la irradiación de las propias normas internacionales.

---

[47] Tal y como lo hace notar Roucounas al indicar que el Derecho Internacional ha experimentado un notable enriquecimiento por la sola entrada en escena del individuo a través de la cristalización de un "droit international des droits de l'homme", mismo que impacta al ordenamiento jurídico internacional en su dimensión sustantiva y en su aspecto procesal. De ahí, entonces, que el Derecho Internacional deba tomar en consideración la participación, cada vez más creciente, del individuo en las relaciones internacionales. Cfr. ROUCOUNAS, E., "Facteurs Privés et Droit International Public", *Recueil des Cours de l'Académie de Droit International de La Haye*, T. 299, Martinus Nijhoff Publishers, Leiden/Boston, 2003, pp. 110-115.
[48] Cfr. CONFORTI, B., "The Activities of National Judges and the International Relations of their State", en Conforti, B., *Scritti di Diritto Internazionale*, Vol. II, Editoriale Scientifica, Napoli, 2003, p. 381.

En suma, dada la complejidad que reviste el actual ordenamiento jurídico, tanto en su dimensión interna como en la esfera externa –cuya incidencia en el ámbito nacional es cada vez más importante–, la judicatura está llamada a establecer, por virtud de la subsunción que trae causa de sus facultades competenciales, un extraordinario e inevitable *diálogo* entre ambos niveles.

El juez no debe limitarse, en la actualidad, a conocer la esfera normativa nacional soslayando la dimensión jurídica externa. No puede, por lo tanto, alegar "desconocimiento" de la proyección e impacto de los efectos que poseen las normas jurídicas internacionales respecto de la creación de derechos y obligaciones que pueden ser invocados por los particulares en sede judicial[49]. Aún más, la legitimidad de la actuación judicial –inclusive su control por parte de la ciudadanía, aspecto esencial del Estado Social y Democrático de Derecho– está directamente relacionada con la aplicación de las normas jurídicas internacionales, especialmente aquéllas cuyo contenido incide en la protección de los derechos fundamentales y las libertades públicas[50].

A partir de tales reflexiones es posible apreciar la imperiosa necesidad – deber– de la judicatura para concretar la coordinación –en el sentido de diálogo– entre los dos niveles que conforman la estructura del ordenamiento jurídico[51].

Lo anterior, por supuesto, es también predicable de la judicatura mexicana. Bajo esta perspectiva, es bien conocido que los jueces mexicanos, tanto los de competencia federal como los de ámbito local, hasta fechas relativamente recientes, habían sido reticentes a la aplicación, en sede de subsunción, de los instrumentos convencionales internacionales aprobados por nuestro país[52]. En relación con la costumbre internacional la situación era

---

[49] En este contexto, es indispensable resaltar que, por lo que corresponde a la obligación del juez de conocer las normas jurídicas internacionales, el principio *iura novit curia* despliega sus efectos a plenitud. A diferencia de la exigibilidad en relación al derecho extranjero, que no está cubierto, *prima facie*, por el mencionado principio. Cfr. EZQUIAGA GANUZAS, F. J., "Iura Novit Curia" *y Aplicación Judicial del Derecho*, Editorial Lex Nova, Valladolid, 2000, p. 91.

[50] Cfr. el interesante artículo de COURTIS, C., "La Legitimidad del Poder Judicial ante la Ciudadanía", en *Nexos* [en línea], Núm. 329, Mayo, 2005, disponible en página web [accesada el 3 de julio de 2006] http://www.nexos.com.mx/articulos.php?id_article=349&id_rubrique=119.

[51] Conforti añade que "[W]ithout such cooperation, and more generally, without the cooperation of "domestic public organs", that is, all those who within a State are called upon to apply and ensure its observation, international law will not succeed in displaying its full efficacy". Cfr. Conforti, B., "The Activities of National Judges and the International Relations of their State", *loc. cit.*, p. 233.

[52] Cfr. COURTIS, C., "La Legitimidad del Poder Judicial ante la Ciudadanía", *loc. cit.*

–sigue siendo– una práctica judicial inexistente; por no mencionar los demás mecanismos nomogenéticos del ordenamiento internacional[53].

Las causas de tal situación son varias. Entre otras, la fuerte tendencia de la judicatura mexicana a no "correr riesgos" ni aventurarse en ámbitos normativos "distintos" a los propios, derivada de una formación exclusiva en el conocimiento y operatividad de la normatividad interna, excluyendo cualquier referencia, aún incidental, a la normatividad internacional[54], puede señalarse como el principal motivo por el que los jueces mexicanos se sientan "ajenos", en el ejercicio de sus funciones, al Derecho Internacional[55].

Cierto es, además, que la aplicación de la normatividad internacional no está exenta de cuestiones complejas. No se trata del mero conocimiento de la existencia de la norma jurídica externa que forma parte del Derecho nacional. La interpretación y la aplicación son actividades que, *per se*, exigen a los operadores judiciales habilidades en cierto modo distintas a las que requiere el manejo de la normativa nacional, sea ésta propia de la esfera competencial federal o local[56].

Pero, también es verdad que tales obstáculos no son insuperables y la prueba de ello es que en otras latitudes geográficas, en otras experiencias jurídicas, los operadores judiciales han sabido afrontar, de manera exitosa, los retos que supone la aplicación en sede judicial del Derecho Internacional[57]. De ahí, entonces, que las dificultades que enfrentan nuestros

---

[53] *Ad exemplum*, los actos jurídicos de las organizaciones internacionales, cuya recepción judicial en nuestro país es prácticamente ausente o, inclusive, las decisiones emanadas de tribunales y órganos jurisdiccionales internacionales, cuyo régimen jurídico (piénsese en los casos de homologación y ejecución de laudos arbitrales) es deficiente o, simplemente, ignorado por la judicatura. Para un amplio panorama de estos ejemplos, cfr. FRANCK, T. M. y FOX, G. H., *International Law Decisions in National Courts*, Transnational Publishers, Irvington-on-Hudson, 1996.

[54] Situación en la que también puede incluirse al Derecho extranjero, en tratándose del ámbito del Derecho Internacional Privado y en los supuestos en que aquél es derecho aplicable y puede ser susceptible de invocarse ante tribunales mexicanos, como lo he destacado en mi artículo "La Enseñanza del Derecho Comparado. Algunas Reflexiones", en *ABZ Información y Análisis Jurídicos*, No. 128, febrero del 2001, pp. 48-50. Cfr., asimismo, Péreznieto Castro, L., *Derecho Internacional Privado. Parte General*, Octava Edición, Oxford University Press, México, 2003, pp. 289-303.

[55] Ello trae consecuencias ineludibles y desafortunadas, tales como la falta de interés por conocer la estructura normativa internacional y lo "incómodo" que resulta para el operador judicial el manejo de la misma, motivando un entendible –pero inexcusable– rechazo.

[56] Para ilustrar la complejidad en la interpretación y aplicación de la normativa internacional en materia de derechos humanos, tanto convencional como de naturaleza consuetudinaria, cfr. JAYAWICKRAMA, N., *The Judicial Application of Human Rights Law. National, Regional and International Jurisprudence*, Cambridge University Press, Cambridge, 2002, pp. 159-173 y Sciotti-Lam, C., *L'Applicabilité des Traités Internationaux Relatifs aux Droits de l'Homme en Droit Interne*, Bruylant, Bruxelles, 2004, pp. 333-626.

[57] Tómese, ad exemplum, el caso canadiense, donde si bien "A review of Canadian case-law shows that Canadian courts have, in the past, had little occasion to consider points of international law in their judgements [...]", la situación ha evolucionado de manera positiva,

jueces en su carácter de "agentes" y garantes de las normas jurídicas internacionales, se configuren más bien como cuestiones ideológicas que técnicas[58].

No obstante, el panorama que se perfila en este aspecto crucial no está del todo cerrado. Afortunadamente, se percibe una paulatina toma de conciencia, por parte de la judicatura, respecto de la importancia del tema y de la necesidad de adoptar acciones que conduzcan no sólo a la sensibilización de los jueces a fin de que asuman su responsabilidad en el contexto de las exigencias del Derecho Internacional sino, además, en relación a su imprescindible participación para dotar de eficacia a las normas jurídicas internacionales en el nivel interno del ordenamiento jurídico[59].

Este último aspecto es, en verdad, trascendente. La eficacia que las normas jurídicas internacionales, convencionales o consuetudinarias, pueden tener *ad intra* del ordenamiento jurídico nacional depende, en forma directa, de que sean aplicadas por los jueces. No dotar de aplicabilidad y eficacia a la dimensión externa del ordenamiento jurídico conduce a negarle al justiciable la protección que ofrece el Derecho Internacional. Además, como se indicó en párrafos anteriores, abre las puertas a la responsabilidad internacional del Estado mexicano por violación –incumplimiento– de las obligaciones internacionales que adquiere en la esfera jurídica internacional[60]. Las consecuencias de ello son, por supuesto, bastante graves y no deseables, dado el contexto internacional –abierto y dinámico– en el que nuestro país está participando en la actualidad[61].

A partir de dicho entorno, es preciso impulsar y promover la consolidación de esa incipiente toma de conciencia de nuestros jueces por lo que se refiere al conocimiento, interpretación y aplicación del Derecho Internacional.

---

percibiéndose una mayor receptividad, por parte de los tribunals canadienses, al orden normative internacional. Cfr. Graham, B., "Preface", en Van Ert, G., *Using International Law in Canadian Courts*, Kluwer Law International, The Hague, 2002, p. V.

[58] Cfr. DEL TORO HUERTA, M. I., "Retos de la Aplicación Judicial en México Conforme a los Tratados de Derecho Internacional de los Derechos Humanos", en *La Armonización de los Tratados Internacionales de Derechos Humanos en México*, Programa de Cooperación sobre Derechos Humanos México-Unión Europea/Secretaría de Relaciones Exteriores, México, 2005, p. 197.

[59] Así lo he destacado en foros académicos. Cfr. la ponencia que en coautoría con GONZÁLEZ GÓMEZ, A., "Implementation of International Law in Mexico", fue presentada con motivo de la *Second International Law Conference*, convocada por la Indian Society of International Law, Nueva Delhi, India, Noviembre 14 a 17 de 2004.

[60] Hay que recordar que, de conformidad con el artículo 26 del Convenio de Viena sobre Derecho de los Tratados de 27 de mayo 1969, las obligaciones internacionales se adquieren por los estados *ex bona fide*. Cfr. *ut supra* pie de página 41.

[61] Para un panorama general de la responsabilidad por comisión de hechos ilícitos internacionales –violación de normas internacionales– cfr., por todos, CASSESE, A., *International Law*, Oxford University Press, Oxford, 2001, pp. 182-211,

En este sentido, considero que la mejor vía es la constante capacitación y actualización de los operadores judiciales en dicha temática. Por virtud de su obligatoriedad –debido a que las normas internacionales que cumplen los extremos del artículo 133 constitucional forman parte del Derecho mexicano–, tanto quienes aspiran a ejercer la delicada función judicial como los que ya la están desarrollando, no pueden soslayar el conjunto de dispositivos normativos de ascendencia externa. A la luz de tal imperativo, deben allegarse de los conocimientos dogmáticos y técnico-pragmáticos que les doten de las herramientas necesarias para asumir y concretar su labor haciendo uso de los mecanismos jurídicos internacionales cuando así lo requiera la solución de las controversias que les son sometidas a su conocimiento.

Se precisa, entonces, que las judicaturas, en sus respectivos ámbitos de competencia, impulsen la difusión de las normas internacionales vigentes para nuestro país. Asimismo, los órganos encargados de la formación, capacitación y actualización de los jueces deben cuidar la puesta a disposición de los operadores judiciales de todos los medios para que éstos accedan a la información y praxis que implica el manejo adecuado de la normativa internacional[62].

Como reflexión final de este apartado, es preciso dejar en claro que, a la par de la exigencia y obligación de la judicatura en conocer y aplicar adecuada y oportunamente el Derecho Internacional, se requiere un marco jurídico nacional claro y preciso, como se indicaba en párrafos precedentes, a fin de que las dudas y ambigüedades que priman actualmente den paso a normas constitucionales –así como legales– que orienten el actuar judicial en este contexto.

4. Hacia el Reposicionamiento del Derecho Internacional en la Currícula Académica Universitaria.

Brevemente, y a manera de *obiter dicta*, esta sección pretende señalar, de manera crítica, una lamentable realidad que condiciona, en mi opinión, gran parte de la solución a los problemas planteados a lo largo de este ensayo.

Tanto la deficiente visión que el legislador federal –y en muchas ocasiones las legislaturas estatales– tiene de la influencia e importancia del

---

[62] La experiencia del Poder Judicial del Estado de Michoacán en este aspecto ha sido muy interesante. Desde el año 2000, los cursos de formación de aspirantes a jueces de primera instancia han incorporado módulos sobre la aplicación judicial del Derecho convencional internacional a efectos de que los participantes –y eventualmente jueces locales– puedan contar con los conocimientos y herramientas básicas para poder hacer frente a los retos que plantea el Derecho Internacional, por lo menos en lo que corresponde al Derecho de los Tratados Internacionales. Cfr. Supremo Tribunal de Justicia, *Informe Anual de Labores 2001*, Morelia, 2002, pp. 259-260; Supremo Tribunal de Justicia, *Informe Anual de Labores 2003*, Morelia, 2004, pp. 305-306; y Supremo Tribunal de Justicia, *Informe Anual de Labores 2004*, Morelia, 2005, p. 311.

Derecho Internacional como buena parte del desconocimiento y falta de aplicación de la normativa externa por parte de la judicatura –tanto del nivel federal como local–, traen causa, indudablemente, del paupérrimo tratamiento que se le da a esta área del conocimiento y práctica jurídicas en la formación universitaria de los operadores jurídicos.

En efecto, pese a ser contemplada como asignatura obligatoria en la currícula de las instituciones de educación superior que ofertan la licenciatura en Derecho en el país, el Derecho Internacional –en sus dos vertientes: público y privado– ha sido considerado más bien como área aislada, desvinculada y descontextualizada en prácticamente la mayoría de los programas académicos actuales.

Puede afirmarse, entonces, que hay una grave desarticulación entre los contenidos temáticos curriculares de naturaleza jurídica internacional y la enseñanza de las áreas académicas tradicionalmente consideradas como relevantes para el perfil de egreso de los estudiantes de la licenciatura de Derecho, tales como civil, penal, procesal, laboral, administrativo, constitucional, fiscal, entre otras.

Un rápido análisis del panorama curricular de las instituciones de educación superior y universitarias arroja un resultado poco alentador, en el que, si bien se contempla el estudio del Derecho Internacional, éste no se aborda en conjunto con las demás áreas del conocimiento jurídico. Aunque, también hay que indicar, esta situación está empezando a cambiar, de manera lenta y paulatina.

Lo anterior puede apreciarse tomando como ejemplo el caso de la Facultad de Derecho de la Universidad Nacional Autónoma de México, cuya currícula, reformada en 1993, tomó en consideración el necesario reforzamiento del estudio del Derecho Internacional Público, ampliando las áreas de su estudio[63]. Bajo el esquema del nuevo plan de estudios, se incorporaron asignaturas que posibilitan la preespecialización y, con relación al Derecho Internacional, hay que destacar dos aspectos importantes. El primero, la inclusión de las asignaturas "Régimen Jurídico del Comercio Exterior" y "Derecho de la Integración Económica". El segundo aspecto es

---

[63] En efecto, como lo señala Malpica de la Madrid, el plan de estudios de la licenciatura en Derecho de 1954 se reformó el 2 de septiembre de 1993 pues la currícula ya no correspondía "[…] a la evolución jurídica y económica de nuestro país [en virtud de la] modernización en el modelo de economía y de comercio exterior, incluidos en la globalización internacional, y la evolución jurídica del modelo de desarrollo cerrado al modelo abierto de desarrollo […]". Cfr. MALPICA DE LA MADRID, L., *La Influencia del Derecho Internacional en el Derecho Mexicano. La Apertura del Modelo de Desarrollo de México*, Noriega Editores, México, 2002, pp. 87-88.

que se incorporan cuatro materias específicas que refuerzan el área jurídica internacional[64].

Sin embargo, el ejemplo es, hasta cierto punto, aislado, pues la tendencia a considerar al Derecho Internacional en la "periferia"[65] de la currícula académica continúa[66], por no mencionar la inercia en el medio jurídico profesional a relegar tal área a la práctica de sólo unos pocos[67].

Es urgente, pues, *reposicionar* al Derecho Internacional, como disciplina académica y de imprescindible aplicación pragmática, en los planes de estudio jurídicos. No sólo de los correspondientes al nivel de licenciatura, sino, inclusive, a nivel de posgrado.

Ciertamente, el primer paso tendría que darse para consolidar la enseñanza del Derecho Internacional en el contexto específico de la licenciatura[68]. A tal fin debe señalarse, como se apuntó en párrafos anteriores, que no se trata sólo de reforzar el área de conocimiento específico, sino de *vincular* la enseñanza del Derecho Internacional –por lo menos del derecho convencional y el de naturaleza consuetudinaria que son

---

[64] Tales son "Nacionalidad y Extranjería", "Derecho Marítimo", "Derecho Aéreo y Astronáutico" y "Sistema Internacional de los Derechos Humanos". Cfr. *ibidem*, p. 89.

[65] Sigo en tal perspectiva a Simpson, para quien el problema que enfrenta la enseñanza del Derecho Internacional se debe no únicamente a problemas de naturaleza ontológica –id est, la constante justificación de la propia existencia del área como tal, no sólo desde el enfoque teórico–, sino, además, a la propia confrontación que se da entre los propios académicos y especialistas en la temática, pues adoptan, en la mayoría de los casos, una dimensión más bien legalista, normativista, descuidan la interacción con otras perspectivas, tales como el realismo. Cfr. SIMPSON, G., "On the Magic Mountain: Teaching Public International Law", en *European Journal of International Law*, 1999, pp. 71-79.

[66] Y en algunos casos se agrava la situación, al pretender reducir el tiempo de estudio del Derecho Internacional a un semestre. Tal es el caso, *ad exemplum*, del proyecto de nuevo plan de estudios de la Facultad de Derecho y Ciencias Sociales de la Universidad Michoacana de San Nicolás de Hidalgo, donde se propone la reducción a un semestre tanto del Derecho Internacional Público como del Derecho Internacional Privado, desconociendo, en absoluto, la trascendencia de ambas áreas en la práctica jurídica actual y no justificando, además, dicha reducción.

[67] Tal como lo señala Vanderbilt al destacar que: "[…] it's safe to say that no one lawyer in five hundred, possibly no one lawyer in a thousand, has ever even had a course in international law". Cfr. VANDERBILT, "The Responsibilities of Our Law Schools to the Public and the Profession", en *Journal of Legal Education*, 1959, p. 209. El comentario, si bien es referido al ámbito jurídico norteamericano, bien puede aplicarse *mutatis mutandis* al medio mexicano.

[68] En mi opinión, debe incluirse en el área académica de bachillerato por lo menos nociones básicas del Derecho Internacional en la perspectiva de que nuestro país forma parte de la Comunidad Internacional, de lo que se derivan, como se ha señalado, una serie de obligaciones y derechos de gran relevancia para el Estado como para los individuos. Ello podría darse como materia optativa en el área terminal correspondiente al área de ciencias sociales –o, inclusive, de tronco común–. Tal propuesta no debe considerarse "extraña", pues la materia *per se* merece la atención que se debe dar, *ad exemplum*, a la enseñanza de los derechos fundamentales y las libertades públicas, la organización del Estado así como la propia Constitución, aspectos estos últimos que ya forman parte del contenido curricular del bachillerato, aún en su forma más básica.

vigentes para nuestro país, como punto de partida–. Los programas académicos de las distintas áreas jurídicas precisan incorporar a sus contenidos secciones en las que se fomente el interés de los educandos por analizar dichas áreas a la luz de los instrumentos internacionales.

En este sentido, la interacción de los órganos académicos –*id est*, los colectivos profesorales que tienen a su cargo las áreas específicas del conocimiento jurídico– es fundamental, no sólo en el rediseño de planes de estudio que incluyan el estudio de las normas internacionales en el contexto de las diferentes materias jurídicas, sino la realización de ejercicios prácticos que permitan al estudiante de Derecho la posibilidad de acceder, lo más realista posible, a la compleja dinámica del orden jurídico internacional y su incidencia en la dimensión interna estatal[69].

También en el nivel de posgrado es necesario contemplar en los diversos programas académicos la perspectiva jurídica internacional. En este sentido, no me refiero particularmente a la creación de programas *ex profeso* –que ciertamente los hay en México–, sino, más bien, a la interacción entre los contenidos de los programas vigentes con la perspectiva iusinternacionalista. La riqueza contenida en la dimensión jurídica externa comple (men)ta y, además, condiciona los desarrollos normativos nacionales así como los análisis teórico-dogmáticos.

Es muy probable que el reposicionamiento del estudio del Derecho Internacional en el ámbito de la educación universitaria –y especializada– sea el desafío más importante que deba superarse a mediano plazo a fin de concretar una adecuada interacción entre los operadores jurídicos mexicanos para usar, de manera adecuada y oportuna, los mecanismos jurídicos que ofrece el ámbito iusinternacionalista. Sin una formación científico-práctica en el área del Derecho Internacional, de poco serviría un marco normativo adecuado. De ahí, entonces, la trascendencia de que los agentes académicos – instituciones universitarias, autoridades académicas, colectivos profesorales y los propios docentes– se tomen en serio la responsabilidad de conformar la enseñanza de las distintas ramas científicas del Derecho a la luz de las exigencias de la dimensión iusinternacionalista.

---

[69] El examen de la práctica internacional del país resulta esencial. A través de su análisis, el estudiante puede percatarse de las actitudes –conductas– que adopta México ante problemas, clásicos o contemporáneos, del Derecho Internacional. De esa forma, el discurso teórico –la postura mexicana, los postulados que sostiene nuestro país, entre otras cuestiones– se "encarna" por –en y a través de– la praxis, resaltando la coherencia o incoherencia de ambas líneas de acción.

5. Conclusiones.

Considero adecuado cerrar esta serie de reflexiones aludiendo, en primer término, al importante compromiso que nuestro país ha adquirido con sus contrapartes[70] en el ámbito internacional.

En efecto, como parte de la actual comunidad internacional, nuestro país no puede dar marcha atrás a –ni mucho menos soslayar– todas y cada una de las obligaciones que emanan, tanto de la manifestación expresa de su consentimiento como de la práctica que observa a lo largo de sus múltiples y variadas relaciones con los entes con subjetividad en el nivel normativo internacional.

De ahí que es imperativo la asunción de medidas como las que sugiero a lo largo de los párrafos precedentes. En primer lugar, la adaptación del marco jurídico constitucional para la apertura al Derecho Internacional – convencional y consuetudinario– en los términos ya indicados. En segundo plano, el esfuerzo para diseñar y mantener programas de capacitación judicial, específica y dirigida a nuestros jueces –federales y locales– para concretar su sensibilización en la subsunción de la normativa iusinternacionalista, aún cuando ésta no sea invocada por las partes en conflicto. *Last but not least*, el urgente reposicionamiento de la Ciencia y Praxis del Derecho Internacional en la currícula académica universitaria, aspecto insoslayable para ir conformando, paulatina pero certeramente, generaciones de juristas mexicanos que sepan aprovechar la extraordinaria riqueza jurídica de la dimensión externa del orden jurídico.

Desde esta perspectiva jurídica, los primeros pasos del incipiente siglo veintiuno no pueden darse sin tener como referencia puntual al Derecho Internacional. En estos tiempos en que se reclama la reforma –definitiva– del estado en nuestro país, volver la mirada al Derecho Internacional es no sólo recomendable, sino imprescindible, pues éste "[…] sigue siendo una fuente de modernización del orden jurídico interno"[71].

REFERENCIAS BIBLIGRÁFICAS

Doctrinales
ANZILOTTI, D., *Scritti di Diritto Internazionale Pubblico*, vol. I, Cedam, Padua, 1956.

---

[70] En este sentido no sólo aludo a los entes de naturaleza estatal; en la actualidad también son contrapartes las organizaciones internacionales y, en un lugar relevante por el impacto creciente de su actuación en la esfera internacional, los individuos.

[71] Cfr. VALADÉS, D., "El Orbe es una República (La Tradición Internacionalista Mexicana)", en *Anuario Mexicano de Derecho Internacional*, vol. I, 2001, p. 13.

AUST, A., *Modern Treaty Law and Practice*, Cambridge University Press, Cambridge, 2000.

BASTID, S., *Les Traités dans la Vie Internationale. Conclusion et Effets*, Économica, Paris.

BECERRA RAMÍREZ, M., *La Recepción del Derecho Internacional en el Derecho Interno*, UNAM/IIJ, México, 2006.

BECKER, J. D., *The American Law of Nations. Public International Law in American Courts*, Juris Publishing, Huntington, 2001.

BINGHAM, T., "Foreword", en Fatima, S., *Using International Law in Domestic Courts*, Hart Publishing, Oxford y Portland, 2005.

BROWNLIE, I., *Principles of Public International Law*, Fifth Edition, Oxford University Press, Oxford, 1998.

CASSESE, A., *International Law*, Oxford University Press, Oxford, 2001.

COLLIER, J. Y LOWE, V., *The Settlement of Disputes in International Law. Institutions and Procedures*, Oxford University Press, Oxford, 1999.

CONFORTI, B., "The Activities of National Judges and the International Relations of their State", en Conforti, B., *Scritti di Diritto Internazionale*, vol. II, Editoriale Scientifica, Napoli, 2003.

COURTIS, C., "La Legitimidad del Poder Judicial ante la Ciudadanía", en *Nexos*, Núm. 329, Mayo, 2005.

DE HOOGH, A., *Obligations* Erga Omnes *and International Crimes. A Theoretical Inquiry into the Implementation and Enforcement of the International Responsibility of States*, Kluwer Law International, The Hague, 1996.

DEL TORO HUERTA, M. I., "El Fenómeno del *Soft Law* y las Nuevas Perspectivas del Derecho Internacional", en *Anuario Mexicano de Derecho Internacional*, vol. VI, 2006.

DEL TORO HUERTA, M. I., "Retos de la Aplicación Judicial en México Conforme a los Tratados de Derecho Internacional de los Derechos Humanos", en *La Armonización de los Tratados Internacionales de Derechos Humanos en México*, Programa de Cooperación sobre Derechos Humanos México-Unión Europea/Secretaría de Relaciones Exteriores, México, 2005.

EZQUIAGA GANUZAS, F. J., "Iura Novit Curia" *y Aplicación Judicial del Derecho*, Editorial Lex Nova, Valladolid, 2000.

FLAUSS, J.-F., "La Protection des Droits de l'Homme et les Sources de Droit International: Rapport General", en *Colloque de Strasbourg, 29-31 May 1997*, Société Française de Droit International, 1997.

FRANCK, T. M. Y FOX, G. H., *International Law Decisions in National Courts*, Transnational Publishers, Irvington-on-Hudson, 1996.

GONZÁLEZ CAMPOS, J. D. *et al*, *Curso de Derecho Internacional Público*, Sexta Edición, Civitas, Madrid, 1998.

GRAHAM, B., "Preface", en Van Ert, Gibran, *Using International Law in Canadian Courts*, Kluwer Law International, The Hague, 2002

JAYAWICKRAMA, N., *The Judicial Application of Human Rights Law. National, Regional and International Jurisprudence*, Cambridge University Press, Cambridge, 2002.

KELSEN, H., "Les Rapports des Systemes entre le Droit Interne et le Droit International Public", en *Recueil des Cours de l'Académie de Droit International de La Haye*, T. 14, 1926-IV, The Hague.

LAGOS, E., "Algunas Tendencias del Derecho Internacional a Principios del Siglo XXI", en *Anuario Mexicano de Derecho Internacional*, vol. V, 2005.

MALPICA DE LA MADRID, L., *La Influencia del Derecho Internacional en el Derecho Mexicano. La Apertura del Modelo de Desarrollo de México*, Noriega Editores, México, 2002.

MARIÑO MENÉNDEZ, F. M., *Derecho Internacional Público. Parte General*, Tercera Edición Revisada, Editorial Trotta, Madrid, 1999.

MARKESINIS, B., *Comparative Law in the Courtroom and Classroom*, Hart Publishing, Oxford y Portland, 2003.

MEIJERS, H., "On International Customary Law in the Netherlands", en Dekker, I. F. y Post, H. H. G., *On the Foundations and Sources of International Law*, T.M.C. Asser Press, The Hague, 2003.

MERON, T., "International Law in the Age of Human Rights", en *Recueil des Cours de l'Académie de Droit International de La Haye*, T. 301, Martinus Nijhoff Publishers, Leiden/Boston, 2004.

NGUYEN QUOC, D. *et al*, *Droit International Public*, 6e. Édition Refondue, L.G.D.J., Paris, 1999.

ORTIZ AHLF, L., *Derecho Internacional Público*, Tercera Edición, Oxford University Press, México, 2004.

ORTIZ AHLF, L., "Integración de las Normas Internacionales de Derechos Humanos en los Ordenamientos Estatales de los Países de Iberoamérica", en *Anuario de Derecho Internacional*, vol. III, México, 2003.

PÉREZNIETO CASTRO, L., *Derecho Internacional Privado. Parte General*, Octava Edición, Oxford University Press, México, 2003.

REMIRO BROTÓNS, A. *et al*, *Derecho Internacional*, McGraw-Hill, Madrid, 1997.

ROA ORTIZ, EMMANUEL, "La Enseñanza del Derecho Comparado. Algunas Reflexiones", en *ABZ Información y Análisis Jurídicos*, No. 128, Febrero del 2001.

ROA ORTIZ, EMMANUEL, "Tratados Internacionales y Control Previo de Constitucionalidad: Una Propuesta para Evitar que la Impartición de Justicia sea Motivo de Responsabilidad Internacional para el Estado Mexicano", en Valadés, D. y Gutiérrez Rivas, R., *Justicia. Memoria del IV Congreso Nacional de Derecho Constitucional*, Tomo I, UNAM/IIJ, México, 2001.

ROA ORTIZ, Emmanuel Y GONZÁLEZ GÓMEZ, Alejandro, "Implementation of International Law in Mexico", Ponencia presentada en la *Second International Law Conference*, convocada por la Indian Society of International Law, Nueva Delhi, India, Noviembre 14 a 17 de 2004.

ROUCOUNAS, E., "Facteurs Privés et Droit International Public", en *Recueil des Cours de l'Académie de Droit International de La Haye*, T. 299 (2002), Martinus Nijhoff Publishers, Leiden/Boston, 2003.

SENDEN, L., *Soft Law in European Community Law*, Hart Publishing, Oxford y Portland.

SCELLE, G., *Précis de Droit des Gens. Principes et Systématiques*, vol. I, Sirey, Paris.

SCHERMERS, H. Y WAELBROECK, D. F., *Judicial Protection in the European Union*, Sixth Edition, Kluwer Law International, The Hague, 2001.

SCIOTTI-LAM, C., *L'Applicabilité des Traités Internationaux Relatifs aux Droits de l'Homme en Droit Interne*, Bruylant, Bruxelles, 2004.

SIMPSON, G., "On the Magic Mountain: Teaching Public International Law", en *European Journal of International Law*, 10, 1999.

SUPREMO TRIBUNAL DE JUSTICIA DEL ESTADO DE MICHOACÁN, *Informe Anual de Labores 2001*, Morelia, 2002.

SUPREMO TRIBUNAL DE JUSTICIA DEL ESTADO DE MICHOACÁN, *Informe Anual de Labores 2003*, Morelia, 2004.

SUPREMO TRIBUNAL DE JUSTICIA DEL ESTADO DE MICHOACÁN, *Informe Anual de Labores 2004*, Morelia, 2005.

TRIEPEL H., *Droit International et Droit Interne*, Pédone, París, 1920.

VALADÉS, D., "El Orbe es una República (La Tradición Internacionalista Mexicana)", en *Anuario Mexicano de Derecho Internacional*, vol. I, 2001.

YOO, J. C., "Globalism and the Constitution: Treaties, Non-Self Execution and the Original Understanding", en *Columbia Law Review*, vol. 99, núm. 8 diciembre de 1999.

Fuentes Legales y Jurisprudencia.

Constitución Política de los Estados Unidos Mexicanos de 5 de febrero de 1917.

Constitución de los Estados Unidos de Norteamérica de 17 de septiembre de 1787.

Convenio de Viena sobre Derecho de los Tratados celebrados entre Estados, adoptado el 27 de mayo de 1969 [ratificado por México el 5 de noviembre de 1968, publicado en el *Diario Oficial de la Federación* de 10 de diciembre de 1968].

Estatuto de Roma que crea la Corte Penal Internacional, adoptado el 17 de julio de 1998 [ratificado por México el 5 de noviembre de 1968, publicado en el *Diario Oficial de la Federación* de 10 de diciembre de 1968].

Tesis P. C/92, "Leyes Federales y Tratados Internacionales. Tienen la Misma Jerarquía Normativa", Amparo en Revisión 2069/91, Manuel García Martínez, 30 de junio de 1992, en *Gaceta del Semanario Judicial de la Federación*, T. 60, diciembre de 1992.

Tesis P. LXXVII/99 [rubro "Tratados Internacionales. Se Ubican Jerárquicamente por Encima de Leyes Federales y en Un Segundo Plano Respecto de la Constitución Federal"], en *Gaceta del Semanario Judicial de la Federación*, T. X, noviembre de 1999.

"Tratados Internacionales. El Artículo 133 Constitucional, Última Parte, No Establece su Observancia Preferente sobre las Leyes del Congreso de la Unión Emanadas de la Constitución Federal", en *Semanario Judicial de la Federación*, Séptima Época, vols. 151-156, parte sexta.

"Tratados Internacionales y Leyes del Congreso de la Unión Emanadas de la Constitución Federal. Su Rango Constitucional es de Igual Jerarquía", en *Semanario Judicial de la Federación*, Séptima Época, vol. 78, parte sexta.

LA SITUACIÓN ACTUAL DE LOS DERECHOS HUMANOS EN EL MUNDO

Cuauhtémoc Manuel De Dienheim Barriguete

LA SITUACIÓN ACTUAL DE LOS DERECHOS HUMANOS EN EL MUNDO

Cuauhtémoc Manuel De Dienheim Barriguete

I. Introducción

Actualmente vivimos en un mundo globalizado en el cual el avance de la ciencia y la tecnología se ha desarrollado con una vertiginosa y asombrosa rapidez. Somos testigos presenciales de una fabulosa expansión del conocimiento en todas las áreas del saber, y día con día se hacen descubrimientos que realmente nos sorprenden.

Los Derechos Humanos no son para nada ajenos a tales circunstancias y por tanto los temas relacionados con ellos también han experimentado un notable desarrollo y expansión. En los últimos años hemos visto como además de ser incluidos en las constituciones y leyes de los Estados, han pasado también a la escena internacional al ser incluidos en múltiples instrumentos internacionales y al establecerse también sistemas internacionales para su protección.

Sin embargo, paradójicamente y no obstante todo lo anterior, podemos percibir con tristeza que en el tema de los Derechos Humanos, aún queda mucho por hacer pues las violaciones a los derechos elementales de la persona humana proliferan por doquier, y la llamada "universalidad" de tales derechos, aún no es una realidad que se viva en todo el mundo.

El presente trabajo pretende mostrar en una apretada síntesis y de manera general, cual es la situación actual de los Derechos Humanos en el mundo globalizado en que vivimos, haciendo mención de los avances logrados, pero también, de la problemática existente. De igual forma se busca abordar los principales retos y algunas de las perspectivas de futuro, que se vislumbran hoy en día en el tema de los Derechos Humanos, pretendiendo arribar a algunas conclusiones.

No es una investigación exhaustiva más sin embargo puede darnos un panorama global y una idea bastante cercana de lo que ocurre con los Derechos Humanos en estos agitados tiempos de la globalización.

II.- La Situación Actual de los Derechos Humanos en el Mundo

Valorar cual es la situación actual de los Derechos Humanos en el mundo es un tema complejo y para nada sencillo, pues el tema está plagado de luces pero también de sombras. Por supuesto que a más de sesenta años de la proclamación de la Declaración Universal de Derechos Humanos de 1948 se han dado grandes avances, pero también por desgracia debemos advertir que aún subsisten múltiples problemas y siguen ocurriendo violaciones graves a los Derechos Humanos por todo el orbe.

A continuación describiremos por separado, por una parte cuales son los principales avances y logros, y por la otra mencionaremos algunas de las principales problemáticas existentes.

a) Avances

La proliferación de Instrumentos internacionales en materia de Derechos Humanos.
Hoy en día sin lugar a dudas puede considerarse un avance en el tema de los Derechos Humanos, el que la mayor parte de los Estados del mundo hayan incluido ya en sus Constituciones y leyes nacionales catálogos de Derechos Humanos y también el que una buena parte de ellos hayan establecido medios de protección de tales derechos.

Por otra parte, también es preciso hacer notar que a partir de la proclamación de la Declaración Universal de Derechos Humanos de 1948 hasta nuestros días se ha dado una gran proliferación de tratados internacionales en materia de Derechos Humanos existiendo a la fecha más de sesenta instrumentos internacionales de carácter universal y un buen número más de carácter regional, abarcando múltiples aspectos y temáticas relacionadas, como son: Derechos Políticos y Civiles, Derechos Económicos Sociales y Culturales, Discriminación racial, discriminación contra la mujer, tortura y penas crueles y degradantes, derechos de los niños, trabajadores migratorios, desapariciones forzadas, personas con discapacidad, pena de muerte, libre determinación de los pueblos, pueblos indígenas, minorías nacionales o étnicas, personas de edad avanzada, administración de justicia, progreso, desarrollo social, hambre y desnutrición, derecho a la paz, genoma humano, matrimonio, derecho a la salud, empleo, libertad de asociación, esclavitud y servidumbre, refugiados, apátridas, crímenes de guerra, genocidio y de lesa humanidad, Derecho Humanitario y conflictos armados.

La creación de sistemas de protección internacional de los Derechos Humanos.
Para asegurar el cumplimiento de los acuerdos y tratados internacionales en materia de Derechos Humanos, se han creado diversos mecanismos, instituciones y procedimientos para proteger y garantizar tales derechos, generándose al efecto un sistema de protección universal (de carácter general para todo el mundo) y tres sistemas regionales: el europeo, el interamericano y el africano[1].

---

[1] Para profundizar en los sistemas de protección internacional de los Derechos Humanos ver DE DIENHEIM BARRIGUETE, Cuauhtémoc Manuel, "La Protección Internacional de los Derechos Humanos" en Fix-Zamudio, Héctor et al., *"Protección Internacional de los Derechos Humanos"*. Librería Editora Platense, La Plata, Buenos Aires, Argentina, 2007.

Así, y aunque no es la regla general actualmente nos encontramos con que hay zonas (Europa Occidental) y países en concreto (Canadá, Australia) que han logrado niveles bastante aceptables en materia de Derechos Humanos, producto de su orden jurídico particular, sus instituciones y medios de tutela de tales derechos, y también de la adopción de estándares internacionales en este tema. Pero ante todo, estos avances que han logrado se deben a una cultura abierta, tolerante, incluyente, respetuosa, responsable y solidaria que han logrado generar en sus respectivas sociedades concientizándolas de la necesidad y utilidad del respeto a los Derechos Humanos.

La internacionalización y estandarización de los Derechos Humanos en el mundo.
La creación y proliferación de tratados de Derechos Humanos y el establecimiento de sistemas de protección internacional de esos derechos ha originado una recomposición y reorganización del Derecho Internacional, surgiendo una nueva rama específica conocida como *"Derecho Internacional de los Derechos Humanos"*. Este nuevo orden jurídico internacional se ha constituido en una especie de "Constitucionalismo Mundial" vinculatorio para todos los miembros de la Comunidad Internacional, influenciando al constitucionalismo en todo el mundo, ocasionando que muchos Estados modifiquen sus constituciones o establezcan otras nuevas, para apegarse a los establecido en los tratados internacionales en la materia. Esta situación ha llevado al inicio de un proceso de estandarización de los Derechos Humanos en el mundo, a manera de piso mínimo que debe ser observado por todos los países[2].

b) Problemas

Situación y Problemática de los Derechos Humanos por regiones
1.- América[3]
Para entender la situación de los Derechos Humanos en el continente americano es necesario distinguir entre lo que ocurre en América del Norte (Canadá y Estados Unidos) y lo que acontece en el resto de América Latina.

Actualmente existen varios problemas que aquejan a América Latina, entre los que se encuentran la corrupción, la falta de independencia del poder judicial, la impunidad de los agentes del Estado, la debilidad de los

---

[2] Para profundizar en este tema ver DE DIENHEIM BARRIGUETE, Cuauhtémoc Manuel, *Constitucionalismo Universal: La Internacionalización y Estandarización de los Derechos Humanos*, Ad-Hoc, Buenos Aires, Argentina, 2009
[3] La información ha sido tomada del Informe 2009 de Amnistía Internacional sobre el estado de los Derechos Humanos en el mundo, pp.24-33.

gobiernos, y la notoria divergencia entre lo que marca la ley y lo que ocurre en la práctica. El legado de los regímenes autoritarios del pasado sigue aún presente sobre todo en Centroamérica y también en algunos otros países latinoamericanos que padecen de deficiencias institucionales. Todo esto ha ocasionado la existencia de un déficit en materia de Derechos Humanos y que proliferen los abusos por parte de funcionarios públicos, fuerzas policiacas y militares en contra de amplios sectores de la población, y que se obstaculice el trabajo de las ONG´S y defensores de los Derechos Humanos, y que frecuentemente los periodistas también sufran violaciones a sus derechos. En muchos casos las acciones violatorias de Derechos Humanos cometidas por los funcionarios encargados de hacer cumplir la ley no son objeto de acciones judiciales en su contra, lo que ha generado que prevalezca la impunidad.

Según el Programa de Naciones Unidas para el Desarrollo (PNUD), Latinoamérica es la región del mundo con mayor índice de desigualdad. La pobreza que ha azotado a la región, producto de las crisis económicas recurrentes a lo largo del tiempo, ha generado que prevalezca la discriminación hacia amplios sectores de la población lo cual ha producido también una gran inequidad y contrastes muy marcados con la consecuente exclusión social de millones de personas (el caso de Haití es quizás el ejemplo más latente de miseria generalizada en un país americano).

Podemos notar como la falta de transparencia y de rendición de cuentas en el manejo de recursos, así como la protección de intereses económicos particulares, han sido un obstáculo para superar la pobreza y sus consecuencias en la región.

Igualmente en América Latina los pueblos indígenas son víctimas de marginación, abusos y represión y sin duda son el sector con el nivel de vida más pobre en la región.

Otro problema grave de esta región es la violencia contra las mujeres, la cual continúa fuertemente arraigada en América Latina, y sus perpetradores frecuentemente se cobijan bajo una gran impunidad. Del mismo modo, la discriminación de la mujer en múltiples aspectos aún sigue presente.

También resulta importante hacer mención al largo conflicto armado que ha vivido Colombia en los últimos años y que ha ocasionado graves perjuicios a la población civil y en el que todas las partes que en él intervienen (Gobierno, guerrillas y delincuentes) han cometido grandes abusos y violaciones en contra de los Derechos Humanos. También por desgracia, una situación análoga se ha venido presentando en México recientemente, en donde el aumento de la criminalidad y la lucha entre bandas delincuenciales entre sí y con el gobierno ha ocasionado una gran cantidad de víctimas (según las cifras más recientemente reveladas en 2010, las muertes ascienden a aproximadamente 22 000 personas en los tres últimos años).

Por lo que hace Norteamérica el caso de los Estados Unidos resulta paradójico, pues es un Estado con gran desarrollo económico y que se jacta de ser "civilizado", democrático, respetuoso de las libertades y derechos de las personas, y sin embargo no ha ratificado diversos tratados internacionales como son la Convención de Derechos del Niño, la Convención de la ONU Sobre la Mujer, el Pacto Internacional de Derechos Económicos Sociales y Culturales, el Pacto de San José, ni tampoco el Estatuto de Roma que establece la Corte Penal Internacional.

Los Estados Unidos a partir del 2001 han encabezado en el mundo la llamada "Guerra contra el Terror", misma que ha conducido a que se generen múltiples violaciones a los Derechos Humanos y abusos en nombre de la "Seguridad Nacional". El caso de los reclusos en Guantánamo es una muestra de tal situación y en donde se pueden verificar hechos que van desde detenciones arbitrarias, interrogatorios secretos, incomunicaciones, privación del derecho del debido proceso, hasta torturas físicas y psicológicas.

Igualmente los Estados Unidos se han caracterizado en los últimos tiempos por conductas racistas en contra de minorías y una xenofobia hacia ciudadanos de determinadas nacionalidades en específico. También los Estados Unidos continúa siendo el gran verdugo de todo el continente pues sigue llevando a cabo ejecuciones de personas por penas de muerte impuestas.

2.- Asia-Oceanía[4]

La riqueza en Asia ha aumentado con mayor rapidez que en ninguna otra parte del mundo y varias de sus economías estatales han experimentado un notable crecimiento económico y desarrollo. No obstante ello, no todas las personas se han beneficiado de esta situación, y los Derechos Humanos no se han potencializado en esta región.

Existen países muy ricos como Australia, Japón y Corea del Sur, y países extremadamente pobres como Afganistán, Bangladesh y Myanmar. La desigualdad en los procesos de generación de riqueza ha favorecido a unos pocos en perjuicio de muchos, y las recientes crisis económicas han afectado a millones de personas. Incluso en el 2008, millones de personas en Corea del Norte sufrieron una hambruna sin precedentes.

En Asia los intereses comerciales de empresas multinacionales han prevalecido por encima de las necesidades de la población más desfavorecida y la explotación desmedida de recursos naturales ha causado graves daños y el desplazamiento de personas. Esto ha generado problemas de migración de personas por cuestiones económicas hacia otros países en los cuales tienen que soportar discriminación y violación de sus derechos fundamentales.

---

[4] La información ha sido tomada del Informe 2009 de Amnistía Internacional sobre el estado de los Derechos Humanos en el mundo, pp.34-41.

Otro aspecto que debe mencionarse, es que en esta región el autoritarismo, la intolerancia, la falta de libertad de expresión y la represión, siguen siendo algo cotidiano (ejemplo de ello son las represiones que China ha ejercido en contra de los tibetanos y otras minorías étnicas, defensores de Derechos Humanos, practicantes de diversas religiones, abogados y periodistas).

En Asia la pena de muerte es algo habitual para castigar diversos delitos y no sólo homicidios, y la violencia de género es una amenaza diaria en contra de las mujeres, que muchas veces está legitimada e incluso legalizada por diversos países.

Esta región ha sido escenario de constantes conflictos armados y actos violentos que han debilitado la seguridad de millones de personas. Los conflictos armados internos en muchos Estados han generado miles de víctimas entre muertos, heridos y desplazados, destruyendo el Estado de Derecho (Afganistán, Irak, Myanmar, Sri Lanka, Bangladesh, Pakistán, entre otros). En estos Estados ha sido común la realización de actos como ejecuciones extrajudiciales, desapariciones forzadas, malos tratos y torturas, con gran impunidad y amparados en nombre de la "Seguridad Nacional".

Es precisamente en esta región en donde la llamada Guerra contra el Terror encabezada por Estados Unidos ha generado el mayor número de víctimas (Afganistán, Irak y Pakistán).

En muchos casos la inestabilidad política y la reafirmación de la autoridad militar han generado estados de excepción continuos que han debilitado las instituciones protectoras de los Derechos Humanos, haciendo que el acceso a la justicia sea un sueño inalcanzable para muchas personas en la región. La persistencia de los intereses políticos y económicos por encima de los Derechos Humanos ha creado un ambiente desfavorable para el florecimiento de las libertades y derechos de las personas. No se debe olvidar que muchos de los países de Asia y Oceanía aunque han firmado tratados, han sido reacios a firmar protocolos facultativos para la presentación de quejas individuales en materia de Derechos Humanos. No debemos olvidar tampoco que Asia es la única región del mundo en donde no existe todavía un sistema internacional regional de protección de los Derechos Humanos.

3.- África[5]

La lucha violenta por el poder es un componente de la vida política actual de África, aunque algunos países han buscado democratizarse. Conflictos armados de larga duración en Angola, Sudán, Sierra Leona, Liberia, Congo, Darfur, Chad, Níger, Costa de Marfil, Burundi, Eritrea, Mozambique, Guinea y Somalia han producido violaciones sistemáticas de los Derechos Humanos

---

[5] La información ha sido tomada del Informe 2009 de Amnistía Internacional sobre el estado de los Derechos Humanos en el mundo, pp.15-23.

y los crímenes más atroces, mientras que los responsables en la mayoría de los casos han eludido rendir cuentas de sus actos.

Estos conflictos armados han traído consecuencias devastadoras para la población civil, como son homicidios ilegítimos, mutilaciones, torturas, violencia sexual, reclutamiento de menores como soldados, desplazamientos forzados y hambrunas. De esta manera se han producido también debido a dichos conflictos, migraciones de miles de personas, que huyen hacia otros países de Asia, Europa o del mismo continente Africano, buscando mejorar su vida y la de sus familiares.

El Consejo de Paz y Seguridad de la Unión Africana no ha cumplido su mandato de abordar la dimensión de los Derechos Humanos en los conflictos armados africanos y muchos Estados de la región han sido reticentes a colaborar con el Consejo de Derechos Humanos de la ONU constructivamente.

En buena parte de la región africana la inestabilidad política, los conflictos armados, la corrupción, la impunidad, el subdesarrollo, la pobreza, el abandono y la falta de educación son factores que agudizan el problema de los Derechos Humanos. En África la pobreza es desgarradora y millones de personas viven sin acceso al mínimo necesario de una vida digna (vivienda, educación, alimentación, salud, agua potable, etc.) y son víctimas de crisis alimentarias y hambrunas que causan cada año miles de muertes. De esta manera los Derechos Económicos Sociales y Culturales son un sueño para la mayor parte de los pobladores del continente africano.

En África la violencia contra las mujeres y niñas es un mal generalizado. La homofobia, la persecución y castigo a personas por su orientación sexual es algo que ocurre comúnmente, del mismo modo que la represión contra la disidencia y la oposición. Igualmente en muchos Estados Africanos el autoritarismo, la violencia étnica y la xenofobia son situaciones que se presentan habitualmente.

4.- Europa[6]

Europa es la región que ha creado un sistema de Derechos Humanos sin parangón, al contar con un sistema de protección reforzado tanto en lo interno como en lo internacional, e incluso para la propia Unión Europea en el ámbito de lo comunitario.

Aunque gran parte de la región goza de estabilidad, aún subsisten problemas en el campo de los Derechos Humanos. La impunidad por los crímenes cometidos en conflictos más o menos recientes como el de la ex Yugoslavia es un hecho innegable.

---

[6] La información ha sido tomada del Informe 2009 de Amnistía Internacional sobre el estado de los Derechos Humanos en el mundo, pp.42-49.

La relativa estabilidad política, el desarrollo económico y el bienestar que ofrecen los países de la Europa Occidental los ha convertido en un imán para personas que huyen de la persecución, la violencia y la pobreza, generando una gran inmigración de personas mayormente en condiciones irregulares las cuales por su propia condición son víctimas de discriminaciones y abusos, siendo dichos inmigrantes también uno de los sectores más afectados por la pobreza. A fin de evitar tales flujos migratorios muchos países europeos han establecido severas limitaciones a los refugiados y a los solicitantes de asilo y migrantes en general (Bélgica, Francia, Suiza, Rusia, Ucrania, Turquía, etc.).

Para los Estados de esta región la seguridad es quizás hoy por hoy su preocupación principal, y ello ha ocasionado que no en pocas ocasiones se le conceda a aquella primacía sobre los Derechos Humanos y que en nombre de la lucha contra el terrorismo éstos sean vulnerados (Rusia, Turquía, Reino Unido). Igualmente se ha dado la complicidad de varios Estados Europeos en las detenciones secretas e ilegales dirigidas por Estados Unidos, volviéndose por tanto cómplices en desapariciones forzadas, torturas y malos tratos en la llamada "Guerra contra el Terror".

A pesar de los avances que en materia de Derechos Humanos existen en esta región, es importante mencionar que el racismo y la discriminación continúan presentes contra algunas minorías como es el caso de la comunidad Romaní (comúnmente conocidos como gitanos) y contra migrantes musulmanes y africanos, los cuales son víctimas de malos tratos e injusticias cometidas muchas veces por parte de particulares y grupos extremistas, con una relativa complacencia o por lo menos cierta pasividad por parte del Estado. Este flujo de inmigrantes ilegales ha generado que se establezca un gran "negocio" de trata de personas para servicio doméstico, la agricultura, la manufactura, la construcción, la hostelería e incluso para la explotación sexual forzada, cuyas víctimas no denuncian los abusos y no se quejan, por temor a ser considerados como delincuentes y ser expulsadas o deportadas.

Aunque la violencia contra la mujer en Europa no es sistemática como en algunas otras regiones, sin embargo tristemente sí se sigue presentando en el ámbito familiar. Igualmente en varios países de la Europa Oriental, existe aún gran intolerancia contra comunidades lesbianas, gays, bisexuales y transgénero.

Por último también es preciso apuntar que en algunos países de la Europa Oriental como Rusia y Turquía se han dado comúnmente muestras de intolerancia contra la disidencia y la crítica antigubernamental, limitando la libertad de expresión, de reunión y de asociación, reprimiendo a la sociedad civil e incluso llegando a tacharlos de antipatriotas.

5.- Medio Oriente[7]

En esta región del mundo nos encontramos con que varios países no han suscrito todavía o no han ratificado varios tratados en materia de Derechos Humanos e incluso se han resistido a la Declaración Universal de Derechos Humanos de 1948 a la que han tildado de intento de imponer valores occidentales. Incluso un problema del Medio Oriente es la cuestión de la intolerancia religiosa en algunos Estados autoritarios y teocráticos que aún subsisten.

Todo esto ha generado que los Derechos Humanos se hayan desarrollado con extrema lentitud en esta zona, ocasionando que estos derechos ocupen un lugar secundario y se dé prevalencia por parte de los gobiernos, a la seguridad pública y a la seguridad del Estado, por encima de ellos. Esta situación ha hecho que los abusos graves en contra de los Derechos Humanos sea un fenómeno generalizado y muy arraigado.

Los conflictos armados como el árabe- israelí, el de Irán y el de Irak han afectado a millones de personas y han ocasionado también un problema grave de migración de personas que huyen de los conflictos y guerras hacia otros países y que aprovechándose de su vulnerabilidad son explotados y abusados sin que nadie se preocupe por su bienestar.

También en esta zona la llamada "Guerra contra el Terror" ha afectado a muchas personas de diferentes Estados como Arabia Saudí, Kuwait, Libia, Túnez y Yemen, haciéndolos víctimas de detenciones ilegales, desapariciones, torturas y otros abusos, que han sido legalizados mediante la utilización mañosa de leyes antiterroristas que en muchos casos les han servido para deshacerse de enemigos políticos u opositores. Del mismo modo los servicios de seguridad e inteligencia de muchos países de la región reprimen la disidencia y el debate, vulnerando severamente la libertad de expresión, y a menudo también los defensores de Derechos Humanos son hostilizados y encarcelados.

En buena parte de los países árabes existe un problema en el trato a la mujer la cual está subordinada al hombre y es víctima de violencia, mutilaciones y violaciones, como algo generalizado.

En esta zona existe un amplio uso de la pena de muerte (ahorcamientos públicos, lapidación, fusilamiento), penas atroces y mutilaciones, las cuales son vistas con bastante naturalidad por emanar no sólo de una cuestión legal sino religiosa y cultural también.

---

[7] La información ha sido tomada del Informe 2009 de Amnistía Internacional sobre el estado de los Derechos Humanos en el mundo, pp.50-59.

La exigibilidad de los Derechos

Evidentemente y como salta a la vista, no ha sido suficiente el establecer y reconocer derechos a través de instrumentos jurídicos ya sean nacionales o internacionales para lograr el que éstos tengan una realización efectiva, sino que ha sido necesario establecer tanto a nivel interno como a nivel internacional instituciones, órganos, mecanismos y procedimientos que sirvan para garantizar su cumplimiento efectivo. De esta manera en materia de Derechos Humanos la cuestión no es sólo el reconocimiento de éstos, sino fundamental y esencialmente su exigibilidad y justiciabilidad.

El problema de la exigibilidad y protección de los Derechos Humanos sin lugar a dudas está vinculado fuertemente a la clasificación que se ha venido realizando, separando a los derechos en tres generaciones de acuerdo a su desarrollo histórico (1ª Generación: Libertades y Derechos Individuales; 2ª Generación: Derechos Económicos, Sociales y Culturales; y 3ª Generación: Derechos Colectivos y Derechos de los Pueblos), conceptualizándolos de manera diferente y fijando respecto de cada una de ellas obligaciones diversas a cargo del Estado y con distinto grado de vinculatoriedad. Esta situación de considerar a los derechos de manera distinta y determinar distinto grado de compromiso de cumplimiento para unos y otros y por tanto estimar que unos son plenamente reclamables y otros no, ha llevado a que se establezcan mecanismos de tutela más efectivos para unos (los de 1ª generación) que para otros (2ª y 3ª Generación), lo que ha ocasionado el que no todos los Derechos Humanos cuenten hoy en día con una protección, ya no digamos efectiva sino ni siquiera medianamente aceptable, tanto en el orden internacional como en el interno de los Estados[8].

Por esta razón, resulta urgente enfilarse hacia una unificación conceptual de los Derechos Humanos con motivo de la cual todos ellos sean considerados como derechos plenos y exigibles, incluyendo por supuesto a los derechos sociales mismos que son indispensables y fundamentales para que las personas tengan verdaderamente una vida digna[9].

---

[8] DE DIENHEIM BARRIGUETE, Cuauhtémoc Manuel, "La Protección Internacional de los Derechos Humanos" en Fix-Zamudio, Héctor et al., *"Protección Internacional de los Derechos Humanos"*, Librería Editora Platense, La Plata, Buenos Aires, Argentina, 2007, p.112.
[9] Para profundizar en esta cuestión ver las obras de ABRAMOVICH, Víctor, y COURTIS, Christian; *"Los Derechos Sociales como Derechos Exigibles"*; Trotta; Madrid 2002; COURTIS, Christian, HAUSER, Denise y RODRÍGUEZ Huerta, Gabriela, (Comps.); *"Protección Internacional de Derechos Humanos, Nuevos Desafíos"*, Porrúa; México 2005; PISARELLO, Gerardo *"Los Derechos Sociales y sus Garantías"*, Trotta, Madrid, España, 2007; así como CANTON J., Octavio y CORCUERA C., Santiago (Coords.) *"Derechos Económicos, Sociales y Culturales. Ensayos y Materiales"*, Porrúa/Universidad Iberoamericana, México, 2004.

Para lograr una protección efectiva de los Derechos Humanos, es necesario establecer procedimientos a través de los cuales se salvaguarden los derechos de las personas evitando que éstos sean vulnerados y en el caso de que ya lo hubieran sido, se les restituya en el goce de los mismos o se les compense de algún modo por el daño ocasionado, sancionando también al Estado y a las personas causantes de dichas violaciones. Es necesario que todos los países del mundo suscriban los tratados en materia de Derechos Humanos, y además y sobre todo, que se sometan al escrutinio y a la jurisdicción de organismos y tribunales internacionales

La vulneración de Derechos por poderes fácticos
Hoy en día somos testigos como en buena parte la vulneración de los Derechos Humanos se lleva a cabo no sólo por los Estados y sus gobiernos, sino también por poderes fácticos (corporaciones y empresas nacionales y trasnacionales, grupos armados irregulares, cárteles delincuenciales, e incluso caciques y "líderes sociales") con la complacencia, indiferencia e indolencia por parte del Estado. Es por eso que como dice Ferrajoli es necesario ampliar la protección de los Derechos Humanos no sólo frente a los poderes públicos sino también frente a los privados.[10]

La llamada protección horizontal de los derechos fundamentales (Drittwirkung) es actualmente una necesidad y debe de adoptarse tanto en lo interno como en lo internacional quizás también, ya que en aquellos países que la han adoptado, a pesar de las dificultades que a veces supone, ha probado ya su efectividad y su gran utilidad también[11].

El desarrollo diferenciado por regiones
A pesar de la existencia en el orden internacional de un sistema general o universal y tres sistemas regionales de protección de los Derechos Humanos (Europeo, Interamericano y Africano), todavía su observancia y respeto plenos en el mundo no es la regla general; y por el contrario, continúan existiendo graves violaciones a éstos en todos los rincones del planeta, por parte de todos o casi todos los Estados grandes o pequeños, ricos o pobres, desarrollados o en vías de desarrollo[12].

Sin embargo hoy por hoy es fácil darnos cuenta como el desarrollo diferenciado (en lo político, económico, educativo, cultural y social) en las distintas regiones del mundo, e incluso el desarrollo diferenciado de país a

---

[10] FERRAJOLI, Luigi, *"Razones Jurídicas del Pacifismo"*, Trotta, Madrid, 2004, p.102.
[11] DE DIENHEIM BARRIGUETE, Cuauhtémoc Manuel, "El Problema de la Exigibilidad de los Derechos Sociales" en *"IUS UNLA. Anuario 2007"*. Universidad Latina de América, México, 2008, p.24.
[12] DE DIENHEIM BARRIGUETE, Cuauhtémoc Manuel, "La Protección Internacional de los Derechos Humanos" en Fix-Zamudio, Héctor et al., *"Protección Internacional de los Derechos Humanos"*, Librería Editora Platense, La Plata, Buenos Aires, Argentina, 2007, p. 133.

país ha originado que la situación de los Derechos Humanos varíe notablemente según la región de que se trate y de los Estados en específico.

A diferencia de los demás espacios geográficos que ya se han mencionado y en los cuales se cuenta con sistemas regionales de protección de los Derechos Humanos, resulta increíble que en el espacio geográfico asiático no se hayan instaurado todavía mecanismos regionales de protección de dichos derechos, y no se hayan dado declaraciones solemnes al respecto, sino sólo algunos tibios compromisos.

De esta manera, y aunque los Estados asiáticos se han adherido a los principios de la Carta de las Naciones Unidas y a la Declaración de 1948, parece ser que no han asumido con seriedad su compromiso con los Derechos Humanos, pues no puede pasar inadvertida de modo alguno, la ausencia de un sistema de protección internacional de tales derechos en la región asiática, siendo que precisamente en esta zona del planeta se concentra una gran parte de la población mundial y proliferan graves y sistemáticas violaciones a los Derechos Humanos.

En relación con los sistemas internacionales de carácter regional, de protección de Derechos Humanos, haciendo un análisis cronológico, se pueden apreciar las diferentes velocidades con las que se han establecido los tratados y mecanismos de protección respectivos, cuestión que obviamente ha generado una protección diferenciada y dispar, dependiendo de la región de que se trate. Esto ha ocasionado que Europa se sitúe en una posición más avanzada en materia de Derechos Humanos, seguida de América primero y de África después.

La pobreza

Sin lugar a dudas la pobreza es uno de los males mayores que aquejan a nuestro mundo hoy en día y es causa de que millones de seres humanos, no lleven una existencia digna y se encuentren vulnerados severamente en sus Derechos Humanos más básicos, pues se considera que hoy en día más de una sexta parte de la población mundial se encuentra en situación de pobreza (alrededor de 1,600 millones de personas).

Evidentemente la pobreza afecta el pleno y eficaz disfrute de los Derechos Humanos, ya que en primer término, las personas en situación de pobreza son objeto de discriminación y marginación social, además de que ésta afecta tanto sus derechos civiles y políticos como también los económicos, sociales y culturales. Entre éstos derechos vulnerados encontramos el derecho a la alimentación, a la salud, a la vivienda y servicios básicos, a la educación, al vestido, al trabajo digno y una justa remuneración, al acceso a la justicia, al agua e incluso como consecuencia de todo lo anterior también la vulneración del derecho más básico de todos: el derecho a la vida[13]

El autoritarismo

Indudablemente el autoritarismo y la falta de democracia siguen siendo problemas importantes en el mundo. Y si se analiza detenidamente la situación de los Derechos Humanos en los diversos Estados y ponemos atención igualmente al régimen político y a las características que cada uno de ellos tiene; correlacionando ambas variables, podemos advertir y percibir claramente, que existe un claro vínculo entre los Derechos Humanos y la Democracia. Así puede verse que en los Estados autoritarios y no democráticos, los Derechos Humanos (sobre todo las libertades), son poco respetados, y en ellos genéricamente, es donde más abusos podemos encontrar. Es tal la relación entre Derechos Humanos y Democracia que se ha llegado a afirmar que aquellos constituyen la dimensión sustantiva de ésta última[14].

II.- Retos y Perspectivas

a) Retos

Universalidad y Relativismo Cultural[15]

Uno de los problemas centrales de la protección de los Derechos Humanos a nivel internacional, se debe a las diferencias en el desarrollo histórico de los Estados con concepciones ideológicas y religiosas propias sobre el respeto al individuo como persona, y el límite adecuado que debe imponer el Estado frente al mismo individuo.

Por otra parte el estándar mínimo de los Derechos Humanos que se ha fijado por el derecho internacional, se considera por algunos Estados como una imposición de los Estados Occidentales. El reto es por tanto, cambiar esa percepción y convencer a estos Estados de que los Derechos Humanos por sí mismos son necesarios, buenos y útiles y de que constituyen un parámetro

---

[13] MÁRQUEZ CARRASCO, Carmen, *"Logros y Desafíos en el 60° Aniversario de la Declaración Universal de Derechos Humanos",* Publicaciones de la Universidad de Deusto, Bilbao, España, 2008, pp. 104 y 105.

[14] DE DIENHEIM BARRIGUETE, Cuauhtémoc Manuel, "Derechos Humanos y Democracia: Principios Éticos de un Nuevos Orden Jurídico Mundial" en Caballero Ochoa, José Luis (Coord.), *"La Declaración Universal de los Derechos Humanos. Reflexiones en Torno a su 60° Aniversario",* Porrúa, México, 2009, pp. 43-68.

[15] Para una adecuada comprensión de este tema se recomienda ver CIANCIARDO, Juan (Director), *"Multiculturalismo y Universalismo de los Derechos Humanos",* Ad-Hoc, Buenos Aires Argentina, 2008 y KYMLICKA, Will y STRAEHLE, Christine, *Cosmopolitismo, Estado-Nación y Nacionalismo de las Minorías,* Universidad Nacional Autónoma de México, México, 2001.

adecuado para la subsistencia y el desarrollo digno e integral de la vida humana donde quiera que ésta se encuentre.

De esta forma, aunque podemos percatarnos que se ha presentado una cierta estandarización del "modelo" del régimen jurídico de protección a los Derechos Humanos en diversas partes del mundo con obvios y notorios beneficios en favor de la humanidad en su conjunto, es preciso mencionar que este proceso no ha sido sencillo pues dicho "modelo" (basado sobre todo en la concepción occidental de los derechos fundamentales de la persona) no ha sido siempre aceptado cabalmente por todos los Estados, debido a cuestiones de relativismo cultural. Esto ha originado, por ejemplo, que algunos países africanos, asiáticos o de religión islámica se hayan mostrado hostiles y renuentes a aceptar el referido "modelo occidental"[16].

Frente a esta estandarización se ha dado por tanto, la preocupación por parte de algunos Estados, de que los Derechos Humanos sirvan de pretexto para un "imperialismo cultural" por parte de la comunidad de Estados occidentales frente al resto de los países del mundo, situación que debe ser tomada en serio. Aunque cabe mencionar también que muchas de las objeciones que se han hecho en contra de la concepción "occidental" de los Derechos Humanos en realidad han sido formuladas por los gobiernos de regímenes autoritarios y no por sus pueblos ni por las víctimas o posibles afectados, por tal situación[17].

En tal virtud, aunque no es fácil, resulta urgente buscar lograr conciliar y armonizar debidamente los derechos individuales y los derechos colectivos, pues como se puede advertir, hoy en día existe una tensión entre los derechos individuales, que tienden a la universalidad y los derechos colectivos que tienden a la particularidad[18].

Además es preciso apuntar que el temor por parte de un buen número de países a ser occidentalizados, no es para nada infundado, pues hay que aceptar que la globalización ha producido una instrumentalización de la dimensión jurídica para satisfacer intereses económicos únicamente, concretándose el derecho en muchos casos a servir solamente para legitimar el alcanzar, por cualquier medio y a cualquier costo, la mayor ganancia posible. Este temor por parte de algunos países tiene como base también, la percepción de que el proceso de globalización y mundialización es ante todo un proceso de expansión de lo occidental caracterizado por una marcada

---

[16] DE DIENHEIM BARRIGUETE, Cuauhtémoc Manuel, *Constitucionalismo Universal: La Internacionalización y Estandarización de los Derechos Humanos*, Ad-Hoc, Buenos Aires, Argentina, 2009, p. 91.
[17] HERDEGEN, Matthias, *Derecho Internacional Público*, UNAM/Fundación Konrad Adenauer, México, 2005, p. 358.
[18] BEUCHOT, Mauricio, *Interculturalidad y Derechos Humanos*, Siglo XXI editores/ UNAM, México, 2005, p. 10.

"americanización", que se identifica con el dominio y la explotación económica de la superpotencia (EU) en perjuicio de muchos países[19].

En este aspecto resulta obvio el hecho de que la cultura occidental ha ejercido una influencia importante en el mundo a lo largo de la historia y que a últimas fechas encabezada en buena parte por los Estados Unidos, ha intentado mantener una posición de predominio y de preeminencia para sus intereses, defendiéndolos como intereses de la comunidad mundial tratando de dar legitimidad universal a medidas que responden realmente sólo a los intereses de los Estados Unidos y de otras potencias occidentales. De esta manera ha ocurrido que lo que para Occidente es universalismo para el resto del mundo es imperialismo[20].

Por esta razón es fundamental que en la cuestión de los Derechos Humanos se mantenga una visión multicultural[21] y una actitud abierta y de diálogo permanente entre los distintos países del mundo buscando ante todo los consensos y evitando lo más posible las imposiciones, de tal suerte que no se produzcan conflictos entre las distintas culturas ocasionando lo que Samuel Huntington ha llamado el "choque de civilizaciones".

Es así que cada vez se impone más como necesaria, una reconciliación entre las diversas culturas y civilizaciones, y una reconfiguración de las relaciones internacionales y de la relación entre Occidente y el Islam, así como de las relaciones entre las tres religiones abrahánicas (Judaísmo, Cristianismo e Islam). Es necesario pues, construir puentes y no levantar diques de odio, venganza y enemistad, pues como bien dice Hans Küng las opciones están claramente definidas: o prevalece el diálogo de culturas y paz entre religiones como condición imprescindible para la paz entre las naciones, o bien lo que subsistirá será la rivalidad entre religiones, el choque de culturas y consecuentemente la guerra entre las naciones[22].

Libertad y Seguridad

Uno de los obstáculos que actualmente impide la debida observancia de los Derechos Humanos por múltiples Estados de diversas partes del orbe, es la obsesión de la Comunidad Internacional sobre la llamada "Seguridad

---

[19] GROSSI, Paolo, *Derecho, Sociedad, Estado,* El Colegio de Michoacán, Escuela Libre de Derecho y Universidad Michoacana de San Nicolás de Hidalgo, México, 2004, pp. 178-180.

[20] HUNTINGTON, Samuel P., *Choque de Civilizaciones,* Paidós, México, 2001, pp. 217 y 218.

[21] A este respecto, es preciso mencionar que se debe avanzar del multiculturalismo hacia un verdadero pluralismo cultural y hacia la interculturalidad. Para profundizar en las sutiles pero trascendentes diferencias entre estos tres términos se recomienda ver la obra de BEUCHOT, Mauricio, *Interculturalidad y Derechos Humanos,* Siglo XXI editores/ UNAM, México, 2005.

[22] KÜNG, Hans, *Ética mundial en América Latina,* Trotta, Madrid, 2008, pp. 36 y 37.

Nacional", respecto a la cual los gobiernos nacionales tienen prioridad para calificarla; sobre todo, después de los atentados terroristas del 11 de septiembre del 2001 ocurridos en los Estados Unidos, fecha a partir de la cual muchos países del llamado "Bloque Occidental" han experimentado una especie de psicosis colectiva que les ha hecho ver enemigos por doquier, no sólo provenientes del exterior sino incluso dentro del propio Estado, lo cual los ha llevado a suprimir y violentar Derechos Humanos justificando su actuación precisamente por razones de seguridad. Esta posición se ha visto fortalecida a nivel internacional después de los atentados ocurridos en Madrid (11 de marzo de 2004) y Londres (7 de julio de 2005)[23], y ante la proliferación de atentados terroristas en diversas partes del mundo. Esto ha llevado a una proliferación de lo que se ha llamado "Derecho Penal del Enemigo" y ha servido de pretexto para establecer un estatus limitado en el goce de Derechos Humanos y poco garantista, para ciertos grupos humanos a quienes los Estados catalogan libremente como "enemigos".

Otra cuestión que ha impedido la realización efectiva de los Derechos Humanos es la concepción relativa a que el progreso de una entidad política exige ciertos sacrificios de los Derechos Humanos y que la paz universal exige prioridad por encima de los Derechos Humanos y de la justicia social de los pueblos. De igual forma ha sido un obstáculo la falsa concepción que se ha generado en el sentido de que los Derechos Humanos son un impedimento para el combate eficaz contra la delincuencia por parte de los gobiernos de los Estados[24].

Evidentemente, aminorar la tensión existente entre la libertad y la seguridad, ambos valores de gran importancia, y lograr su equilibrio y armonización es actualmente uno de los retos más importantes que el mundo debe superar.

Pobreza, Subdesarrollo y Derechos Sociales
Por otra parte también, podemos percibir que el proceso de globalización ha afectado sensiblemente los derechos económicos, sociales y culturales, ya que los profundos desequilibrios que la globalización ha traído consigo, han influido fuertemente de manera desfavorable en la aplicación de dichos derechos, pues como bien sabemos, los indicadores de nutrición, salud, vivienda, empleo, educación, cultura y bienestar en general, han retrocedido considerablemente en el mundo en los últimos años[25].

---

[23] DE DIENHEIM BARRIGUETE, Cuauhtémoc Manuel, "La Protección Internacional de los Derechos Humanos" en Fix-Zamudio, Héctor et al., *"Protección Internacional de los Derechos Humanos"*, Librería Editora Platense, La Plata, Buenos Aires, Argentina, 2007, p. 134.
[24] Idem.
[25] DÍAZ MÜLLER, Luis T., "Globalización y Derechos Humanos: El Orden del Caos" en Díaz Müller, Luis (Coord.), *Globalización y Derechos Humanos,* Universidad Nacional Autónoma de México, México, 2003, pp. 40 y 45.

La realidad es que en lógica de la globalización económica, los derechos económicos, sociales y culturales no parecen tener una perspectiva de cumplimiento, ya que la búsqueda de una mayor rentabilidad en los procesos de producción ha venido a afectarlos gravemente. Como parte de la lógica de la globalización, por lo menos desde la experiencia empírica, se ha planteado y propuesto a escala planetaria un estilo de vida único y hegemónico, apegado a las dinámicas de consumo; lo cual ha generado que todas aquellas expresiones comunitarias y culturales que se aparten de dicho modelo, hayan sido criminalizadas o ridiculizadas y todo aquello que no ha entrado en la burbuja global ha sido tachado de atrasado o premoderno, vulnerándose con ello evidentemente los derechos culturales y la posibilidad de diferencia. Del mismo modo la expresiones sociales de contestación o repudio al modelo global han sido objeto de violencia por parte de los gobiernos, quienes a pesar de mantener discursos acordes con los Derechos Humanos han preferido defender solamente los derechos ligados al capital[26].

Es evidente también que la falta de cumplimiento de los Derechos Humanos, en especial los económicos, sociales y culturales, en no pocas ocasiones se debe no a una falta de voluntad sino a que los Estados no están completamente listos para implementarlos debido a causas de incapacidad material (falta de desarrollo, escasez de recursos económicos, deficiente infraestructura, etc.), lo cual los pone en la posición de no poder garantizarlos total y satisfactoriamente de acuerdo con los estándares internacionales existentes. Lamentablemente para estos pueblos en situación de subdesarrollo, el cumplimiento de los Derechos Humanos es una cuestión de desarrollo progresivo anclada a sus posibilidades reales, y cuya realización depende de un futuro incierto.

Como podemos apreciar la globalización económica desgraciadamente ha traído como consecuencia el que los Derechos Humanos aparezcan como un concepto y una práctica subordinada y acotada a los intereses del actual modelo de desarrollo imperante. Se ha establecido una visión de los derechos limitada casi exclusivamente a dar certidumbre jurídica al capital, cancelándose con ello, una visión de integralidad de los Derechos Humanos. Esta situación ha ocasionado que no sea posible hacer vigentes toda la gama de los Derechos Humanos reconocidos y que solamente se garanticen algunos de ellos, y sólo a ciertos sectores sociales[27].

Precisamente las recientes crisis económicas y financieras que ha padecido el mundo entero afectando a millones de personas, ponen en entredicho el modelo económico globalizado y globalizador que ha

---

[26] ROCHA QUINTERO, Jorge E., *"Los Derechos Humanos. Expresión Renovada en la Búsqueda de la Fe y la Justicia"*, Instituto Tecnológico y de Estudios Superiores de Occidente, México, 2008, pp.36-38.

[27] Ibidem, p. 38.

subsistido en los últimos tiempos y que ha generado graves desigualdades económicas y sociales en la población mundial dejando en condiciones de marginación, pobreza y desamparo a millones de seres humanos a lo largo y ancho de todo el orbe, situación que evidentemente como ya se ha mencionado antes, implica violación a los Derechos Humanos más elementales y por supuesto un ataque al más elemental concepto de dignidad humana.

Hoy más que nunca por tanto, es indispensable cambiar dicho modelo y encontrar uno alternativo que sea respetuoso de la condición humana y del planeta entero, proporcionando una vida más digna y justa para todos los seres humanos de todos los pueblos del mundo, tanto en la dimensión individual como en la colectiva.

Los grandes retos globales
Hoy por hoy hacer frente a los grandes retos globales es una necesidad urgente e imperiosa. Por ello es necesario que los diversos Estados del mundo actúen de manera conjunta, coordinada y solidaria para tratar de resolver los problemas que actualmente difícilmente pueden ser solucionados de manera individual y aislada por cada uno de ellos. Es necesario que se realicen de manera pronta y efectiva varias acciones por parte de la comunidad internacional como son: evitar y ayudar a solucionar las crisis económicas mundiales, hacer frente a las pandemias, abatir la pobreza, solucionar los conflictos armados tanto internos como internacionales para alcanzar la paz, combatir el autoritarismo y promover la democracia, alcanzar la autodeterminación de los pueblos, cuidar el medio ambiente, combatir eficazmente el terrorismo, narcotráfico y delincuencia organizada y por supuesto lograr el pleno respeto a los Derechos Humanos.

a) Perspectivas

Ciertamente en un mundo tan cambiante y tan dinámico como en el que estamos viviendo resulta complicado predecir lo que pasará mañana, sin embargo sí podemos esbozar algunas de las tendencias que se percibe que pueden presentarse o que continuarán presentándose en el futuro cercano en materia de Derechos Humanos.

Progresividad y Expansión de los Derechos Humanos
Por lo que se puede apreciar, la progresividad y expansión de los derechos Humanos parece que continuará, produciendo una especialización y sofisticación en el tema, generando la ampliación de los obligados a cumplir tales derechos y a responder de ellos también hacia los particulares; e igualmente se puede vislumbrar que quizás en un futuro más mediato se generen también derechos fundamentales teniendo como titulares a entes que

no han sido considerados tradicionalmente como sujetos jurídicos titulares de derechos, como es el caso de los animales (empezando por las mascotas) y los ecosistemas (biodiversidad) con lo cual en materia de derechos ocurrirá un desplazamiento del antropocentrismo hacia el biocentrismo.

La Solidaridad y Cooperación Internacional como presupuesto necesario para afrontar retos globales
Los grandes retos globales que anteriormente se han mencionado en este trabajo y cuya resolución resulta o bien imposible, o por lo menos sumamente difícil para un Estado de manera aislada e individual, obligarán a que el multilateralismo, la solidaridad y la cooperación internacional sean no sólo una opción sino una necesidad imperiosa para poder afrontar tales retos y lograr buenos resultados. En materia de Derechos Humanos es claro que sin este tipo de actividad conjunta internacional no se lograrán avances significativos en temas como el logro de la paz, combate a la pobreza, cooperación para el desarrollo, erradicación de enfermedades, preservación del medio ambiente, combate al terrorismo y a la delincuencia, entre otros.

Colisión de Derechos
Otro aspecto que puede verse ya y que seguramente seguirá presentándose cada vez con mayor frecuencia, será el caso de colisión entre Derechos Humanos, chocando intereses diversos entre sí, lo cual hará indispensable el mirarlos de una manera integral y buscar armonizarlos a través del análisis de los casos concretos en los cuales estos deberán ser ponderados para tratar de buscar la mejor solución posible. En estos procesos la intervención de los órganos jurisdiccionales será fundamental, y cobrará cada vez mayor importancia, la labor de los jueces y la argumentación que éstos realicen en sus resoluciones.

Multiculturalidad, Interculturalidad y Cosmopolitismo[28]
En un mundo marcado cada vez más por la diversidad cultural y la diferencia, y en el que las distintas civilizaciones, religiones y culturas se ven obligadas a convivir estrechamente, la sociedad pluricultural será seguramente el modelo imperante en gran parte de los Estados. En tal virtud y para evitar conflictos será necesario que las sociedades no sólo sean multiculturales y tolerantes sino que pasen al nivel de convivencia activa en una interculturalidad abierta, solidaria y dialogante; pues de no hacerlo seguramente el conflicto se profundizará y fácilmente devendrá en violencia con las funestas consecuencias que ya todos conocemos.

---

[28] Interesantes reflexiones al respecto pueden verse en VILLAR BORDA, Luis, *Derechos Humanos: Responsabilidad y Multiculturalismo,* Universidad Externado de Colombia, Argentina, 1998.

Será necesario tratar de construir una ciudadanía mundial en sentido cosmopolita que permita a todos de manera incluyente gozar de los Derechos Humanos, a pesar de las diferencias y convivir pacíficamente de una manera armónica.

La relativización del concepto de soberanía
Evidentemente el fortalecimiento del Derecho Internacional de los Derechos Humanos que empieza a darse originará una relativización del concepto de soberanía de los Estados, o por lo menos, una redefinición de éste, implicando el que los países se sujeten a los tratados internacionales de Derechos Humanos, cumplan su contenido y se sometan a la jurisdicción de los tribunales y órganos internacionales, obedeciendo también sus decisiones[29].

El surgimiento de un "constitucionalismo mundial"
El nuevo orden jurídico internacional que ha surgido en materia de Derechos Humanos, se ha constituido en una especie de "Constitucionalismo Mundial" vinculatorio para todos los miembros de la Comunidad Internacional, y seguramente seguirá consolidándose y desarrollándose. Este nuevo orden jurídico internacional que ha influenciado al constitucionalismo en todo el mundo, y que ha ocasionado que los Estados modifiquen sus constituciones o establezcan otras nuevas, para apegarse a lo establecido en los tratados internacionales en la materia, seguirá ejerciendo su influencia cada vez con más fuerza llevando a una estandarización de los Derechos Humanos en el mundo, teniendo como meta lograr la verdadera universalidad de tales derechos y la creación de una "ciudadanía mundial".

Evidentemente la lucha por los Derechos Humanos no ha concluido, y tal vez no concluya jamás, pues es una lucha constante y permanente. Obviamente queda mucho por hacer todavía, y es necesario seguir luchando para lograr vivir en paz, en un mundo en el que sea respetada la dignidad humana y los Derechos Humanos sean una realidad.

REFERENCIAS BIBLIOGRÁFICAS

ABRAMOVICH, Víctor, y COURTIS, Christian; *Los Derechos Sociales como Derechos Exigibles,* Trotta; Madrid, 2002.

---

[29] Para profundizar en esta tendencia ver DE DIENHEIM BARRIGUETE, Cuauhtémoc Manuel, "La Crisis de la Soberanía frente al Nuevo Orden Jurídico Internacional" en *IUS UNLA. Anuario 2005,* Universidad Latina de América, México, 2006, pp. 189-207.

BEUCHOT, Mauricio, *Interculturalidad y Derechos Humanos*, Siglo veintiuno editores/ UNAM, México, 2005.

CABALLERO Ochoa, José Luis (Coord.), *La Declaración Universal de los Derechos Humanos. Reflexiones en Torno a su 60° Aniversario*, Porrúa, México, 2009.

CANTON J., Octavio y CORCUERA C., Santiago (Coords.), *Derechos Económicos, Sociales y Culturales. Ensayos y Materiales*, Porrúa/Universidad Iberoamericana, México, 2004.

CIANCIARDO, Juan (Director), *Multiculturalismo y Universalismo de los Derechos Humanos*, Ad-Hoc, Buenos Aires Argentina, 2008.

COURTIS Christian, HAUSER, Denise y RODRÍGUEZ Huerta Gabriela, (Comps.), *Protección Internacional de Derechos Humanos, Nuevos Desafíos*, Porrúa; México 2005.

DE DIENHEIM BARRIGUETE, Cuauhtémoc Manuel, *Constitucionalismo Universal: La Internacionalización y Estandarización de los Derechos Humanos*, Ad-Hoc, Buenos Aires, Argentina, 2009.

DE LORA, Pablo, *Memoria y Frontera. El Desafío de los Derechos Humanos*, Alianza Editorial, Madrid, España, 2006.

DÍAZ MÜLLER, Luis (Coord.), *Globalización y Derechos Humanos*, Universidad Nacional Autónoma de México, México, 2003.

FERRAJOLI, Luigi, *Derechos y Garantías. La Ley del más Débil, 2ª edición 2001*, Trotta; Madrid 2001.

FERRAJOLI, Luigi, *Razones Jurídicas del Pacifismo*, Trotta, Madrid, 2004.

FIX-ZAMUDIO, Héctor, *Protección Internacional de los Derechos Humanos*, Librería Editora Platense, La Plata, Buenos Aires, Argentina, 2007.

GROSSI, Paolo, *Derecho, Sociedad, Estado*, El Colegio de Michoacán, Escuela Libre de Derecho y Universidad Michoacana de San Nicolás de Hidalgo, México, 2004.

HERDEGEN, Matthias, *Derecho Internacional Público*, UNAM/Fundación Konrad Adenauer, México, 2005.

HUNTINGTON, Samuel P., *Choque de Civilizaciones*, Paidós, México, 2001.

Informe 2009 Amnistía Internacional. El Estado de los Derechos Humanos en el Mundo, Ed. Amnistía Internacional, Madrid, España, 2009.

IUS UNLA. Anuario 2005, Universidad Latina de América, México, 2006.

IUS UNLA. Anuario 2007, Universidad Latina de América, México, 2008

KÜNG, Hans, *Ética mundial en América Latina*, Trotta, Madrid, 2008.

KYMLICKA, Will y STRAEHLE, Christine, *Cosmopolitismo, Estado-Nación y Nacionalismo de las Minorías*, Universidad Nacional Autónoma de México, México, 2001.

MÁRQUEZ Carrasco, Carmen, *Logros y Desafíos en el 60° Aniversario de la Declaración Universal de Derechos Humanos,* Publicaciones de la Universidad de Deusto, Bilbao, España, 2008.

O´DONNELL, Daniel, *Derecho Internacional de los Derechos Humanos. Normativa, Jurisprudencia y Doctrina de los Sistemas Universal e Interamericana,* Reimpresión, Oficina en México del Alto Comisionado de las Naciones Unidas para los Derechos Humanos/ Escuela de Graduados en Administración Pública y Política Pública del Tecnológico de Monterrey, México, 2007.

PISARELLO, Gerardo *Los Derechos Sociales y sus Garantías,* Trotta, Madrid, España, 2007.

ROCHA Quintero, Jorge E., *Los Derechos Humanos. Expresión Renovada en la Búsqueda de la Fe y la Justicia,* Instituto Tecnológico y de Estudios Superiores de Occidente, México, 2008.

VILLAR Borda, Luis, *Derechos Humanos: Responsabilidad y Multiculturalismo,* Universidad Externado de Colombia, Argentina, 1998.

CONSTITUCIÓN Y ORGANIZACIÓN TERRITORIAL DEL ESTADO

TeresaMaria G. Da Cunha Lopes
Lucía Villalón Alejo
Damián Arévalo Orozco

CONSTITUCIÓN Y ORGANIZACIÓN TERRITORIAL DEL ESTADO

TeresaMaria G. Da Cunha Lopes[1]
Lucía Villalón Alejo[2]
Damián Arévalo Orozco[3]

Introducción

En la presente obra analizamos las formas históricas de la organización territorial del poder que suelen manifestarse:

- Como un sistema de normas jurídico constitucional;
- Como una estructura institucional política y económico-política; o bien,
- Como un fenómeno histórico y sociológico con implicaciones ideológicas y doctrinales.

Además, la organización territorial del Estado repercute en su eficacia política y el grado de equidad que alcanza en los resultados políticos. Ello implica otro nivel taxonómico, ya que las formas de organización estatal pueden también clasificarse según las previsiones constitucionales o en función de su dinámica institucional.

El taxón o unidad fundamental analizada, es el Estado-nación. El Estado-nación se encarna en dos modelos contrapuestos: el Estado federal Norteamericano y el unitarismo Francés. Para los teóricos de la Ciencia Política y de la Teoría General del Estado, el federalismo norteamericano no fue comprensible hasta después de una generación, a través de los escritos de Tocqueville, por lo que el unitarismo aparece como forma básica en el pensamiento continental europeo. Sin embargo, en la actualidad los países parecen alejarse cada vez más de esta concepción continental hacia una más descentralizada.

1. Formas Históricas de la Organización del Poder Estatal en el Estado-Nación

Una cuestión que surge al abordar las formas territoriales de Estado, es la polémica acerca de la tipología adecuada para clasificar sus diversas

---

[1] Doctorada en Derecho. Profesora-Investigadora de la Facultad de Derecho y Ciencias Sociales de la UMSNH, con Perfil PROMEP y SNI nivel I. Titular del Área de Ciencias Sociales del Centro de Investigaciones Jurídicas y Sociales de la UMSNH. Coordinadora del CAEC "Derecho, Estado y Sociedad Democrática"

[2] Licenciada en Derecho por la UMSNH, tiene el D.E.A. por la Universidad del País Vasco en el Programa de Doctorado, "Estado, Derecho y Sociedad Democrática". Profesora-Investigadora de la FD yCS de la UMSNH y Presidente de las Academias de Filosofía del Derecho y de Lógica Jurídica

[3] Profesor-Investigador de la Facultad de Derecho y Ciencias Sociales,

modalidades concretas. Nos avocamos a un somero repaso de las principales orientaciones, como la línea doctrinal - a la que nos sumamos - que considera que las diferencias entre las diversas formas territoriales de Estado no tienen una entidad cualitativa tan importante como para motivar una tipología de elementos radicalmente distintos, y señala que las diversas formas de organización territorial del poder no son sino meras modalidades graduatorias de descentralización o división vertical del mismo.[4]

Existe consenso entre los autores, especialmente los franceses,[5] en que en las sociedades contemporáneas el Estado adopta un esquema organizador unitario o federal.[6]

1.1. El Estado unitario como modelo originario: definición, historia y tipos

Partimos del consenso generalizado de que un Estado unitario es aquel en el que solo existe un ordenamiento constitucional, una sola estructura política

---

[4] En esta orientación se sitúan H. KELSEN, *Teoría general del Estado*, 15ª ed., Editora Nacional, Méx., 1979, p. 256; M. MOUSKHELY, *Teoría jurídica del Estado federal*, Madrid, 1931, p. 319; F.H. HINSLEY, *El concepto de soberanía*, Ed. Labor, Barcelona, 1972. p. 195; M. GARCIA-PELAYO, *Derecho constitucional comparado*, 7ª ed., Alianza, Madrid, 1984, pp. 229-230; M. MAZZIOTTI, *Studi sulla potestà legislativa delle Regioni*, Giuffrè, Milán, 1961, pp. 9-10. En cierto forma C.J. FRIEDRICH, *Gobierno constitucional y democracia. Teoría y práctica en Europa y América*, I, I.E.P., Madrid, 1975, p. 15.
[5] La reciente doctrina francesa vid. J.-L. QUERMONNE, *Les régimes politiques occidentaux*, París, 1986, p. 272; y en la italiana P. BISCARETTI, *Diritto costituzionale*, 12ª ed., Jovene Ed., Nápoles, 1981, p. 644.
[6] En España desde 1933, coincidiendo con el periodo de la II República, se inaugura una corriente doctrinal que propugna una tipología tripartita que sostiene el carácter intermedio y tipológicamente autónomo de la forma regional de Estado. Cuando se trata de clasificar al Estado regional en esta orientación, unos lo consideran como una modalidad de Estado unitario descentralizado, tal es el caso de S. ROYO, "El Estado integral", en *R.D. Público*, 1935, p. 269 y ss.; A. ROYO VILLANOVA, *La Constitución española de 9 de diciembre de 1931*, Valladolid, 1934, pp. 24-27; y, actualmente, también F. TOMAS Y VALIENTE, "Tribunal. Constitucional de España", en *Tribunales Constitucionales Europeos y autonomías territoriales, Europeos y autonomías territoriales*, p. 133. Y otros clasifican a dicho Estado como una variante cuasifederal: E.L. LLORENS, *La autonomía en la integración política*, Editorial Revista de Derecho Privado, Madrid, 1932, pp. 121 y ss. y 151. En la actualidad la doctrina española suele agrupar todas las modalidades de descentralización en dos apartados diferentes: Estado federal y el Estado unitario descentralizado y el regional. Al respecto J.L. PRADA FERNÁNDEZ DE SANMAMED (2007), *Contribución al examen de la transformación de la categoría de ley en los Estados Constitucionales contemporáneos*. Tesis doctoral accesible a texto completo en http://www.eumed.net/tesis/2007/jlp y en concreto http://www.eumed.net/tesis/2007/jlp/41.htm, advierte que, ni siquiera con esta ampliación, la tipología de las formas de Estado puede dar cuenta cabal de todas las modalidades y especialidades concretas de la descentralización territorial del poder, toda vez que doctrinariamente al calificar el Estado de las Comunidades Autónomas, se ha demostrado insuficiente incluso la clasificación tripartita de las modalidades de descentralización territorial del poder.

sobre el territorio estatal y un único centro de poder decisorio. Tal estructura está formada generalmente por un Jefe de Estado, un Parlamento, un único aparato gubernamental y una organización de justicia, que ejercen sobre todos los ciudadanos quienes tienen los mismos derechos y obligaciones.[7]

El sistema unitario es compatible con una descentralización que concede cierta independencia a las colectividades locales, sin que ellas lleguen a tener independencia total; aquí aparecen dos tipos de gobiernos descentralizados: los simples, donde hay una centralización política y administrativa, y los Estados unitarios complejos o descentralizados, donde se observa una descentralización que puede ser administrativa o política. Estos dos tipos de Estados pueden estar sujetos a supervisión y revocación por parte del Estado central por parte del parlamento, mediante ley ordinaria.

La descentralización implica la necesidad de establecer una distribución de competencias entre los distintos entes políticos que componen el Estado, y los entes autónomos adquieren su legitimidad a través de la elección democrática por parte del electorado y no pueden ser cesados por la administración central. Este tipo de descentralización implica que las autoridades locales carecen de capacidad legislativas propia, con competencias limitadas a la administración o a simples medidas de aplicación y sin jurisdicción propia; la legitimidad de actuación viene dada desde arriba, del Estado.[8]

Las bases históricas y doctrinales del modelo unitario se establecieron originalmente en el absolutismo, siguiendo el modelo de la Paz de Westfalia y fueron modificadas por las revoluciones democráticas y liberales del siglo XVIII. El Estado-Nación surgió de la modernidad europea, caracterizado por un impulso centralizador tanto de las monarquías autoritarias como de las monarquías absolutas, que tratan de vencer a los viejos poderes territoriales del antiguo régimen, como la nobleza y la Iglesia Católica. El principio clave de los estados unitarios en una organización piramidal del poder, es que permita asegurar el funcionamiento uniforme de los poderes públicos, lo que explica por qué los viejos Estados Europeos iniciaron el Estado liberal optando por este tipo de modelo unitario.[9]

Dos ejemplos históricos de Estados unitarios son la República Francesa y el Reino Unido; en Francia la presión centralizadora comienza con la

---

[7] G. TRUJILLO, *Introducción al federalismo español (Ideología y fórmulas constitucionales)*, 2ª ed., Edicusa, Madrid, 1967, p. 17, 25. En el mismo sentido Vid. M. PRÉLOT: *Institutions politiques et droit constitutionnel*, París, 1972, p. 234. Cfr. K. LOFLWENSTEIN: *Teoría de la Constitución*, traducción y estudios a la obra por A. GALLEGO ANABITARTE, Barcelona, 1964, pp. 422-439 y 456-466; M. PRÉLOT: *Institutions politiques et droit constitutionnel*, 5ª ed., Dalloz, París, 1972. pp. 108-133.
[8] J. FERNANDO BADÍA. *El Estado unitario, el federal y el Estado regional*, Ed. Técnos, Madrid, 1978, p. 39 y ss
[9] I. WALLERSTEIN, *Análisis de sistemas-mundo. Introducción*, Ed. Siglo XXI, México, 2005, pp. 64 y ss.

monarquía absoluta y sigue después de la Revolución Francesa en su lucha contra la nobleza regional. Napoleón llevó esta centralización a su extremo con la construcción de un código civil uniforme, una burocracia centralizada, una reorganización territorial general con la creación de los departamentos y una centralización de la vida religiosa.[10] En cuanto al Reino Unido, este ha sido descrito a veces como un Estado «unión», más que como un Estado unitario, queriendo reflejar la secuencia histórica de su desarrollo con las incorporaciones de Inglaterra, Gales, Escocia e Irlanda del Norte. Su unificación se produjo originalmente por matrimonios interdinásticos, más tarde se equilibró el poder entre el centro y la periferia, entre los Lores y los terratenientes o notables locales —*squires*—, que dominaban la Cámara de los Comunes y tenían su base de poder en la periferia territorial; por lo que se desarrolló un sistema de gobierno local fuerte a partir de ese equilibrio entre centro y periferia, que fue reflejado en las tradiciones constitucionales. Posteriormente, con la Revolución Industrial, los *squires* comenzaron a pasar más tiempo en Londres o a ser sustituidos por otros representantes profesionales que se instalaron permanentemente en Londres, produciéndose una separación creciente entre centro y periferia, proceso que se acompañó por la progresiva centralización del poder en el parlamento.

Podemos así, hablar de Estados unitarios influidos por el sistema napoleónico que pueden llamarse *jerarquías fusionadas*, y aquellos otros en los que se observa una *jerarquía dual*. En el primero, la administración napoleónica reconocía cierta discrecionalidad a los gobiernos locales, pero bajo un estricto control central; mientras que en los segundos, de jerarquía dual, se daban en Estados centrales débiles (Noruega, Dinamarca...) y un gran número de funciones eran delegadas a las administraciones locales.

Así mismo, los diferentes Estados unitarios conducen a diferentes grados de descentralización.[11] Un primer grado consiste en la creación de instituciones intermedias. Otros modelos optan por delegar poderes a las entidades locales, tal como en el caso Sueco, Holandés, etc. Además, el grado de descentralización está relacionado con el tamaño del territorio, la tradición estatal que hace conceder al Estado cierto grado de autonomía, la aparición de nacionalismos, la necesidad de mejoras en servicios o la planificación económica.[12]

---

[10] Ibidem
[11] J.L. PRADA FERNÁNDEZ DE SANMAMED, *"Contribución al examen de la transformación... Ob. Cit.*, 2007, p. 633.
[12] En general, un excelente estudios sobre el Estado unitario lo realiza J. FERRANDO BADÍA, en "El Estado unitario. las formas de estado y formas de gobierno. distinción entre las formas de gobierno, las formas jurídicas de estado y las llamadas formas políticas de estado", Revista de estudios políticos, ISSN 0048-7694, N° 195-196, 1974, pp. 9-48, consultable en http://www.cepc.es/rap/Publicaciones/Revistas/2/REP_195-196_013.pdf, pp. 44-47.

1.2. El Estado Compuesto como alternativa: Definición, historia y tipos de sistemas federativos

En general se considera Estado compuesto a aquel en el que coexisten dos niveles de instituciones políticas, de gobierno, legislación y administración superpuestos: el nivel central y las unidades integrantes o constituyentes. Cada uno de estos niveles posee sus propias instituciones, siendo un sistema de organización territorial del poder más complejo que el Estado unitario, distinguiéndose entre un poder político central o general y otros poderes políticos particulares, ambos considerados poderes originarios, lo que produce un doble orden normativo, uno general, para todo el territorio, y otros parciales, vigentes sólo en los territorios respectivos y que se integran en el general.[13]

En el Estado compuesto, la condición esencial de esta pluralidad de centros de decisión política, de poderes políticos diferentes y a la vez coordinados, es su reconocimiento constitucional que les dota de cierta estabilidad y dificulta un cambio unilateral. De la existencia de la pluralidad de poderes políticos se derivan ciertas consecuencias generales; p.e. en el Estado compuesto pueden existir orientaciones políticas diferentes entre los poderes del conjunto político y los poderes de los entes territoriales. Por otro lado, también entraña la existencia de un órgano para la resolución de conflictos, el reconocimiento de una norma básica de los entes territoriales dotada también de protección constitucional y el desarrollo de mecanismos jurídicos de coordinación y colaboración entre los distintos poderes, que necesariamente limita el poder constituyente originario de los Estados miembros que alcanzan una cierta homogeneidad entre el poder central y las unidades integrantes.

Tradicionalmente se encuentran dos principios políticos de organización, que se han manifestado históricamente en sendas formas distintas del principio federal: el de organización internacional y el de organización estatal.

a) El principio federal[14] como principio de organización internacional entre pueblos distintos, ha servido para unificar pueblos diversos con el objetivo de lograr propósitos importantes, pero limitados, sin quebrantar sus vínculos primarios con las unidades políticas componentes. Las uniones de Estados se corresponden con las primeras formaciones estatales en la era

---

[13] G. VEDEL, "Las grandes corrientes del pensamiento político y el federalismo", en *El federalismo*, pp. 33-86.

[14] Puede encontrarse una visión de conjunto sobre los principales teóricos del Estado federal en H. BARRAIL, *L'autonomie régionale en Espagne*, París, 1933, pp. 160-185; en P. LUCAS VERDU, *Curso de Derecho Político*, 2ª ed., Tecnos, Madrid, 1977, vol. II, p. 343 y ss.; en C.J. FRIEDRICH, *Gobierno constitucional y... Ob. Cit.*, pp. 23-39; en G. VEDEL, "*Las grandes corrientes... Ob. Cit.* pp. 33-86; y en L. LEVI, *Il federalismo*, Milán, 1987. También puede consultarse la recopilación *Il federalismo*, ed. de Mario Albertini, Bolonia, 1979.

moderna, los Estados compuestos tienden a ser el resultado de procesos de convergencia de organizaciones estatales preexistentes. Intereses económicos, militares y políticos, lazos culturales o razones de mera vecindad geográfica son razones que impulsaron a la fusión.

Pero sobre todo conviene referirse por su interés histórico a la Confederación de Estados, que se concreta en una permanente relación jurídica internacional de varios Estados independientes que se unen por medio de un Tratado Internacional para la consecución de fines comunes. Se entiende así que la confederación tiene un fundamento contractual y se considera que la soberanía permanece en los Estados miembros, que disponen del derecho de secesión como elemento definitorio de ella. No existe un territorio confederal, ni hay súbditos o ciudadanos confederales, ni existe una potestad de imperio de la Confederación en cuanto tal. El tipo de Confederación de Estados tradicional es hoy día un recuerdo histórico y se considera un sistema inestable por definición, abocado a una unión más perfecta o a su disolución. Para encontrar ejemplos es inevitable recurrir al pasado o a las actuales organizaciones supranacionales como la Unión Europea,[15] que es en algunos de sus rasgos una Confederación de Estados (podrían considerarse confederaciones el Benelux, con 3 Estados miembros, o la Comunidad de Estados Independientes de la ex-URSS, con 12 miembros).

b) El federalismo o principio federal como principio de organización estatal para unir un pueblo ya ligado por vínculos de nacionalidad o historia, que ha sido concebido también como el medio para alcanzar, mediante la distribución del poder político entre las unidades constitutivas de un Estado, un gobierno nacional fuerte que opere, al igual que los gobiernos constitutivos, en contacto directo con los ciudadanos a los que sirve. La historia de su surgimiento en sentido moderno discurre paralela a la historia del nacimiento y la expansión del Estado-nación: ambos tienen su origen en la Constitución de los EEUU, 1787, prototipo de los sistemas federales modernos. Originariamente trece de los Estados acordaron crear una unidad política en la que cada Estado mantenía sus instituciones y su capacidad de decisión sobre sus asuntos, aunque la federación, con su propia Constitución, y sus propios *administration, congress y supreme court*, tendría capacidad de decisión sobre los problemas comunes, como la defensa o la política internacional.[16]

Después de EEUU, la federación más antigua es Suiza (1848), con una larga tradición previa de autogobierno local y unión federativa de territorios, seguida de México (constitución del 1857), Alemania (1871/1949) y Austria

---

[15] Sobre la Unión Europea, resulta interesante el estudio de   A. PÉREZ CALVO, *Las transformaciones estructurales del estado-nación en la Europa comunitaria*, consultable en http://www.cepc.es/rap/Publicaciones/Revistas/3/REPNE_099_019.pdf

[16] A. MATHIOT, "El federalismo en Estados Unidos", en *El Federalismo*, pp. 215-279.

(1920). Estos Estados constituirían una familia de federaciones, con atributos característicos y un pasado histórico de gran fragmentación territorial (tal como es el caso del México prehispánico, substrato que mantiene vivas las diferencias regionales, aún y cuando observamos un intenso esfuerzo de unificación con la implementación de las reformas borbónicas). Paralelamente debe señalarse la extensión del modelo federal en los Estados del imperio colonial británico -Canadá (1867), Australia (1901), India (1950), Malasia (1963) y Sudáfrica (1994), como federaciones exitosas-, que a menudo surgieron de la unificación de varios dominios coloniales. Un cuarto grupo, las federaciones surgidas en la Europa del Este, que formaron Estados federales más o menos independientes bajo el poder de los partidos comunistas y que después de la caída del comunismo volvieron a desintegrarse con mayor o menor derramamiento de sangre.

En los Estados compuestos, en especial en las federaciones, se han observado dos modos diferentes de formación: mediante unión o agregación de Estados previamente existentes o mediante la desagregación de un Estado previamente unitario.[17] Estos dos tipos de federalización han dado lugar a la distinción entre federalismos evolutivos o de unión que se han llamado de *coming together* — EEUU, Suiza — surgidos con fines como la defensa común o de tipo económico, y federalismos devolutivos y de mantenimiento (*holding together*) —México, España, Bélgica[18]— que suelen responder a la necesidad de evitar la desintegración del Estado por los riesgos de la secesión de regiones disconformes con el Estado unitario. Federaciones nacidas históricamente de un Estado unitario son Argentina, 1853; Brasil, 1891; Austria, 1920; o el surgimiento de la federación en la ex-Unión Soviética. Además de su origen, las federaciones se distinguen por su tradición constitucional, que puede ser presidencialista —EEUU— o parlamentaria — Canadá—, y por su base sociocultural, más o menos diversa. También se ha distinguido entre federaciones mononacionales y plurinacionales.[19]

---

[17] A. DE TOCQUEVILLE, *La democracia en América* (1855-1840), F.C.E. México, 1965, p. 151. En torno al momento germinal del federalismo, B. SCHWARTZ, *El federalismo norteamericano actual*, Civitas, Madrid, 1984, p. 97, señala también que "quienes crearon la entidad política norteamericana eran conscientes de que el sistema federal que estaban creando constituía una invención política de primer orden. La forma de federación ofrecida al pueblo norteamericano era algo nuevo, tanto en la teoría como en la práctica política". Sin embargo, como observaba agudamente M. GARCIA-PELAYO, *Derecho constitucional comparado*, 7ª ed., Alianza, Madrid, 1984, p. 215, nota 15, las palabras «federal», «federación» y «Estado federal» no aparecen ni una sola vez en el texto de la Constitución de los Estados Unidos.
[18] Un estudio comparativo de Alemania, Bélgica y España, la realizan A. CUCÓ GINER, et al, en *La Organización Territorial del Estado: España en Europa: un análisis comparado*, Universitat de València, 2002 pp. 99-119. Consultable también en http://books.google.com.mx/books?id=Xh_TRRdgQ4cC&pg=PA13&source=gbs_toc_r&cad=0_0#PPA100,M1
[19] A. W. MACMAHON, "Los problemas del federalismo: una reseña", en *Práctica del federalismo*, p. 27 y ss.

1.3. La creciente dificultad de la distinción teórica entre las formas de Estado contemporáneas

1.3.1. Factores de cambio del poder territorial

Existen varios factores que, al producir la transformación del Estado, han modificado también las estructuras territoriales y han afectado a su estudio y a las categorías usadas tradicionalmente. Puede mencionarse la globalización de la economía, los procesos de integración supraestatales, la crisis fiscal del Estado y el afán de las unidades subestatales -en los Estados compuestos o unitarios- de expandir su autonomía y su base económica mediante la descentralización (años 80 y 90). También las reformas administrativas, basadas en el concepto de nueva gestión pública y el afán de incrementar la eficacia de los servicios públicos del Estado y cambiar el papel del Estado de intervencionista a coordinador y proveedor de recursos, han afectado a la organización territorial.

Por otro lado, la evolución de las políticas públicas vinculadas al Estado de Bienestar ha generado similitudes entre los sistemas compuestos y unitarios, cada vez más semejantes en cuanto a sus relaciones intergubernamentales y a la existencia de tendencias centralizadoras. El contexto de supranacionalización y descentralización creciente conduce a algunos autores —a principios de siglo se había llegado a declarar el Estado federal como la forma estatal del futuro— a hablar de un cambio global hacia un paradigma federal.[20]

1.3.2. La evolución de las discusiones teóricas en torno a la organización territorial del Estado. Conceptos y controversias

Exponemos las categorías contrapuestas utilizadas desde el surgimiento de los Estados unitarios y compuestos, que son un intento de responder a las transformaciones del Estado.

En primer lugar, dado que originariamente las diferencias con el modelo unitario estaban claras, la distinción relevante en los siglos XVIII y XIX era la que se daba entre sistemas compuestos, como la Confederación de Estados (*Staatenbund*) y la Federación (*Bundesstaat*). Esta distinción, originada en la teoría alemana del Estado, se remonta a las discusiones en torno a la Constitución americana, donde por entonces se diferenciaba entre «gobierno federal» —refiriéndose a la confederación de Estados soberanos— y gobierno nacional —o «consolidación de Estados». Madison sostuvo que el peligro para los sistemas federativos viene más de las tendencias centrífugas causadas por los intentos de las unidades de mantener su independencia y su soberanía que de un poder central fuerte. El principal problema para los

---

[20] G. VEDEL, "Las grandes corrientes… *Ob. cit.*

federalistas era que en una confederación el poder central nunca alcanza directamente a los ciudadanos, lo que supone una fuente de debilidad.[21]

Esta discusión es continuada en el siglo siguiente por la pugna entre el llamado federalismo contractual y el llamado federalismo nacional. El primero mantiene la idea de que los Estados crearon a la federación, considerada nada más como una estrecha alianza, lo que conduce a sus defensores a propugnar ante todo los derechos de los Estados, sosteniendo el derecho constitucional a la secesión y a la anulación de los actos de la federación. Frente a esta concepción, el federalismo nacional, defendido entre otros por Abraham Lincoln, considera que la constitución de la Unión es anterior y crea los Estados como tales, dándoles su independencia y libertad.[22]

Las soluciones que ofrece la Teoría del Estado o las diferentes teorías de la Constitución a la problemática teórica de la titularidad de la soberanía en el Estado federal son múltiples. En primer lugar, algunos autores sostuvieron la teoría de la doble soberanía o de la cosoberanía de la Federación y de las unidades-miembros en su esfera privativa de poder; para otros autores, la soberanía reside en la Federación y, de algún modo, el *Bundesstaat* o federación podría equipararse al Estado Unitario. Otros coinciden con los anteriores en que la federación es la titular de la soberanía, pero sin negar con ello la cualidad estatal —*Staatlichkeit*— a los Estados miembros. Otros resuelven el problema de la soberanía postulando la existencia de un tercer término, el Estado global — *Gesamtstaat* — que integraría a la federación y a los Estados miembros y al que se le atribuye la soberanía en exclusiva.

Más recientemente, Carl Friedrich[23] y otros sostienen que en el Estado federal no hay soberano o, en otras palabras, que el único soberano posible es el Poder Constituyente, que aprueba y sanciona la Constitución federal. El pueblo de la federación sería el único sujeto constituyente y titular de la soberanía, y ésta se mostraría en el momento constituyente como poder originario e ilimitado. Esta última posición estaría también en la línea de los padres fundadores estadounidenses.

---

[21] Así JEFFERSON y MADISON, en *el Federalista,* cuando se refieren a la "Federación" es a lo que hoy conocemos como "Confederación". Vid. especialmente el capítulo XXXIX (01-16-1788) de Madison; disponible en versión electrónica en http://www.constitution.org/fed/federa39.htm. En tanto que las constituciones suizas de 1848 y 1874, lo que describen como "Confederación", en su real naturaleza jurídica es *Federación.* Cfr. O. ALZAGA VILLAMIL, et al, *Derecho político español según la constitución de 1978. Los derechos fundamentales y órganos del estado* (1) 3ª ed. 2002, Centro de estudios Ramón Arreches, S.A., p. 634. Disponible en versión electrónica: http://books.google.com.mx/books?id=8S9zNWcqImYC&pg=PA630&lpg=PA630&dq=Estado+unitario&source=bl&ots=RjgVVmWRR_&sig=jLuSvx5v2Xu6lOJo4h6waHrOLtQ&hl=es&sa=X&oi=book_result&resnum=1&ct=result#PPA632,M1

[22] B. SCHWARTZ, *El federalismo norteamericano actual*, Civitas, Madrid, 1984.

[23] C.J. FRIEDRICH, Carl J.: *Gobierno constitucional y... Ob. Cit.*

Actualmente, el concepto de soberanía está en una crisis profunda, primero porque ningún poder estatal es supremo de hecho y, segundo, porque en los procesos de integración supranacional contemporáneos muchos Estados aceptan en algunos ámbitos, sobre todo entre los Estados miembros de la Unión Europea, las decisiones de un poder externo.

En cuanto a la contraposición entre Estado federal y Estado unitario, desde el punto de vista de las distinciones teóricas se desarrollaron al menos cuatro posiciones:

a) Mencionar una posición crítica con esta distinción, que argumenta su falta de validez lógica o su redundancia. Todo Estado, incluido el federal, es un Estado unitario porque todo Estado busca la unidad de decisión sobre las normas y la «unidad de poder» que la respalde. Sin embargo, este es un argumento dudosamente válido, ya que si bien es cierto y evidente que todo Estado, federal o unitario, por ser Estado, tiene una manifiesta vocación hacia algún tipo de unidad, también es cierto que todo Estado implica necesariamente ciertas esferas de autogobierno, por reducidas que sean, sin que ello justifique afirmar que, en cierto sentido, todo Estado es compuesto o federal.

b) La distinción relevante es aquella entre estos Estados, los Estados unitarios tradicionales y las federaciones. Los partidarios de esta nueva categoría afirman que el Estado regional es una forma de Estado intermedia entre el federal y el unitario y distinta a ellas. No puede identificarse con el Estado Unitario debido a la autonomía, de carácter político, de la que gozan las unidades integrantes, y tampoco puede considerarse como Estado federal por varias razones: a) su distinto proceso de formación histórica, por disgregación y no por unión, b) la falta de autonomía constituyente reconocida a los miembros c) la existencia de un poder judicial no repartido entre los dos niveles, y d) en algunos casos, se señala la desigualdad en la autonomía que suele existir entre las distintas regiones del Estado regional, frente a la igualdad de los miembros en las federaciones clásicas. Por otra parte, la diferenciación entre el Poder Constituyente de los Estados miembros de una federación y el poder estatuyente de las unidades en los Estados regionales ha perdido, en la práctica, toda su relevancia y trascendencia y tampoco existen grandes diferencias en lo que se refiere a la organización de la estructura estatal entre estas dos categorías estatales.

c) Una tercera posición teórica se deriva de la convergencia y federalización creciente de los Estados descentralizados o regionales paralela a la tendencia de las federaciones clásicas hacia el federalismo cooperativo. Las implicaciones de esta evolución plantean una crisis de las categorías clasificatorias de los diferentes Estados existentes, que hace que algunos especialistas propongan una solución alternativa a las tradicionales clasificaciones duales o tripartitas. Ésta considera que la distinción entre las formas de organización territorial es una distinción de grado, y que éstas pueden entenderse localizadas en un *continuum* de descentralización. La diferencia entre la Confederación, el Estado federal, el Estado descentralizado y el Estado centralizado unitario supondrían diferentes grados de un proceso de centralización y descentralización.

d) Una cuarta concepción teórica, que se defiende en este capítulo, aboga por recuperar una distinción dual entre Estados compuestos, plurales o políticamente descentralizados por una parte, entre los cuales la federación mantiene su propia identidad, y todos los demás Estados unitarios, descentralizados o no, por otra. La diferencia con la antigua distinción dual sería que no estaría, como en las discusiones del siglo pasado, basada en la soberanía o la estatalidad u otros criterios jurídicos tradicionales, sino en varios criterios derivados de la observación comparativa de los distintos sistemas y su funcionamiento real.

2. La Federación o Estado Federal como Paradigma del Estado Compuesto

Actualmente, el estudio del federalismo se caracteriza por tres rasgos: a) el abandono de la idea de que existe u modelo canónico y cerrado de Estado federal, b) la distinción entre federalismo como doctrina o principio y la federación como sistema político, que más que a principios abstractos responde a los problemas sociales, políticos y económicos concretos de un país y c) el foco de interés del estudio se ha trasladado de las estructuras de la federación consideradas estáticamente, a federación entendida como un proceso dinámico en el que los actores interactúan en el marco de las instituciones federales.[24]

A continuación se repasan críticamente los criterios usados tradicionalmente y se actualizan a partir de características constitucionales y del funcionamiento real de los sistemas territoriales.

---

[24] En primer lugar, cabe descubrir que el Estado federal puede ser el resultado de dos procesos contradictorios. En ciertos casos, Estados independientes o confederados deciden aunar sus esfuerzos o reforzar sus lazos dando origen a un nuevo Estado — el Estado federal — mediante una Constitución (federalismo asociativo o centrípeto). Por el contrario, en realidad, en la mayoría de los casos ocurre que un Estado unitario — que ha alcanzado recientemente la independencia o ha sufrido notables convulsiones políticas — inicia un proceso de descentralización, permitiendo que el territorio y el pueblo se organicen en Estados miembros integrándose en un Estado federal (federalismo segregativo, descentralizador o centrífugo) Sobre el federalismo dual vd. K. C., WHEARE, *Federal Government*, 3ª ed., Nueva York, 1953, p. 26; P. LUCAS VERDU, Curso...*Ob. cit.,* II, p. 291 y ss.; y, E. LOPEZ-ARANGUREN, *El federalismo americano: las relaciones entre poderes en los Estados Unidos*, Madrid, 1987, p. 37 y ss.

2.1   Definiciones y criterios de la federación

2.1.1. Crítica de las definiciones tradicionales

Por empezar con una definición clásica, Wheare sostiene, en base al modelo norteamericano, que el principio federal es aquel método de división del poder por el que el gobierno general y los gobiernos regionales, dentro de cada ámbito determinado, están coordinados entre sí y, a la vez, son independientes. El mismo autor reconocía que federaciones como Canadá o Alemania no cumplen del todo este criterio, aunque los rasgos en su funcionamiento real les acerquen a él.[25] Vamos a considerar los conceptos aisladamente, para destacar lo obsoletos que se encuentran en la actualidad:

a)   La experiencia comparada muestra la dificultad de distinguir a las federaciones sobre la base de las cláusulas constitucionales referidas a la esencia del Estado, la denominación constitucional del orden político general, o la denominación de las unidades constituyentes. Algunos países que se declaran federales en la constitución no se parecen a ninguna otra federación conocida (Bélgica).[26]

b)   Como ya se ha señalado, tampoco el modo histórico de su formación sirve para individualizar a una federación frente a otro tipo de Estado descentralizado. Los casos de Austria, Bélgica, y hasta cierto punto Alemania en 1949, hacen inválido este criterio.

c)   Los conceptos de soberanía o estatalidad tampoco son útiles actualmente, ya que la idea de varias soberanías o el derecho a la secesión o autodeterminación de los miembros, son nociones que, o bien nunca fueron reconocidas en la constitución de ninguna federación clásica, o bien han sido superadas por la doctrina jurídica del federalismo, que no concibe un Estado sin unidad de la soberanía. Tampoco el requisito de estatalidad en las unidades-miembros, que entiende ésta como la disposición de poder político originario —y se manifiesta en la existencia de los tres poderes, ejecutivo, legislativo y judicial—, sería cumplida por algunas federaciones, como Austria.

d)   El criterio que se refiere a la distribución de competencias es uno de los más clásicos. Esta condición también chocaría actualmente con la realidad de la mayoría de las federaciones modernas. De modo parecido, la idea de que las verdaderas federaciones son aquellas que cuentan con una lista única de competencias y donde los poderes residuales pertenecen a los Estados miembros y no a la federación, estaría ya superada.

e)   Se ha usado también el criterio del *quantum* de competencias o grado de autonomía o descentralización legislativa, administrativa o fiscal, que además de ser difícil de medir, tampoco serviría, por sí solo, para singularizar a

---

[25] K. C. WHEARE, *Las constituciones modernas*, 2a ed., Labor, Barcelona, España, 1975.
[26] A. CUCÓ GINER, et al, en *La Organización Territorial del Estado:*... Ob. Cit.

las federaciones, ya que hay Estados unitarios con una descentralización considerable, y las propias federaciones clásicas difieren grandemente, siendo algunas, como Australia o Alemania, por ejemplo, muy centralizadas fiscal o legislativamente.

f) El criterio tradicional de que las federaciones son aquellos sistemas en que todas las unidades miembros gozan exactamente de las mismas competencias, tampoco es ya válido, y es difícil de usar si se tiene en cuenta que algunas federaciones tradicionales como Canadá, u otras nuevas como Bélgica, reconocen algunas asimetrías de poder respecto a algunas unidades miembros.

g) Tampoco la existencia de un bicameralismo con una «Cámara de los Estados», defendida en las teorías clásicas, que garantizaría el derecho de participación de los miembros en la formación de las decisiones federales, normalmente a través de una representación territorial en un Senado o Consejo, existe en todas las federaciones.

h) Por último, la autonomía constitucional de los miembros, su poder constituyente originario y el derecho a participar en la reforma constitucional de la federación. En cuanto a la participación en la reforma, este criterio no permitiría incluir a algunas federaciones contemporáneas en las que las unidades miembros no participan como tales en la reforma constitucional.

Por consiguiente, la mayoría de los criterios usados tradicionalmente de forma aislada para delimitar los Estados federales de otros Estados están anticuados o superados por la realidad, adolecen de excesivo sesgo hacia modelos históricos concretos, como el estadounidense o el centroeuropeo, o excluirían a varios Estados a los que difícilmente se les puede negar su cualidad federal.

2.1.2. Los criterios mínimos de la federación en la actualidad

Más que buscar un solo criterio clave, parece más útil buscar elementos definitorios, que vistos en conjunto puedan proporcionar un concepto claro de la naturaleza de estos Estados. Para establecer criterios mínimos que permitan definir como una federación debe comprobarse en el orden constitucional la presencia de una serie de caracteres esenciales, que varían según el autor; la ausencia de alguno de los elementos propuestos no hace que los países dejen de ser considerados federaciones.

Desde un punto de vista jurídico-constitucional, parece que la circunstancia que permite realmente particularizar y definir al Estado federal es el mayor grado de protección jurídica que encuentra la autonomía de los miembros frente a la posible actuación unilateral y arbitraria por parte de la organización política central.

La federación implicaría diferentes modos de organización del poder que combinan «autogobierno más gobierno compartido» y no-centralización, o la capacidad de constreñir la actuación jerárquica del nivel central. La no-centralización significa que el sistema político debe reforzar las cláusulas de la constitución mediante una difusión real del poder entre varios centros sustancialmente autosuficientes. La no-centralización garantizará, sea cual fuere la distribución de las competencias entre gobierno general y los constituyentes, la imposibilidad de privar a ninguna de las partes del derecho de participar en su ejercicio sin el consentimiento de ambas. Los Estados federados pueden participar a la vez en las actividades gubernamentales nacionales y actuar unilateralmente.

También se define la federación como «una especie particular dentro del género de los sistemas federales en la cual ni el gobierno federal ni las unidades constituyentes están subordinadas constitucionalmente a las otras, es decir, cada uno tiene poderes soberanos directamente derivados de la constitución y no del otro nivel, cada uno de ellos tiene la potestad de tratar directamente con sus ciudadanos en el ejercicio de sus poderes legislativos, ejecutivos y fiscales y cada uno es elegido directamente por sus ciudadanos».[27]

Los criterios mínimos para distinguir las federaciones de todos los demás sistemas descentralizados o federativos se concretan además en cinco características estructurales que son:

— Una distribución constitucional de la autoridad legislativa y ejecutiva en la que los miembros o unidades integrantes de la federación disponen de competencias propias garantizadas por una constitución escrita, que no puede ser reformada unilateralmente ni por ley ordinaria y que requiere el consentimiento de una proporción significativa de las unidades constituyentes.

— La previsión de representación de las diferentes opiniones de las unidades federadas en las instituciones generales de adopción de políticas del Estado, normalmente atribuida a una forma particular de segunda cámara.

— La existencia de procesos e instituciones que facilitan la colaboración intergubernamental en aquellos sectores donde las competencias gubernamentales son compartidas o inevitablemente se solapan.

— La asignación de recursos fiscales entre los dos órdenes de gobierno que asegure unas áreas de exclusiva autonomía para cada orden y que garantice una distribución de las posibilidades y medios financieros que responda al reparto de las funciones estatales.

— La existencia de un árbitro (en forma de tribunal supremo o constitucional, o por medio de previsiones de un referéndum) para decidir en caso de disputas entre gobiernos y que suponga un mecanismo de solución de los conflictos derivados de la estructura federal.

Los ordenamientos jurídicos, sin embargo, no reflejan siempre la realidad práctica de los sistemas de organización territorial. La constitución, por

---

[27] PENDIENTE fuente de la cita

ejemplo, puede sufrir mutaciones. Esta discrepancia entre la constitución federal y la práctica de gobierno federal fue ya advertida por los citados autores clásicos del federalismo comparado y debe ser considerada en el estudio de las federaciones.[28]

3. Justificaciones normativas y motivaciones prácticas: beneficios y costes del modo de gobierno federal (o la descentralización política)

3.1. El federalismo como doctrina política

El federalismo puede ser considerado como un tipo de orden político inspirado por unos principios políticos que subrayan la primacía de la negociación y la coordinación entre diversos centros de decisión en el ejercicio del poder, acentuando el valor de la dispersión de los centros de poder como medio para salvaguardar las libertades individuales y locales. El federalismo puede considerarse una ideología que mantiene que la organización ideal de las aspiraciones humanas se refleja mejor en la celebración de la diversidad a través de la unidad. La mayoría de las ideologías federalistas tienen en común la búsqueda, según modalidades diferentes, de la unidad en la diversidad. Hay autores que han identificado con el federalismo los valores de «tolerancia, respeto, compromiso, negociación y reconocimiento mutuo», y la «unión» combinada con la «autonomía» como su rasgo típico.

Se piensa que el modo de organización federal debe servir al menos a tres propósitos diferentes: a) el fomento del gobierno democrático, b) el autogobierno e integración de comunidades con identidad política propia, c) la eficacia de la gobernación; lo paradójico del modo de gobierno federal es que, al estudiar estos tres objetivos del federalismo, en cada una de estas tres dimensiones u objetivos, el modo de gobierno federal podría suponer beneficios, pero también costes, actuando como una hoja de doble filo, lo que en algunos casos avalaría la preferencia por soluciones unitarias.

3.1.2. El fomento del gobierno democrático: control y participación

El modo de gobierno federal fomentaría la democracia, se argumenta, al propiciar las posibilidades de participación ciudadana y la prevención de la tiranía o el abuso de poder mediante la división de los poderes — los *checks*

---

[28] O. BEAUD, *Federalismo y federación en Francia: ¿historia de un concepto impensable?*, Res publica: revista de la historia y del presente de los conceptos políticos, ISSN 1576-4184, N°. 3, 1999, pp. 7-64, Cuestiona si la historia de los conceptos de federalismo y federación en Francia, contradice íntegramente el espíritu del federalismo; si de trata de un concepto impensable en Francia y se ha limitado a hacer una historia negativa, en el vacío, y elaborar la lista de todas las acusaciones lanzadas contra el federalismo que ha producido la doctrina político-jurídica francesa durante los dos últimos siglos. Diserta sobre la historia de una cita malograda entre el pensamiento político-jurídico francés y el federalismo. Consultable en versión electrónica en: http://revistas.um.es/respu/article/viewFile/25931/25151

& balances —. Los sistemas federales pueden dividir el poder y ofrecer a los ciudadanos la posibilidad de elegir entre distintos servicios en diferentes jurisdicciones. Otros beneficios que los sistemas federales tienen frente a otras formas de Estado son la mayor capacidad par gestionar el conflicto entre intereses, el proporcionar más puntos de acceso para grupos sociales a diferentes niveles, la mayor flexibilidad de respuesta el fomento de la innovación institucional, la competencia entre gobierne que produce mayor receptividad y eficacia, y la mayor participación de los ciudadanos en las decisiones colectivas que promueve la auto-confianza en las comunidades.

Se ha criticado que las exigencias de la elaboración de la mayoría de las políticas públicas que requieren cooperación coordinación entre gobiernos llevan a dejar de lado a los parlamento Esta circunstancia da lugar a un «déficit democrático» creciente en el que los representantes de los ciudadanos quedan apartados del acceso a adopción de decisiones y la rendición de cuentas se diluye. Otros problemas que se subrayan respecto a la democracia son la posible irresponsabilidad, la evasión de responsabilidad o su traspaso entre los diferentes gobiernos, los sesgos localistas, la desigualdad de los ciudadanos o el surgimiento de una tecnocracia región. A veces se resalta también la menor legitimidad de que gozarían los gobiernos subestatales por causa de la menor participación electoral en las elecciones locales o regionales.

3.1.3. El autogobierno e integración de comunidades con identidad política propia

El federalismo se ha justificado también como el mejor medio de respetar a diferentes grupos o comunidades diversas y unirlas garantizando su supervivencia e integrándolas en un sistema común. Por ello se cree el mejor modo de integrar sociedades heterogéneas, pluriculturales o multinacionales. Se supone que el modo de gobierno federal es capaz de equilibrar la preservación de la autonomía, la identidad y la influencia de grupos sociales territorialmente concentrados a la vez que los objetivos de integración común y comunidad política de todo el Estado. Este sistema no elimina el conflicto pero ayuda a que se resuelva de manera democrática.[29]

Sin embargo, también en esta dimensión el modo de gobierno federal tiene costes que se han hecho evidentes en algunas federaciones plurinacionales o culturalmente heterogéneas.[30] Se ha argumentado que el gobierno

---

[29] Vid. W. KYMLICKA, "Federalismo, nacionalismo y multiculturalismo", Revista Internacional de Filosofía Política, n° 7, 1996a pp. 20-54.

[30] La escuela *primordialista* enfatiza la estructura cultural como principal fuente de conformación de la identidad étnica o etnicidad. De acuerdo a dicha perspectiva las identidades étnicas son fruto inexorable del pasado y, consecuentemente, no se "eligen", sino que se "otorgan" de acuerdo a la realidad social y los inexorables procesos de socialización en

federal sufre un dilema, ya que institucionaliza, perpetúa y refuerza las mismas fracturas o líneas de conflicto político (*cleavages*) para resolver los cuales fue diseñado o adoptado. Al procurar seguridad a las minorías concentradas territorialmente, también proporciona la base institucional de un gobierno regional, que puede ser la plataforma para exigir más poderes, y, a partir de ahí, potenciar un movimiento secesionista.[31]

Además, se dice, el federalismo es poco efectivo cuando los distintos grupos culturales, o con diferentes lealtades nacionales, están mezclados territorialmente. El gobierno federal ofrece un poder territorial a los grupos regionales que les puede impulsar a hacer de sus territorios lugares étnicamente homogéneos. Asimismo, el sistema federal se encontrará en una situación de conflicto estructural que puede verse agravado cuando los fines de la mayoría en el país implican la exigencia de ciertos sacrificios a los grupos minoritarios concentrados territorialmente en bien de todos, o cuando las aspiraciones de esos grupos culturales implican reclamaciones a la mayoría para que renuncie a ciertos intereses. Este conflicto sólo puede gestionarse, no resolverse, mediante el desarrollo de una cierta solidaridad colectiva interterritorial que hace que algunos estén dispuestos a ceder en algún momento sabiendo que en el futuro cederán otros.[32]

Además se ha reprochado, sobre todo a ciertas federaciones multiétnicas o plurinacionales, que el modo de organización federal puede llevar a inhibir el desarrollo de cualquier otra identidad que no sea la dominante en la región o Estado miembro en cuestión o a reestructurar las identidades existe lentes promoviendo sentimientos regionales exclusivos.[33]

4. La eficacia del gobierno y las políticas públicas

ella generados. La fuerza coercitiva primordial relaciona a los pares étnicos de forma inmediata e irreversible y no como resultado de la atracción personal, la necesidad táctica, el interés común o la obligación moral C. GEERTZ, *Old Societies and New States. The Quest for Modernity in Asia and Africa*. Nueva York: Free Press, 1963 y *The Interpretation of Cultures*. Nueva York: Basic Books. 1973.

[31] M. PLATÓN, *La amenaza separatista. Mitos y realidad de los nacionalismos en España*, Madrid: Temas de Hoy, 1994; asimismo la posición de Robert Dahl se alinea con la visión de Ernest Baker, quien sólo consideraba al secesionismo político y al autoritarismo como las dos opciones viables en poliarquías pluriétnicas. Al respecto, Véase C. WALKER, *Ethnonationalism. The Quest for Understanding*. Princeton: Princeton University Press, 1994, p. 124 y J.LINZ, '*Early State-Building and the Late Peripheral Nationalisms against the State: the case of Spain*', en Samuel Eisenstadt y Stein Rokkan (eds.), Building States and Nations: Models, Analyses and Data across Three Worlds, Beverly Hills: Sage, 1973, pp. 32-116.

[32] A. PÉREZ-AGOTE, "Un modelo fenomenológico-genético para el análisis comparativo de la dimensión política de las identidades colectivas en el Estado de las Autonomías", en Justo G. Beramendi, Ramón Máiz y Xosé M. Núñez (eds.), *Nationalism in Europe. Past and Present*, Santiago de Compostela: Universidad de Santiago, 1994, pp.307-323.

[33] L. MORENO, *Las relaciones de concurrencia múltiple etnoterritorial en España*, Zona Abierta, nº 79, *Nacionalismos y Movilización política*, 1997, pp. 141-165.

La tercera gran justificación del gobierno federal, presente ya en las discusiones de El Federalista, es la de promover una actuación pública más eficaz y que responda mejor a los deseos ciudadanos, contribuyendo así a resolver adecuadamente los problemas del sistema político. El modo de organización federal y la descentralización política que conlleva permite superar las limitaciones de las decisiones centralizadas al delegar mayor autoridad de decisión a empleados públicos que trabajan en el nivel más cercano a los problemas sociales, lo que garantiza su conocimiento de la situación y su receptividad a esos asuntos locales. La administración en un sistema federal, se argumenta, será, además, más efectiva, flexible e innovadora en la aplicación de las leyes y los programas, evitando o reduciendo la burocratización excesiva y el papeleo. También los estudios económicos han debatido largamente sobre la idea de que la descentralización de las competencias de gasto puede traer beneficios importantes, en términos de eficiencia y bienestar, aunque existe la opinión de que la descentralización puede implicar costes en términos de equidad distributiva y gestión macroeconómica.[34]

Se menciona también la duplicación y contradicción de las políticas públicas en los dos niveles. Además, debido a las exigencias de cooperación y coordinación que plantea la agenda de políticas y la distribución de competencias en una federación, algunos han señalado cómo el gobierno federal está sujeto a costes excesivos de coordinación, retrasos, inmovilismo, y políticas públicas que no van más allá del mínimo común denominador entre los intereses de todos los gobiernos.[35]

4.1. Rasgos institucionales, modelos de federación y su funcionamiento

Ahora deben abordarse desde una perspectiva empírica comparativa, los rasgos propios de diferentes tipos de federaciones referidos a sus instituciones y a su funcionamiento.

---

[34] J.L. PRADA FERNÁNDEZ DE SANMAMED, *"Contribución al examen de la transformación de, Ob. Cit.*
[35] Ibidem. Es de señalar que el propio IMMANUEL WALLERSTEIN, "Houselhold Structures and Labor-force Formation in the Capitalist World-Economy", en Joan Smith, Immanuel Wallerstein y Hans-Dieter Evers (eds.), *Households and the World Economy*. Beverly Hills: Sage, 1984, pp. 17-22, pionero en la conceptualización global frente a los análisis centrados en el estado, ha resaltado la importancia de los hogares en la futura configuración de las relaciones socioeconómicas y como unidades básicas del sistema mundial. El teletrabajo, por ejemplo, es una incipiente tendencia laboral favorecida por patronos y trabajadores en algunos sectores de los servicios con implicaciones de considerable alcance social para el porvenir de la ciudadanía.

4.1.2. Diseño institucional y proceso político

Como se señalaba más arriba, son cinco los elementos propios del diseño institucional de todas las federaciones que permiten diferenciarlas y agruparlas en modelos típicos:

a) La distribución de competencias recogida en las constituciones federales suele considerarse como garantía de la autonomía territorial que da origen a las relaciones jurídicas de coordinación entre los niveles gobierno. Así que pueden existir materias (a) de competencia exclusiva de alguno de los dos niveles, donde cada uno de ellos sería responsable único de la legislación y la ejecución, (b) de competencia compartida, en la que la legislación corresponde al centro y la ejecución a las unidades miembros, y (c) de competencia concurrente, en la que ambos niveles tienen facultad para legislar y ejecutar las normas en una materia.

b) Respecto a la participación de las unidades integrantes en la federación el bicameralismo es más frecuente en los Estados federales, fundamentándose en la idea de que junto al pueblo globalmente considerado, es necesario que participen los miembros de la Federación como tales. La configuración de esta segunda Cámara también varía mucho en los diferentes sistemas federales, aunque pueden señalarse dos modelos básicos: (a) el modelo de Senado y (b) el modelo de Consejo. El primero se caracteriza por el hecho de que en su seno se produce una igualdad representativa absoluta entre los diversos Estados miembros, es decir, cada unidad constituyente tiene un número igual de representantes en el Senado, independientemente del número de sus habitantes.[36]

c) Otra dimensión institucional clave en las federaciones son las relaciones entre gobiernos. En primer lugar puede distinguirse entre aquellas que se producen entre los gobiernos de las unidades integrantes y el gobierno central, y aquellas existentes entre los mismos gobiernos subestatales. La forma que adoptan estos dos tipos de relaciones afecta en gran medida al funcionamiento de la federación, ya que las relaciones intergubernamentales suponen realmente la cadena de transmisión entre lo que el texto constitucional prevé y la realidad práctica del país, articulando el sistema y su funcionamiento.

---

[36] Es ilustrativo la autotransformación de los partidos políticos regionalistas en nacionalistas, como ha sucedido con el Partido Aragonés Regionalista devenido en Partido Aragonés y en su nueva concepción de Aragón como nación. En un modo análogo a lo que *conciencia de clase* y *lucha de clases* ha sido para los pensadores marxistas. Para ambos, en suma, la integración política y la construcción nacional constituyen la variable independiente en el análisis social de la cual dependen cultura y lengua.

d) En cuanto al modelo de financiación, a veces llamado *constitución financiera*, es otro de los elementos clave de cualquier sistema de organización territorial federal. El grado de centralización o descentralización de una federación puede determinarse en parte observando el grado de autonomía fiscal y financiera de las unidades integrantes. La capacidad fiscal y la capacidad de gasto son instrumentos básicos para poder realizar las políticas públicas exigidas por sus ciudadanos, por eso la distribución de los recursos financieros entre los diferentes niveles de gobierno determina la capacidad de los gobiernos de cumplir con sus responsabilidades competenciales y ejercer autonomía de decisión. En los países federales, el modelo de financiación se configura bien como sistema de separación o como sistema concurrente de ingresos, aunque por regla general se encuentra un sistema mixto. El grado de dependencia de las unidades integrantes del gobierno central estaría en función de la proporción de sus ingresos que provienen de las transferencias federales, y de sí éstas son condicionadas o incondicionadas respecto a cómo tienen que gastarse.[37]

Por lo que respecta a la participación de las unidades integrantes en las decisiones financieras o fiscales al nivel federal, la situación es muy variada. Puede hacerse a través de las segundas cámaras o los parlamentos, o mediante mecanismos informales de relaciones intergubernamentales.

e) Por último, cabe mencionar los mecanismos institucionales y jurídicos de resolución de conflictos en una federación.

5. La asimetría federal *de facto* y *de jure*

Si se observa con detenimiento el funcionamiento de las federaciones, en la mayoría de ellas se puede detectar un fenómeno consistente en la desigualdad o asimetría de hecho entre las unidades de la federación que puede ser de tipo geográfico, demográfico, económico, cultural, social y político. La asimetría de hecho puede influir en las relaciones entre ellas y con el gobierno federal, así como a su grado de poder relativo en la federación.[38]

---

[37] Dos son los objetivos principales de los programas puestos en marcha bajo la denominación de ingresos mínimos de inserción: (a) Garantizar un ingreso mínimo a los ciudadanos que acrediten su situación de necesidad; y (b) Favorecer la inserción social de los perceptores. Para un estudio de los 'usos' de los IMIs. Vid. A. SERRANO, et al, *Los 'usos' de las rentas mínimas de inserción en España*, IESA: Documento de Trabajo 98-01, 1998.

[38] Según A. PÉREZ AGOTE, "Un modelo fenomenológico-genético para el análisis comparativo de la dimensión política de las identidades colectivas en el Estado de las Autonomías", en Justo G. Beramendi, Ramón Máiz y Xosé M. Núñez (eds.), *Nationalism in Europe, Past and Present*, Santiago de Compostela: Universidad de Santiago, 1994. p. 311, el hecho de que dos identidades puedan ser subsumidas en una referida a una entidad superior no impide su posible relación de incompatibilidad. Ese podría ser el caso de las formas exclusivas de autoidentificación vasca y española en Euskadi en el contexto de la Unión Europea.

5.1. Estabilidad, legitimidad y reforma de las federaciones

Generalmente, todos los sistemas federales comparten la pretensión de lograr la cohesión, la legitimidad y la estabilidad configurando y regulando el equilibrio entre autogobierno y gobierno en común. Su funcionamiento requiere la existencia de un continuado consenso, un proceso de negociación y un comportamiento mínimamente cooperativo por parte de todos los actores del sistema.

También influirá el grado de unión económica o comercial, la unificación o integración del sistema de partidos y la efectividad de la representación de las unidades integrantes en las instituciones centrales. Un sistema federal que sólo favorezca las actitudes de identificación y lealtad a la propia región o Estado miembro está condenado a la inestabilidad y al fracaso. La existencia de identidades duales hace viable el equilibrio entre la identificación y apego a los dos niveles, por lo que es necesaria para el mantenimiento del federalismo o la federación. Esta voluntad se expresará en una más o menos entusiasta identificación y un mayor o menor grado de lealtad e interés de los ciudadanos, tanto hacia la Federación en su conjunto como hacia su propia comunidad integrante. El grado de identificación con los gobiernos centrales y regionales determinará la presión hacia la centralización o hacia la descentralización o el apoyo a ciertos elementos de asimetría en el sistema.

Cuando se producen cambios externos al sistema, por ejemplo, en los factores internacionales como la globalización, o en su caso la europeización, o cambian las tareas que el sistema debe afrontar, los modos de la gobernación y la gestión pública, las ideologías de los líderes y los partidos políticos, y las actitudes de los ciudadanos, tenderán a producirse propuestas de reforma si los políticos o los ciudadanos empiezan a percibir que las instituciones federales ya no cumplen los fines que se esperan de ellas.[39]

Tal es el caso de las dos transformaciones que el Estado experimenta hoy en la Europa comunitaria: una está producida por el proceso comunitario; la otra por la regionalización. En ambos casos se trata de respuestas del Estado a nuevas necesidades.

De esta manera, el Estado, que sigue manteniendo sus objetivos en tanto que Estado de Derecho, democrático y social, o bien deja en manos de la Unión Europea ciertas funciones, hasta ahora exclusivas, y a veces expresivas (por ejemplo, moneda) de la categoría estatal misma, o bien organiza en su seno unidades autónomas para realizar otras tareas. Al mismo

---

[39] Para M. CASTELLS, *El poder de la identidad*. vol. 2, *La era de la información. Economía, sociedad y cultura*. Madrid, Alianza, 1997, p. 396, las identidades *proyecto* no parecen surgir de antiguas identidades de la sociedad civil de la era industrial, sino del desarrollo de las identidades *resistencia* actuales. El argumento es circular en su dimensión territorial, toda vez que en el caso norteamericano no cabe aducir la existencia de ése tipo de identidades fuertemente arraigadas como lo es en los pueblos europeos.

tiempo, estos cambios dan lugar al nacimiento de otras nuevas funciones, especialmente de dirección política, de coordinación y de participación que van a ser ejercitadas por los órganos centrales del Estado.

Así, es posible que al tratar de dar respuesta a los nuevos retos, al adaptarse a las nuevas circunstancias nacionales e internacionales, los actuales Estados europeos, que, hoy por hoy, son el marco por excelencia de la garantía de los Derechos fundamentales, de la democracia y de la solidaridad, estén asegurando su futuro. Si es así, el Estado, sus regiones y la Unión Europea tendrán cada uno sus propias funciones y por ello su lugar específico en la organización política presente y futura.[40]

Para finalizar, diremos que Mann,[41] sostiene que existen tres supuestas "amenazas" a los Estados nación modernos: la transformación capitalista; los peligros que acechan el medio ambiente; y, las políticas de identidad. Una visión cautelosa con respecto a los entusiastas de la globalización y el transnacionalismo, pues con escasa percepción de la historia se exagera la antigua fortaleza de los Estados- nación; con escaso sentido de la variedad global agigantan su actual decadencia; con escasa comprensión de su pluralidad minimizan la importancia de las relaciones internacionales. En las tres esferas de "amenaza" se pueden distinguir:

a) impactos diferenciales sobre diferentes tipos de Estado en diferentes regiones;

b) tendencias que debilitan *y* algunas tendencias que fortalecen los Estados-nación;

c) tendencias que desplazan la regulación nacional hacia redes transnacionales e internacionales;

d) tendencias que simultáneamente fortalecen los Estados-nación *y* el transnacionalismo.

Con el riesgo de plantear algunas generalizaciones, la transformación capitalista parece estar debilitando en cierto grado los Estados nación más avanzados del Norte; aún así, un desarrollo económico exitoso fortalecería los Estados-nación en el resto del mundo. La decadencia del militarismo y la "geopolítica dura" en el Norte debilita su médula tradicional de Estado nación. Sin embargo, las tres "amenazas" podrían intensificar y densificar las redes internacionales de "geopolítica blanda".

Por su parte (y contrario a la opinión generalizada), las políticas de identidad pueden, en realidad, fortalecer los Estados-nación. Estos patrones son demasiado variados y contradictorios y el futuro poco claro, para argumentar de manera sencilla, que el Estado-nación y su sistema se están

---

[40] A. PÉREZ CALVO, *Las transformaciones estructurales... Ob. Cit.*, pp. 21 y ss.
[41] M. MANN, "*El futuro global del Estado-nación*", Análisis político no. 38, Instituto de Estudios Políticos y Relaciones Internacionales (IEPRI). Universidad de Colombia, septiembre/diciembre 1999

fortaleciendo o debilitando. Parece más bien (a pesar de algunos postmodernistas) que a medida que el mundo se integra, son las redes *locales* de interacción las que continúan en decadencia; a pesar de que la fragmentación de algunos Estados en Estados más pequeños étnicamente definidos, sería algo parecido a una tendencia contraria, es decir, la reducción del Estado-nación a un nivel más local.

Aunque las redes globales de interacción se están fortaleciendo, entrelazan tres componentes principales.

El primero, parte de que su fuerza se deriva de la escala más global de relaciones transnacionales que se originan principalmente en las relaciones tecnológicas y sociales del capitalismo; empero, estas relaciones no tienen el poder para imponer un universalismo singular sobre las redes globales.

Por tanto, y en segundo lugar, las redes globales también se encuentran moderadamente fragmentadas en razón de las particularidades de los Estados nación, en particular los más poderosos del Norte.

En tercer lugar, la segmentación está intervenida por relaciones internacionales. Estas incluyen un cierto grado de políticas "duras" y si estas se desviaran de nuevo hacia guerras de envergadura, o hacia profundas tensiones internacionales, la segmentación se incrementaría de hecho.

Así, en la actualidad la expansión de la geopolítica "blanda" es más pronunciada, lo cual la hace más compatible con el transnacionalismo, sin que ello implique una sociedad global única.

Conclusión: un nuevo localismo cosmopolita

Durante este tercer milenio los ciudadanos confrontan un escenario de acelerado cambio social. Los efectos de los últimos desarrollos tecnológicos tienen un refuerzo de carácter 'descendente' de las identificaciones sociales y un fortalecimiento 'ascendente' de la mundialización de la economía. Ambas tendencias conllevan elementos de incertidumbre y condicionan las transformaciones sociales.

Subyace en todo el proceso del cambio tecnológico en curso, un énfasis en lo territorial e identitario. Conceptos tradicionalmente orillados en los principales debates académicos contemporáneos, tales como los de autonomía territorial, descentralización, etnicidad o identidades políticas, son ahora objeto de revisión. Si hasta la fecha, el interés predominante de científicos sociales y decisores públicos *(policy makers)* se concentraban en la discusión sobre la eficacia y eficiencia de las instituciones estatales en la provisión de los servicios ciudadanos, de aquí en adelante los enfoques teóricos han fijado su atención analítica en otras consideraciones: los procesos de construcción estatal y formación nacional en el desarrollo de los estados modernos; las relaciones intergubernamentales en el seno los estados contemporáneos; y, la crisis de legitimidad de las instituciones políticas del estado-nación, ocupan un lugar preeminente en los análisis y prescripciones.

Aunado a ello, la dimensión funcional de la sociedad incide decisivamente en todos los aspectos de las organizaciones humanas. Los alineamientos y fracturas de clase, grupo y género son factores estructurantes de la vida social. Más, los elementos de identidad y territorio son igualmente responsables de la cohesión y dispersión sociopolíticas, donde los ciudadanos muestran su disposición a integrar complementariamente identidades varias correspondientes a los diversos niveles políticos de las instituciones territoriales (municipales, regionales, nacionales, supraestatales). Ello facilita o debe de facilitar el acuerdo y la cooperación para superar conflictos y enfrentamientos en países de composición plural.

El marco estatal asiste a una pérdida progresiva de su protagonismo. La mundialización implica un trasvase de autoridad a los mercados internacionales. Simultáneamente los mesogobiernos han acrecentado considerablemente su capacidad de influencia en áreas acotadas tradicionalmente al poder de los Estados. Los ciudadanos también interiorizan las identidades múltiples en un modo que posibilita un acceso más efectivo de la sociedad civil a la formación de decisiones políticas institucionales. El grado de congruencia entre lo particular y lo general deberá ser mayor, a fin de asistir, al desarrollo de un localismo cosmopolita de amplias implicaciones para el devenir futuro de la ciudadanía.

REFERENCIAS BIBLIOGRÁFICAS

ALZAGA VILLAMILO. et al, *Derecho político español según la constitución de 1978. Los derechos fundamentales y órganos del estado*, 3ª ed. 2002, Centro de estudios Ramón Arreches, S.A., p. 634. Disponible en versión electrónica y consultado el 19 de abril 2009 en: http://books.google.com.mx/books?id=8S9zNWcqImYC&pg=PA630&lpg= PA630&dq=Estado+unitario&source=bl&ots=RjgVVmWRR_&sig=j LuSvx5v2Xu6lOJo4h6waHrOLtQ&hl=es&sa=X&oi=book_result&res num=1&ct=result#PPA632,M1

BARRAIL, H., *L'autonomie régionale en Espagne*, París, 1933

BEAUDO., "Federalismo y federación en Francia: ¿historia de un concepto impensable?", en *Res publica: revista de la historia y del presente de los conceptos políticos*, ISSN 1576-4184, Nº. 3, 1999, pp. 7-64, Consultado el 22 de mayo 2009 en versión electrónica en: http://revistas.um.es/respu/article/ viewFile/25931/25151

BISCARETTI, P., *Diritto costituzionale*, Jovene Ed., Nápoles, 12ª ed., 1981

CUCÓ GINER, A. et al, *La Organización Territorial del Estado: España en Europa: un análisis comparado*, Universitat de València, 2002 pp. 99-119, Consultado el 19 de abril 2009 en http://books.google.com.mx/books?id=Xh_TRRdgQ4cC&pg=PA13&source=gbs_toc_r&cad=0_0#PPA100,M1

FERNANDO BADÍA, F., *El Estado unitario, el federal y el Estado regional*, Técnos, Madrid

FERRANDO BADÍA, J., "El Estado unitario las formas de estado y formas de gobierno distincción entre las formas de gobierno, las formas jurídicas de estado y las llamadas formas políticas de estado", en Revista de estudios políticos, ISSN 0048-7694, Nº 195-196, 1974, pp. 9-48, consultado en 19 de abril de 2009 en http://www.cepc.es/rap/Publicaciones/ Revistas/2/REP_195-196_013.pdf

FRIEDRICH, C.J., *Gobierno constitucional y democracia. Teoría y práctica en Europa y América*, I, I.E.P., Madrid, 1975

GARCIA-PELAYO, M. *Derecho constitucional comparado*, 7ª ed., Ed. Alianza, Madrid, 1984

GEERTZ, C., *Old Societies and New States. The Quest for Modernity in Asia and Africa*, Nueva York: Free Press, 1963

GEERTZ, C., *The Interpretation of Cultures*. Nueva York: Basic Books. 1973.

KELSEN, H., *Teoría general del Estado*, 15ª ed., Editora Nacional, México, 1979

KYMLICKA, W., "Federalismo, nacionalismo y multiculturalismo", en Revista Internacional de Filosofía Política, n° 7, 1996

LLORENS, E.L., *La autonomía en la integración política*, Editorial Revista de Derecho Privado, Madrid, 1932,

LOFLWENSTEIN, K., *Teoría de la Constitución*, traducción y estudios a la obra por A. GALLEGO ANABITARTE, Barcelona, 1964

LOPEZ-ARANGUREN, E., *El federalismo americano: las relaciones entre poderes en los Estados Unidos*, Madrid, 1987

LUCAS VERDU, P., *Curso de Derecho Político,* 2ª ed., Tecnos, Madrid, 1977

LINZ, L., "Early State-Building and the Late Peripheral Nationalisms against the State: the case of Spain", en Samuel Eisenstadt y Stein Rokkan (eds.), Building States and Nations: Models, Analyses and Data across Three Worlds. Beverly Hills: Sage, 1973

MAZZIOTTI, M., *Studi sulla potestà legislativa delle Regioni*, Giuffrè, Milán, 1961

MORENO, L., "Las relaciones de concurrencia múltiple etnoterritorial en España", *Zona Abierta*, n° 79 (*Nacionalismos y Movilización política*), 1997

MOUSKHELY, M, *Teoría jurídica del Estado federal*, Madrid, 1931

PLATÓN, M., *La amenaza separatista. Mitos y realidad de los nacionalismos en España*, Madrid: Temas de Hoy, 1994

PÉREZ-AGOTE, A., "Un modelo fenomenológico-genético para el análisis comparativo de la dimensión política de las identidades colectivas en el Estado de las Autonomías", en Justo G. Beramendi, Ramón Máiz y Xosé M. Núñez (eds.), *Nationalism in Europe. Past and Present*, Santiago de Compostela: Universidad de Santiago, 1994

PÉREZ CALVO, A., *Las transformaciones estructurales del estado-nación en la Europa Comunitaria*, consultado el 19 de abril 2009 en http://www.cepc.es/rap/Publicaciones/Revistas/3/REPNE_099_019.pdf

PRADA FERNÁNDEZ DE SANMAMED, L., *Contribución al examen de la transformación de la categoría de ley en los Estados Constitucionales contemporáneos*, 2007. Tesis doctoral accesible a texto completo y consultada el día 26 de mayo 10 en http://www.eumed.net/tesis/2007/jlp

PRÉLOT, M., *Institutions politiques et droit constitutionnel*, 5ª ed., Dalloz, París, 1972

QUERMONNE, J.-L., *Les régimes politiques occidentaux*, París, 1986

ROYO VILLANOVA, A., *La Constitución española de 9 de diciembre de 1931*, Valladolid, 1934

SCHWARTZ, B., *El federalismo norteamericano actual*, Civitas, Madrid, 1984.

SERRANO, A. et al, *Los 'usos' de las rentas mínimas de inserción en España*, IESA: Documento de Trabajo 98-01, 1998

TOCQUEVILLE, A. D., *La democracia en América (1855-1840")*, F.C.E. México, 1965

TRUJILLO, G., *Introducción al federalismo español (Ideología y fórmulas constitucionales)*, 2ª ed., Edicusa, Madrid, 1967

VEDEL, V., "Las grandes corrientes del Federalismo", en L. LEVI, *federalismo*, Milán, 1987

WALKER, C, "*Ethnonationalism. The Quest for Understanding*", Princeton: Princeton University Press, 1994

WALLERSTEIN, I., "Houselhold Structures and Labor-force Formation in the Capitalist World-Economy", en Joan Smith, Immanuel Wallerstein y Hans-Dieter Evers (eds.), *Households and the World Economy*, Beverly Hills. Sage, 1984

WALLERSTEIN, I., *Análisis de sistemas-mundo, Introducción*, Ed. Siglo XXI, México, 2005

WHEARE, K. C., *Federal Government*, Nueva York, 1953

DERECHO, JUSTICIA ELECTORAL Y SOCIEDAD DEMOCRÁTICA

Ignacio Hurtado Gómez

DERECHO, JUSTICIA ELECTORAL Y SOCIEDAD DEMOCRÁTICA

Ignacio Hurtado Gómez

I. A manera de introducción

La tesis principal que se plantea en la presente comunicación, tiene que ver con el hecho de que junto con la transición, consolidación y modernización democrática, ha caminado un proceso importante de cambios jurídicos, tanto en el diseño de instituciones como el caso de la reforma de 1994 a la Suprema Corte de Justicia de la Nación, así como con respecto a conceptos básicos como el de Constitución normativa y principios democráticos, pasando un replanteamiento de la noción de derecho en el Estado constitucional y democrático, hasta cambios en la propia práctica judicial como el valor del deber de motivación de las sentencias como un elemento de legitimación democrática de los jueces.

Obviamente la jurisdicción electoral no ha sido ajena a estos cambios, más aún, tengo el pleno convencimiento que más bien se constituyó y lo sigue siendo, como uno de los principales impulsores a las transformaciones mencionadas.

De esta forma, la ruta reflexiva que habré de seguir en los siguientes apartados es la siguiente: en un primer momento evidenciaré la relación directa entre los procesos de transición y consolidación democrática, con las transformaciones jurídicas; aquí, la tesis central es, como ya lo indique, la de que no se pueden conocer del todo las implicaciones de los cambios democráticos que hemos vivido, si la reflexión no va acompañada del entendimiento de los cambios jurídicos.

Posteriormente, como muestra de lo anterior se esbozarán algunas consideraciones necesariamente generales en torno al concepto de Derecho, y de donde se derivan algunos fundamentos de lo que conocemos como el Estado Constitucional y Democrático, por lo que, al mismo tiempo, se configuran como esa evidencia práctica de las transformaciones jurídicas a que me he referido.

En un tercer momento analizare marginalmente el papel de la justicia electoral, precisamente, en la denominada transición democrática, pero particularmente en el proceso de consolidación y modernización de ésta. Lo mismo se esbozará desde un enfoque local.

Por último, realizaré algunos comentarios finales en torno al papel del derecho en la consolidación del Estado Constitucional y Democrático.

Así, la pretensión central con estas líneas es la de ofrecer varios y variados puntos de reflexión que permitan, principalmente, dimensionar desde el enfoque electoral la importancia del derecho, particularmente desde su aplicación por la jurisdicción electoral, en el fortalecimiento de nuestras instituciones democráticas.

II. La transición jurídica en la transición democrática

Estoy plenamente convencido de que, el proceso de transición y consolidación democrática que se ha vivido en los últimos años en nuestro país, ha caminado de la mano con el de la transición y consolidación jurídica, de tal suerte que, si bien durante mucho tiempo -como sostiene Sergio García Ramírez- hemos tratado de dar respuesta sobre quiénes son nuestros representantes políticos y cómo nos representan, ahora se sugiere preguntarnos, también, *"quién es mi juez y cómo me juzga"*.[1]

Ciertamente, la transición mexicana en su momento, y ahora los procesos de consolidación y modernización democrática se ubican entre un régimen hegemónico, vertical y en cierta medida autoritario, y la configuración de una sociedad renovada y plural que nos ha llevado a replantearnos nuevas formas políticas, sociales, pero sobre todo jurídicas.

En efecto, el concepto de *"transición"* ha sido copiosamente utilizado en las últimas dos décadas para referir los procesos de transformación política identificados con la democratización, de esta forma se habla, un poco más atrás de la transición del Estado absolutista al Estado de Derecho, y en donde las aristas jurídicas no fueron menores.

Recordemos que, el Estado absolutista donde el soberano era la expresión única del mismo Estado, le llevaba a concentrar en su persona las tres grandes funciones: la de crear la norma jurídica, aplicarla y ejecutarla, incluso en el mismo acto. Dicha situación y la transición al Estado de Derecho se replantea en occidente en los siglos XVIII y XIX, definiéndose una nueva forma de organización societal que, por la propia naturaleza de las revoluciones libertarias, desplazó el poder del monarca a favor del pueblo y sus representantes.

En el plano jurídico, y dentro de este proceso de cambio es preciso destacar que, en este nuevo modelo la tarea de los juzgadores será meramente el de un aplicador de la ley, es decir, *"la boca que pronuncia las palabras de la ley"*, lo anterior, a partir principalmente de una tesis poco explorada que tiene que ver con la influencia jurídica del concepto principalmente político de la soberanía popular, ya que, al ser la voluntad general infalible en

---

[1] Palabras pronunciadas en la presentación de "Una Bibliografía para la Transición Jurídica", en *Boletín Mexicano de Derecho Comparado*, en http://132.248.65.10/publica/rev/boletin/cont/98/inf/inf17.htm, consultado el 13 de mayo de 2009.

términos del pensamiento contractualista de Juan Jacobo Rosseau, consecuentemente la ley emanada de los órganos legislativos, depositarios de esa soberanía, era igualmente infalible, por lo que la posición del juzgador frente a la perfección de la norma jurídica producto de esa voluntad general infalible era, precisamente, la de un mero aplicador.

De esta forma se sostiene que, el Estado de Derecho toma como condición esencial el formalismo jurídico, denominándosele por muchos como un Estado de derecho formalista. Para Aulis Aarnio, este modelo estatal se integra por los siguientes elementos: la separación del poder, la profesión jurídica como monopólica, las ideas de protección jurídica y de certeza jurídica que solo se podían tutelar a través de una visión formal del derecho, la estructura de las normas que solamente se reconocían como meras reglas jurídicas de aplicación mecánica, la estructura de la argumentación solamente plausible a través del silogismo clásico y la idea de la justicia formal.[2]

Una vez consolidado el Estado de derecho inicia en el siglo XX la transición hacía lo que hoy conocemos como el Estado constitucional y democrático, y que en oposición a los elementos apuntados tenemos desde el punto de vista jurídico que, las leyes ceden su paso a la Constitución, entendida ésta en una doble vertiente: como norma fundante de los sistemas jurídicos, pero también como norma fundacional de una sociedad política, en suma, con un carácter normativo, lejos, de la naturaleza política e ideológica que prevaleció durante décadas.

Al mismo tiempo, la estructura de las normas igualmente cambia dando lugar a la diferenciación entre normas-regla y normas-principio, y por último, la argumentación mecánica por la vía de la subsunción va cediendo su lugar a la ponderación y a la máxima realización de los propios principios como conductores sociales.

Visto de esta manera estoy seguro que, en el caso mexicano y desde el enfoque electoral, existen signos y evidencia suficiente para demostrar el proceso de adopción del Estado constitucional y democrático en nuestro país, lo que sugiere que al mismo tiempo que se desarrollaba el proceso democratizador, al mismo tiempo se dan profundos cambios jurídicos.

Para soportar y defender esta tesis, particularmente desde la perspectiva de las transiciones jurídicas, resultan orientadoras las dimensiones de estudio y reflexión que proponen Héctor Fix Zamudio y Sergio López Ayllón:[3]

a. *Dimensión sistemática.* Sugiere vincular al derecho con la organización social y política de una sociedad, por ejemplo, determinar el papel del

---

[2] Citado por NIETO, Santiago, *Interpretación y argumentación jurídicas en materia electoral. Una propuesta garantista,* Instituto de Investigaciones Jurídicas UNAM, México, 2003, p. 10.

[3] Véase. En *Cambio jurídico y autonomía del derecho: un modelo de la transición jurídica en México,* página en internet: www.juridicasunam.mx

derecho en el absolutismo o en el Estado liberal, así como el derecho en los países comunistas y sus procesos de cambio durante su derrumbamiento y paso a economías de mercado.

b. *Dimensión del capital técnico y humano.* Consiste en el grado de preparación de una sociedad para realizar y absorber los cambios jurídicos que requiere un proceso de transición política y económica, por ejemplo, los procesos de trasplantar modelos jurídicos o la denominada transferencia de tecnología jurídica, destacándose la situación de la enseñanza del derecho que en la percepción de varios ha cambiado muy poco en las últimas décadas, ya que persiste una educación tradicional, lo que constituye un freno en la consolidación del Estado constitucional.

c. *Dimensión cultural.* Delimitada por las opiniones, valores, expectativas y actitudes de individuos y grupos hacía el derecho y las instituciones jurídicas.

d. *Dimensión política-institucional.* Relacionada con el papel de los órganos e instituciones capaces de tomar decisiones colectivas y de transformarlas en normas jurídicas.

Lo anterior nos indica que, un análisis superior a esta aproximación, implica visualizar las transiciones jurídicas desde diferentes perspectivas a efecto de llegar a conclusiones sólidas y mayormente soportadas, sin embargo, en vía de atenuante la pretensión final es acercarnos y propiciar por la vía de breves apuntes, futuras reflexiones a través de esta mirada panorámica.

Ahora bien, ¿cómo ha operado la transición jurídica en México? Sin duda toda transición requiere un principio y un final, así como el trecho caminado dentro del cual se verifica la transformación, por lo que en este sentido y en nuestro caso quiero destacar, por el momento, y a vuelo de pájaro, dos aspectos: el de la noción de Constitución normativa, y la reforma de la Suprema Corte de Justicia de la Nación.

Para entender nuestro proceso de cambio es importante destacar que un punto fundamental es el de nuestra idea de Constitución, por lo que de manera necesariamente general puedo advertir, siguiendo a José Ramón Cossio[4] que, al menos prácticamente hasta la década de los ochentas, la Constitución sirvió para mantener y perpetuar el régimen hegemónico, y era tan simple que quien tuviese la osadía de cuestionar el orden constitucional o de proponer reformas a la misma era tachado en automático como un hereje que iba en contra del proyecto revolucionario consagrado en la Carta Magna, y que era el reflejo de la sangre derramada por los hacedores de la Revolución, del pueblo; por tanto, la custodia de la Constitución corría a cargo de los hijos predilectos de la Revolución, de los preservadores de la

---

[4] Véase. *Dogmática constitucional y régimen autoritario,* segunda edición, Fontamara, México, 2000.

hegemonía política, ya entonces constituidos como partido político. Por ello se afirma que la Constitución sirvió de soporte ideológico, social y político durante la etapa del régimen autoritario que nuestra historia reconoce y que todos conocemos.

El derrumbamiento de este paradigma que, sin desconocer el sentido y contenido político-ideológico de la Constitución, también comienza a destacar su esencia principalmente normativa, nos va llevando a plantear que: *"la Constitución se presenta como un sistema preceptivo que emana del pueblo como titular de la soberanía, en su función constituyente, preceptos dirigidos tanto a los diversos órganos del poder por la propia Constitución establecidos como a los ciudadanos",*[5] por tanto, se trata de una *"voluntad de atribuir una efectiva fuerza normativa a los derechos y libertades reconocidos en los textos constitucionales".*[6] Más aún, igualmente se replantearon los alcances de las propias normas programáticas, pues incluso, desde el propio enfoque normativo, se sostiene que *"tienen naturaleza de normas jurídicas y a su modo participan, dentro de la constitución a la que están incorporadas, de su fuerza normativa"*[7]

En el caso de la Suprema Corte de Justicia de la Nación, baste decir por la brevedad del espacio que, desde un enfoque estructural, el punto medular era su integración, curiosamente determinada en esos tiempos por los mismos custodios de la Constitución, sin embargo, la tendencia comienza a revertirse en 1982 -tiempo en que igualmente la hegemonía ya se nos presenta trastocada- cuando una reforma impide la infiltración de la política en lo jurisdiccional principalmente en el impedimento de pasar de un puesto político al cargo de ministro, al tiempo que se acotaron las facultades del Presidente de remover ministros.

Sin embargo la reforma más relevante fue la elaborada en diciembre de 1994 que incluso dejó acéfala por unos días a la máxima autoridad jurisdiccional del país bajo la premisa de construir un verdadero tribunal constitucional basado en nuevas reglas estructurales, señaladamente: a. Reducción de 26 a 11 ministros; b. Se estableció que los ministros durarían 15 años en su función; c. Se amplió a 10 años la antigüedad de título de abogado y 2 años de residencia en el país para acceder al cargo; d. También se precisó el requisito de no haber ocupado cargos electivos, salvo el de Presidente; e. Igualmente se anexa el requisito meritocrático que orientó los

---

[5] GARCÍA DE ENTERRÍA, Eduardo, *La Constitución como norma y el Tribunal Constitucional,* tercera edición, Madrid, Civitas, 1994, p. 49.
[6] CARRILLO, MARC, *La tutela de los derechos fundamentales por los tribunales ordinarios,* Madrid, Centro de Estudios Constitucionales, 1995, p. 23.
[7] BIDART CAMPOS, Germán J., *El derecho de la Constitución y su fuerza normativa,* México, Universidad Nacional Autónoma de México, 2003, p. 222.

nombramientos hacía personas con trayectoria en el ejercicio o en el estudio del derecho; f. Se integró el Consejo de la Judicatura Federal.[8]

En términos jurisdiccionales, con dicha reforma se expanden las facultades de control constitucional de la Corte, para lo cual se amplió la figura de la controversia constitucional que venía desde la Constitución de 1917, y se incorpora la acción de inconstitucional.

Por último, en 1996 se incorpora al Tribunal Electoral al Poder Judicial de la Federación, otorgándosele el control constitucional en la materia, destacando los juicios de protección de los derechos políticos-electorales y el de revisión constitucional electoral.

Todo lo anterior llevó paso a paso a la Corte a intervenir legítimamente en cuestiones políticas y en gran medida le confirió una posición privilegiada en la resolución de controversias de esta naturaleza, al tiempo que fortaleció su postura como verdadero interprete de la Constitución, la cual, como se apuntó, cada día fue modificando su esencia dejando de ser un todo dogmático, inalterado e intocable, para pasar a ser una verdadera conductora social, política, económica y cultural, es decir, una Constitución verdaderamente alentadora del cambio y sobre todo que podía ser vivida.

Como se puede observar, desde la década de los ochentas no solamente destacaron cambios políticos, sino también comenzaron a soplar nuevos tiempos en el ámbito jurídico-institucional, lo cual, también se ha venido fortaleciendo a partir de nuevas concepciones jurídicas.

III. El concepto de Derecho y los fundamentos del Estado constitucional y democrático

Al mismo tiempo que se configuraron cambios estructurales importantes, de la misma forma creo que se comenzaron a impulsar transformaciones en algunos de nuestros fundamentos jurídicos –como el de la Constituciónnormativa que ya he mencionado- que nos acercaron al modelo del Estado constitucional, y sobre la base de un nuevo concepto de derecho.

De esta forma, frente al formalismo del Estado de Derecho, inmerso en un proceso de cambio democratizador, el Derecho *"... tiene que contemplarse en relación con el sistema social y con los diversos aspectos del sistema social: morales, políticos, económicos y culturales...".[9]*

Así, y contrastando las posiciones de varios teóricos como Dworkin, MacCormick, Alexy, Raz y Ferrajoli, se comienza a sostener la eventual

---

[8] Véase. En *Cambio jurídico y autonomía del derecho: un modelo de la transición jurídica en México*, página en internet: www.juridicasunam.mx Nexos, Número 329, México, mayo 2005, pp. 39-44.
[9] ATIENZA, Manuel, *El Derecho como Argumentación*, Fontamara, México, 2005, p. 120.

configuración de una nueva concepción del Derecho, siendo Manuel Atienza[10] quien más abona a la discusión. Los rasgos principales son:

a. La importancia de los principios jurídicos para comprender la estructura y el funcionamiento de un sistema jurídico.

b. La tendencia de entender a las normas más allá de su estructura lógica, sino a partir del papel que juegan en el razonamiento práctico.

c. La idea del dinamismo del derecho, por lo que si bien son normas, también es una práctica social que incluye también, procedimientos, valores, acciones, etcétera.

d. La importancia de la argumentación como un proceso racional y conformador del derecho.

e. El debilitamiento de los discursos meramente descriptivos.

f. La validez en términos sustanciales en la medida de que se respeten principios y derechos constitucionales.

g. La idea de que la jurisdicción es mucho más que la sujeción del juez a la ley, sino que también involucra la interpretación de principios constitucionales.

h. La conexión intrínseca y conceptual entre derecho y moral.

i. La integración de la razón práctica: derecho, moral y política.

j. La idea de que la actividad del jurista desde la razón práctica esta guiada, además, por la pretensión de justicia.

k. Debilitamiento entre las fronteras entre el derecho y el no derecho.

l. La necesidad de justificar racionalmente las decisiones.

m. La idea de que el derecho no solo es un instrumento para lograr objetivos sociales, sino también para incorporar valores morales.

Lo trascendental de estos planteamientos estriba en el hecho de que ofrecen una nueva visión del derecho apropiada al modelo de un Estado constitucional y democrático de derecho,[11] y que, en el caso mexicano poco a poco se han venido posicionando de manera importante, con lo cual, nuevamente se ofrecen elementos para soportar la idea central de la comunicación.

Por razón de espacio, solamente me detengo en algunos de los rasgos anotados, y que por su naturaleza considero más relevantes.

IV. La importancia de los principios jurídicos

---

[10] Véase. ATIENZA, Manuel, *El Derecho como Argumentación* en *Jurisdicción y argumentación en el Estado constitucional de derecho,* Universidad Nacional Autónoma de México, México, 2005, pp. 72-74.

[11] ATIENZA, Manuel, *El sentido del derecho,* Ariel-Derecho, España, 2001, pp. 309-310.

Este tema también evidencia la relación entre la transición democrática con la jurídica, a partir del reconocimiento, ponderación y aplicación de los principios democráticos, ya desde el ámbito jurisdiccional o desde la propia doctrina.

En términos generales los principios jurídicos se conciben como dispositivos principalmente de contenido económico, social, político y moral, con un carácter programático y encaminados a la realización de determinados fines, por lo que su proyección dentro del sistema jurídico debe ser lo más amplia posible. Así, para Hart existen dos rasgos importantes para la distinción de los principios: su naturaleza general y su carácter deseable como propósitos y fines; mientras que para la doctrina mexicana en voz de Jaime Cárdenas son guías que alumbran las finalidades del Derecho y que en consecuencia obligan a los operadores jurídicos, particularmente a los jueces a tomar posición sobre el Derecho frente a la realidad, por lo que se sostiene con Zagrebelsky que en todo principio se sobreentiende el imperativo: *"tomarás posición frente a la realidad conforme a lo que proclamó."*[12]

Con la finalidad de precisar con mayor detalle el sentido de los principios, bien vale la pena en vía de contradicción destacar su distinción con las reglas jurídicas. Al respecto Jaime Cárdenas Gracia plantea cinco variables: 1. Los principios se expresan mediante un lenguaje fluido, vago e indeterminado; 2. Los principios son más generales y se dirigen a las actitudes y no a los comportamientos; 3. Los principios son normas categóricas que no se vinculan a una condición y que por tanto, no conocen un ámbito específico de aplicación; 4. Son normas fundamentales que dan identidad al sistema jurídico; y, 5. Los principios se ponderan, por lo que en su aplicación no opera la subsunción.[13]

Por su parte Robert Alexy sostiene: *"El punto decisivo para la distinción entre reglas y principios es que los principios son mandatos de optimización mientras que las reglas tienen el carácter de mandato definitivo. En tanto mandatos de optimización, los principios son normas que ordenan que algo sea realizado en la mayor medida posible, de acuerdo con las posibilidades jurídicas y fácticas... Esto implica que los principios son susceptibles de ponderación y, además, la necesitan."*[14]

En síntesis, las reglas jurídicas principalmente ordenan, permiten o prohíben determinadas conductas que en su momento se ajustan o no a

---

[12] Citado por CÁRDENAS GRACIA, Jaime, *Remover dogmas,* en *Cuestiones Constitucionale,. Revista Mexicana de Derecho Constitucional,* Instituto de Investigaciones Jurídicas de la UNAM, enero-junio 2002, p. 46.

[13] Véase. *Los principios y su impacto en la interpretación constitucional y judicial,* en *Memoria del VII Congreso Iberoamericano de Derecho Constitucional,* Instituto de Investigaciones Jurídicas de la UNAM, México, 2002, pp. 85-105.

[14] ALEXY, Robert, *El concepto y la validez del derecho,* segunda edición, Gedisa, Barcelona, 1997, p. 162.

determinados supuestos jurídicos, por lo que son normas de programación condicional, en tanto que los principios son normas de programación final en la medida de que prescriben la consecución de un fin que se tiene que perseguir.[15]

V. La importancia de la interpretación jurídica

Otro tema central lo viene a constituir la interpretación jurídica que, ya no se limita a una posición pasiva, formalista y letrista, sino que va más allá.

El simple hecho de intentar precisar el concepto de la interpretación, es por si mismo incierto, pues como señala Manuel Atienza,[16] podemos referirnos tanto a la actividad como al resultado, igualmente desde el punto de vista del objeto plantea la ambigüedad del término, pues indica si solo será motivo de interpretación cualquier ente susceptible de poder ser interpretado, o solamente los textos lingüísticos, o los textos problemáticos que requieren de una aclaración. En este mismo sentido se pronuncian algunos otros autores, además de entender que la interpretación consiste en dotar de significado una expresión estableciendo o aclarando su contenido y alcances.

Para Ricardo Guastini: *"En sentido estricto, 'interpretación' se emplea para referirse a la atribución de significado a una formulación normativa en presencia de dudas o controversias en torno a su campo de aplicación... significa en pocas palabras: decisión en torno a l significado no de un texto cualquiera en cualquiera circunstancia, sino (sólo) de un texto oscuro en una situación dudosa"*,[17] mientras que en sentido amplio la interpretación se podrá verificar *"independientemente de dudas o controversias"*.

En lo esencial pareciera que la interpretación jurídica plantea tres problemas fundamentales. El primero es, quién interpreta, es decir el operador jurídico al cual es dable llevar a cabo esa labor interpretativa y particularmente precisar sus alcances vinculatorios. El segundo problema es, para qué se interpreta, esto es, cuál es el objetivo que se busca: reconstruir el contenido de una norma para determinar su alcance, aplicarla a un caso concreto, desentrañar el sentido de la norma, determinar sus límites, llenar vacíos legales o proporcionar seguridad jurídica. Por último, el tercer problema es cómo se interpreta, es decir, bajo qué reglas se despliega la labor interpretativa.

---

[15] Véase. DE OTTO, Ignacio, *Derecho constitucional. Sistema de fuentes*, Ariel, Barcelona, 1999, p. 43.
[16] *Cuestiones judiciales*, Fontamara, México, 2004, pp. 74-75.

[17] *Estudios sobre la interpretación jurídica*, sexta edición Porrúa y UNAM, México, 2004, pp. 4-5.

Respecto a quién interpreta, realmente no existe mayor conflicto y se podría sostener que cualquier persona puede interpretar, en el ámbito jurídico lo puede ser un estudiante, un abogado postulante, un servidor público o un legislador, pero en donde sí debemos advertir que juega un papel principalísimo la interpretación jurídica, al grado de constituir una pieza fundamental en la consolidación de cualquier Estado social y democrático de derecho, es en la labor interpretativa de los jueces.

Y es que debe ser precisamente en el accionar de la judicatura, en donde tal vez con mayor profundidad deberá darse respuesta al segundo de los planteamientos: ¿para qué se interpreta? En efecto, no se trata de un asunto menor y sobre el cual existen variadas posiciones. Por ejemplo, en ese mundo interpretativo del juzgador y siguiendo a Manuel Aragón se tiene que, para Bierling lo fundamental es averiguar la voluntad del legislador. Para Heck, lo importante en la interpretación es la utilización como criterio principal el de la satisfacción de los intereses protegidos por el propio derecho. Para Burlon, Isay y Ehrlich, el juez tiene una capacidad creadora, aún cuando el propio Ehrlich con el tiempo reformularía y sostendrá que la interpretación deberá encontrar, para la norma, el sentido del instituto jurídico al que pertenece. Finalmente, Kelsen postulara que el interprete debe encontrar el significado de la norma con base en la estructura lógica en la que se inserta, considerando el sistema jurídico como algo lógico, cerrado, completo y capaz de dar respuesta a todos los casos que se le plantean.[18]

Por su parte, también se han establecido paradigmas interpretativos tales como: a) El dogmático racionalista en el que el juez es la boca del legislador; b) El irracionalista que sostiene la imprevisibilidad de las resoluciones; c) El político en cuanto que la interpretación del derecho es un instrumento de dominación; d) El dworkiano que para todo caso difícil existe y exige una respuesta; e) El funcionalista que se orienta a la contribución de la estabilidad y equilibrios sociales; f) El procedimentalista que atiende a reglas procesales; g) El dialéctico que construye un diálogo entre juez y partes para la búsqueda de la verdad; h) El hermenéutico en el que el juez construye la solución entre el caso y la norma jurídica; i) El analítico con varias respuestas a los problemas planteados; j) El prudencial retórico que destaca el papel de la ponderación.[19]

Lo anterior nos lleva ineludiblemente al cómo interpretar, ello implica establecer qué pasos o reglas deberán seguirse en la actividad interpretadora en función a los paradigmas apuntados o al objetivo planteado por el juzgador. En este sentido Manuel Atienza sostiene que partiendo de las distintas teorías que predominan en la literatura jurídica contemporánea se

---

[18] ARAGÓN, Manuel, *Constitución, democracia y control,* Instituto de Investigaciones Jurídicas UNAM, México, 2002, pp. 150-151.

[19] Véase. VIGO, Rodolfo Luis, citado por CÁRDENAS GRACIA, Jaime, *Remover dogmas, op. cit.,* pp. 42-43.

puede hablar de dos corrientes: por un lado las teorías contrapuestas entre el formalismo y las escépticas o realistas; y por otro lado las subjetivistas que se oponen a las objetivistas.[20]

En el caso de las primeras, las teorías formalistas postulan que el intérprete lo que hace es descubrir el significado de un texto, mientras que los escépticos o realistas sostienen que el intérprete no descubre, sino que crea, decide. Cabe precisar que igualmente Atienza reconoce que en esta oposición existen teorías intermedias que en algunos casos reconocen que el intérprete descubre significados, y en otros construye.

Por su parte, en la oposición que presentan las teorías subjetivistas-objetivistas se establece que en el caso de las primeras lo que buscan es indagar la voluntad del legislador, mientras que en las objetivistas lo que se busca es determinar la voluntad de la ley. Igualmente está contraposición se puede observar desde los modelos intencionalistas y los constructivos, es decir, por un lado los que postulan la intención del legislador o aquellos -modelo constructivo- que sostienen que la interpretación no consiste en descubrir los motivos o intenciones de un autor, sino mostrar el objeto interpretado desde su mejor perspectiva. No obstante lo anterior, igualmente surgen posiciones eclécticas que reconocen por un lado la importancia de indagar sobre las voluntades, al tiempo que consideran como igualmente importante proyectar el objeto interpretado a su máxima ponderación.

Otra forma de medir las oposiciones referidas pudiese verificarse desde la perspectiva de los límites, pues mientras que, para el formalista no se debe crear nada nuevo fuera del Derecho previamente establecido, por lo que su labor es más cognoscitiva en cuanto que solamente aplica reglas preexistentes; para el escéptico o realista los límites no se encuentran preestablecidos por el Derecho, por lo que deberá crear reglas y justificarlas. En suma, para los formalistas el Derecho es el legislado, mientras que para los realistas es el interpretado.

Bajo la misma tesitura, mientras que para los subjetivistas o intencionalistas los límites son las voluntades y circunstancias personales del creador de la norma, para los objetivistas o constructivistas las fronteras no sólo se encuentran en las reglas interpretativas, sino en los objetivos y valores que dan sentido a esa labor y que conllevan a pugnar por lograr una máxima realización en la norma a interpretar.

Finalmente los formalistas privilegiaran métodos de interpretación gramaticales o semánticos, en tanto que los realistas buscaran configurar la interpretación bajo esquemas extrajurídicos, como políticos, económicos o éticos, entre otros. Por su parte los subjetivistas atenderán a métodos pragmáticos orientados a descubrir la voluntad del legislador, mientras que los objetivistas privilegiaran métodos teleológicos y valorativos.

---

[20] *Cuestiones judiciales, op. cit.,* pp. 82-83.

Como se puede observar, el problema de la interpretación no es un asunto menor, particularmente cuando desciende de sus abstracciones teóricas al mundo de la realidad que respiramos día con día en el ámbito de la aplicación de la justicia.

En efecto, por un lado pareciera que originalmente es un problema de perspectiva que en gran medida dependerá de la posición que se guarde respecto al Derecho, por lo que para el positivista la interpretación formalista y subjetivista o intencionalista será la más importante; en tanto que para los iusrealista o iusnaturalistas la interpretación debe ser objetivista o constructivista y escéptica. Así pues, el cómo dependerá de la respuesta que se ofrezca al por qué y particularmente al para qué.

Lo que en todo caso se debe tener claro es que, la interpretación constituye una herramienta fundamental en la reformulación del Derecho dentro de una sociedad en una constante reconfiguración a la luz de diversos factores sociales, políticos, culturales y económicos.

Sin duda la ley no tiene un mero sentido cognoscitivo que se sostiene sobre la mera mecanicidad en su interpretación y aplicación, sino que va más allá en razón a la funcionalidad dentro de una sociedad políticamente organizada. Afortunadamente, en el caso mexicano paso a paso la doctrina judicial y la académica caminan hacía una coincidencia en cuanto al papel creador del Derecho por parte del juez, como un hacer activo,[21] creación que ciertamente se encuentra igualmente limitada por la propia racionalidad judicial a efecto de preservar el valor de la seguridad jurídica, y en la cual la ponderación toma un lugar fundamental. En última instancia habrá que destacar que la labor aplicativa del derecho lo ubica entre los valores de la norma y la realidad que se le presenta, por lo que en ese espacio lleva a cabo una actividad modeladora de la vida social.

Al final del día, como lo sostienen diversos tratadistas como Jersy Wroblewsky, la inclinación sobre una posición u otra, así como la adopción de un modelo específico de interpretación se encontrará determinada en gran medida por *la ideología del intérprete.*

VI. La necesidad de justificar racionalmente las decisiones.

Otro tema central de los nuevos tiempos jurídicos que respiramos dentro de un contexto de mayor apertura democrática, tiene que ver con la motivación de las decisiones judiciales.

En efecto, superada la visión de Montesquieu de que, el juez es únicamente la boca que pronuncia las palabras de la ley, y aceptado el activismo judicial que hoy en día nos lleva a la afirmación de que el poder

---

[21] Sobre constructivismo judicial, véase: BALAGUER CALLEJÓN, Maria Luisa, *La interpretación de la Constitución por la jurisdicción ordinaria,* Civitas, Madrid, 1990, pp. 52-66; así como, DE OTTO, Ignacio, *Derecho constitucional..., op. cit.,* pp. 284-303.

judicial a través de la interpretación jurídica y en sus resoluciones también produce derecho, ha surgido un interés creciente por la actividad jurisdiccional, y en ello no hay nada de novedoso.

Manuel Atienza, también replantea lo que él define como pragmatismo jurídico, de cuyos postulados, en este momento me interesa destacar los siguientes: el debilitamiento de los discursos descriptivos, la argumentación como un proceso conformador del derecho, el rechazo a concepciones demasiado abstractas del derecho, la visión instrumental y finalista de éste, así como la importancia de la práctica como medio de conocimiento y, todo ello, asumiendo que el derecho es una institución volcada a la resolución de conflictos.

Estos aspectos suponen al mismo tiempo, la necesidad de redefinir algunos de los términos en que se sustentan las relaciones entre los ciudadanos y sus entes públicos, particularmente el judicial.

De esta forma, tanto el seguimiento académico, como el de los actores políticos sobre la actividad de los jueces, adquiere una dimensión distinta, pero no por ello menos importante, particularmente cuando se entiende que, desde la doctrina judicial, por lo menos en el ámbito electoral, constantemente se viene reelaborando la norma jurídica, como producto de la labor (re)interpretativa del juez, dotando con ello, de un nuevo significado y rumbo al entramado jurídico-electoral, y que para efectos prácticos simplemente se traduce al permanente replanteamiento de las reglas del juego político-electoral.

Pero por otra parte, también se debe reconocer que, la propia autoridad jurisdiccional, sabedora de que su legitimación se encuentra en las decisiones que en el día a día va tomando, acepta y provoca someterse al escrutinio ciudadano y académico, alentando debates en torno a sus decisiones, abriendo canales y construyendo espacios institucionales con esa finalidad, lo cual, al final del día se muestra como una muy buena evidencia del proceso de modernización democrática que respiramos.

Lo anterior, inevitablemente nos acerca, por supuesto para bien, a la idea de la función *extraprocesal* de la motivación en lo particular, y de la sentencia en lo general,[22] es decir, de ese control democrático que, en manos de la opinión pública se puede ejercer sobre el ejercicio del poder judicial que dimana del pueblo.

En el mismo sentido se manifiesta Michele Taruffo,[23] quien sostiene:

---

[22] EZQUIAGA GANUZAS, Francisco Javier, *La argumentación interpretativa en la justicia electoral mexicana*, Tribunal Electoral del Poder Judicial de la Federación, México, 2006, pp. 22-23.

[23] *Cinco lecciones mexicanas: Memoria del Taller de Derecho Procesal*, México, Tribunal Electoral del Poder Judicial de la Federación, 2003, pp. 13-14.

En Italia, por lo menos, los jueces pronuncian en nombre del pueblo sus sentencias... Pues, a ese pueblo, en nombre del cual se ejerce el poder, el juez debe rendir cuentas y explicar por qué procedió en cierta forma... La responsabilidad política del juez aparece en el momento en que la sentencia se dirige a la comunidad, no al juez de impugnación... La garantía está en la posibilidad de que se efectúe un control... permite simplemente la posibilidad de hacerlo. Pero en el plano de los esquemas políticos o de las formas de organización del poder, basta hacer que las justificaciones de las sentencias tengan posibilidad de ser verificadas críticamente fuera del ambiente restringido del sistema de impugnaciones. Es sobre eso que el juez va a asumir una responsabilidad, que no es solamente una responsabilidad de carácter técnico... [por lo que] hay que hacer que los jueces, que pretenden someterse a un control –aunque sea potencial- de este tipo, hagan el esfuerzo de ser controlables a partir del lenguaje que utilizan. Y más aún. A partir de las razones que sustentan su decisión.

Visto así, nuevamente a vuelo de pájaro, estos factores pueden ayudar a explicar en buena medida el interés creciente en el análisis de las sentencias dictadas por el poder judicial, incluida por supuesto la jurisdicción electoral.

A partir de los tres temas abordados, tengo el convencimiento de que, lisa y llanamente se justifica suficientemente la tesis de que, junto a los cambios democráticos, se han suscitado transformaciones jurídicas importantes.

VII. La justicia electoral mexicana

En este apartado, buscaré plasmar en un plano más específico y concreto, el papel de la jurisdicción electoral en los cambios democráticos, y para ello, seguiré brevemente las dimensión político institucional apuntada por Fix Zamudio y por López Ayllón, es decir, me centraré en criterios del Tribunal Electoral del Poder Judicial de la Federación que han formado parte del proceso de apertura democrática.

Evidentemente, por razón de espacio dejaré de lado cuestiones históricas y de diseño institucional.

Sin embargo, aunque sea de pasadita valga decir que, históricamente, desde la Constitución de Cádiz de 1812, hemos cruzado de un sistema autocalificativo prominentemente político a uno heterocalificativo de corte jurisdiccional respecto a la calificación de las elecciones; igualmente hemos transitado de elecciones organizadas por los gobiernos locales y federales, a una ciudadanización de los órganos electorales; así mismo hemos pasado de soluciones políticas de los conflictos electorales a formas administrativas y jurisdiccionales; hemos corrido de la ausencia de mecanismos de resolución de controversias a la construcción de un sólido sistema impugnativo; hemos caminado de elecciones indirectas a elecciones directas y universales; y asimismo hemos pasado de una acotación a los derechos políticos a una ampliación sobre los mismos.

En relación con el diseño institucional, baste decir que actualmente la justicia electoral busca garantizar que todos los actos y resoluciones de las autoridades electorales federales y locales se sujeten invariablemente a los principios de constitucionalidad y legalidad; dar definitividad a las distintas etapas de los procesos electorales, y proteger los derechos político-electorales del ciudadano de votar, ser votado y afiliarse libre y pacíficamente para tomar parte en los asuntos políticos del país.

Con este modelo integral de justicia electoral, en palabras de Fernando Ojesto Martínez Porcayo, se patentiza la aspiración de que: *"la judicialización de la política que se ha venido dando en nuestro país,... constituye la materialización de una legítima aspiración de la sociedad y principalmente de los actores políticos, para someter al imperio de la ley, a través de los tribunales judiciales, las controversias que se susciten con motivo de los comicios electorales"*.

Lo anterior, sin desconocer el papel también de la Suprema Corte de Justicia de la Nación en la configuración del sistema electoral mexicano,[24] como la influencia de la justicia internacional encabezada por la Comisión Interamericana de Derecho Humanos y la propia Corte Interamericana de Derechos Humanos.

Así, con la finalidad de mirar con un poco de mayor puntualidad los avances en la justicia electoral, pero particularmente su papel en el proceso democratizador de nuestro país, llámese de consolidación o de modernización democrática, y así robustecer la tesis de la transición jurídica en la democracia, permítaseme referir algunos asuntos o controversias presentadas ante el Tribunal Electoral del Poder Judicial de la Federación que, por los criterios sustentados, son muestra fehaciente de mis afirmaciones.

Por razón exclusivamente de método, primero mencionare los criterios de la tercera época, y posteriormente los de la época actual.

En este sentido, estoy convencido de que la tercera época fue de un gran impulso para la justicia electoral, y que específicamente fue integrada por los Magistrados Leonel Castillo González, José Luis de la Peza Muñoz Cano (q.e.p.d.), Eloy Fuentes Cerda, Alfonsina Berta Navarro Hidalgo, José Fernando Ojesto Martínez Porcayo, José de Jesús Orozco Henríquez, Mauro Miguel Reyes Zapata y José Alejandro Luna Ramos. Los criterios destacados son:

---

[24] DEL RÍO SALCEDO, Jaime, *La Suprema Corte de Justicia de la Nación en la configuración del sistema electoral mexicano*, México, 2010, inédito.

a. Competencia del Tribunal Electoral del Poder Judicial de la Federación para conocer de impugnaciones en contra de actos formalmente administrativos, pero materialmente electorales.[25]

b. El derecho de acceso a la información y los partidos políticos, y con ello, la trasparencia y la rendición de cuentas de esos entes políticos.[26]

c. Los partidos políticos como autoridades responsables, y por tanto la apertura a la revisión judicial de los actos intrapartidistas y la tutela de los derechos políticos fundamentales de los militantes partidistas.[27]

d. La inoponibilidad del secreto bancario al Instituto Federal Electoral en ejercicio de sus facultades de fiscalización, lo que consoló el administrativo sancionador electoral, así como la revisión y fiscalización de los recursos públicos otorgados a los partidos políticos.[28]

e. El reconocimiento y aplicación garantista de los principios constitucionales en materia electoral.[29]

f. La impugnabilidad de los mecanismos de democracia directa.[30]

g. Los elementos mínimos que deben observar los estatutos de los partidos políticos para considerarlos democráticos.

h. Posiciones garantistas y protectores en relación con las normas procesales para los pueblos y comunidades indígenas.[31]

Antes que otra cosa, lo valioso de estos criterios se puede medir por un hecho interesante: a la fecha ya han sido incorporados a la legislación electoral, es decir, primero surgieron de la doctrina judicial, y hoy ya forman parte de la normativa electoral

Con respecto a los criterios importantes de la época que transcurre y que es la cuarta, destacan:

---

[25] Actos materialmente administrativos de organización o calificación de comicios locales. son impugnables ante el tribunal electoral del poder judicial de la federación. (tesis s3elj 02/2001). autoridad responsable. tiene tal carácter aquélla que en ejercicio de una atribución prevista en la ley, designa a los integrantes de un órgano electoral local, de carácter administrativo o jurisdiccional. (tesis s3elj 03/2001).

[26] Derecho a la información en materia político-electoral. alcances jurídicos de la prerrogativa de los ciudadanos para conocer datos que obren en los registros públicos relativos a los partidos políticos. (tesis s3elj 58/2002); y derecho de acceso a la información pública en materia electoral. contenido y alcance. (tesis s3el 038/2005).

[27] Juicio para la protección de los Derechos Político-Electorales del ciudadano. procede contra actos definitivos e irreparables de los partidos políticos. (tesis s3elj 03/2003).

[28] Secreto bancario. es inoponible al Instituto Federal Electoral en ejercicio de facultades de fiscalización. (tesis s3elj 01/2003).

[29] Elecciones. principios constitucionales y legales que se deben observar para que cualquier tipo de elección sea considerada válida. (tesis s3el 010/2001).

[30] Plebiscito y otros instrumentos de democracia directa. procede su impugnación a través del juicio de revisión constitucional electoral. (tesis s3el 018/2003).

[31] Pueblos y comunidades indígenas. la interpretación de las normas procesales debe hacerse de la forma que les sea más favorable. (tesis s3el 047/2002).

a. El hecho de que la interpretación y aplicación de los derechos fundamentales de carácter político-electoral, no debe de ser restrictiva.[32]

b. Que el análisis de la legitimación activa de las comunidades indígenas debe ser flexible.[33]

c. La tutela del derecho de réplica en materia electoral.[34]

d. El que los servidores públicos gozan de su derecho a la libertad de expresión y de asociación, por lo que su asistencia a actos partidistas los días inhábiles no viola la ley.[35]

e. El reconocimiento para que las autoridades electorales locales puedan impugnar actos de la autoridad electoral local.[36]

f. El reconocimiento del principio de presunción de inocencia en el derecho administrativo sancionador.[37]

g. La tutela constitucional de la honra y reputación dentro de un proceso electoral, en relación con la libertad de expresión.[38]

h. La propia maximización del derecho de libertad de expresión en el debate público.[39]

Sin duda, las anteriores referencias tan solo son una parte del bagaje jurídico producido por el Tribunal Electoral y sobre el cual se destacan dos cuestiones principales: frente a la ambigüedad y silencio de la norma, la palabra del juzgador ha venido a dar -en varios aspectos- sentido y rumbo al derecho electoral, y con ello a nuestra democracia; en tanto que, la modelación de la vida social y política igualmente corre a cargo del operador jurídico a partir de la interpretación acompañada entre la realidad que vivimos y la norma jurídica prescrita, lo que reafirma esa visión del derecho como argumentación.

---

[32] Derechos Fundametnales de carácter político-electoral. su interpretación y correlativa aplicación no debe se restrictiva.

[33] Comunidades indígenas. el análisis de la legitimación activa en el juicio para la protección de los derechos político-electorales del ciudadano, debe ser flexible por las particularidades de sus integrantes.

[34] Derecho de Réplica. se tutela a través del procedimeinto especial sancioandor.

[35] Actos de proselitismo político. la sola asistencia de servidores públicos en días inhábiles a tales actos no está restringida en la ley. xvii/2009

[36] Autoridades electorales locales. están legitimadas para interponer el recurso de apelación. v/2010.

[37] Autoridades Electorales Locales. están legitimadas para interponer el recurso de apelación. xliii/2008.

[38] Honra y reputación. su tutela durante el desarrollo de una contienda electoral se justifica por tratarse de derechos fundamentales que se reconocen en el ejercicio de la libertad de expresión. 1472007.

[39] Libertad de Expresión e información. su maximización en el contexto del debate político. 11/2008

En efecto, se dice que todo operador jurídico (juez, legislador, estudiante, catedráticos, doctrinarios) reinterpreta el orden jurídico existente a partir del debate y confrontación de sus ideas, de su forma de entender al derecho y de su manera de interpretarlo, y mediante las cuales se develan sus ideas fundamentales.

En estos casos, baste señalar -en razón al espacio- que las evidencias mostradas permiten arribar al convencimiento que, desde estos enfoques, el cambio democrático visto desde la óptica política, ha ido de la mano de una transición jurídica, y que ha puesto en el centro del nuevo impulso y de la redefinición del sistema, a los principios constitucionales en materia electoral.

VIII. Un enfoque desde Michoacán

Asimismo, esta tendencia se ha trasladado a la jurisdicción electoral local, por lo menos hasta el Tribunal Electoral del Estado de Michoacán.

Invocando de nueva cuenta el argumento del espacio, telegráficamente veamos algunos criterios sustentados por ese órgano jurisdiccional, y que por su contenido y alcances, también sirven de evidencia para constatar la forma en que han permeado los cambios jurídicos a que me he venido refiriendo.

a. La garantía de que todos los actos de autoridad son impugnables, entre ellos, los del Secretario General del Instituto Electoral de Michoacán. (TEM-RAP-31/2007).

b. Por supuesto la configuración de la denominada causa de nulidad de elección por violación de principios constitucionales que, a la postre habría de ser retomada por otras instancias jurisdiccionales, pero sobre todo, lo que implicó un control constitucional desde un tribunal local. (TEM-JIN-49/2007 y su acumulado).

c.

De las resoluciones emitidas en 2010 por el Magistrado Jaime del Río Salcedo destacan:

a. La clarificación de la estructura del régimen administrativo sancionador electoral, conforme a la normativa del Estado de Michoacán, así como la figura de los *tipos compuestos* en el ámbito del derecho administrativo sancionador electoral, como referente importante en la tutela de los principios democráticos. (TEM-RAP-3/2010)

b. La aplicación del principio *pro persona,* el cual permite superar el debate respecto de la jerarquía de normas, pues tiene como finalidad la tutela efectiva de los derechos fundamentales en el procedimiento administrativo sancionador electoral previsto en la normativa de Michoacán. (TEM-RAP-5/2010)

c.   Una sentencia que, sin duda, refleja lo que se ha sostenido en cuanto a la posibilidad de los jueces de producir derecho, es la TEEM-RAP-7/2010 en la cual, para arribar a la convicción de que la autoridad administrativa electoral de Michoacán puede y debe emitir medidas cautelares como una formalidad esencial del procedimiento, el resolutor construyó la premisa jurídica de su decisión, sobre la base de precedentes judiciales, lo que confirma, insisto, que el derecho también se produce desde los tribunales.

De esta forma, también existe muestra clara que, desde la jurisdicción local se han emprendido esfuerzos importantes a favor del proceso democratizador, sobre la base de varias de las ideas que se han esbozado a lo largo de esta comunicación.

IX. Comentarios finales

Por último en la línea reflexiva trazada, bien valen algunas consideraciones en torno a uno de los pensamientos jurídicos más influyentes en nuestro país, y que por su contenido, constituyen argumentos adicionales a favor de a tesis que se sostiene en la presente comunicación, particularmente a partir de su idea de la democracia sustantiva, es decir, la democracia de los valores y de los contenidos.

En efecto, Luigi Ferrajoli señala que, el cambio del Estado de derecho hacia el Estado constitucional se presenta en varias facetas y así sostiene que en el nuevo Estado de la posguerra todo se sujeta a la ley pero desde sus contenidos, por lo que ahora la validez de la norma se determinará también en la medida de que sean coherentes con los principios constitucionales. Por otra parte, igualmente se presentan cambios en la relación del derecho y la política, por lo que ahora *"... es la política la que debe ser asumida como instrumento para la actuación del derecho y de los principios y derechos fundamentales inscritos en ese proyecto, tanto jurídico como político, que es la Constitución"*.[40]

Asimismo sostiene que, el cambio también se da en el plano de la teoría política en cuando a la nueva manera de ver a la democracia que ya no sólo consiste en mirarla desde un plano político, sino que ahora contiene una dimensión inherente que le imponen los principios constitucionales *"condicionando su validez sustancial a la garantía de los derechos fundamentales de todos"*.

Reflexionado sobre el nuevo constitucionalismo desde un sentido material, y particularmente desde su carácter fundacional, resulta por demás sugerente el pensamiento de Peter Häberle cuando señala que, en una sociedad constitucional no sólo debe hacerse referencia exclusiva al

---

[40] FERRAJOLI, Luigi, "El papel de la función judicial en el Estado de derecho", en *Jurisdicción y argumentación en el Estado constitucional de derecho*, Universidad Nacional Autónoma de México, México, 2005, p. 92.

esqueleto de las normas, sino que también deben ser incluidas *"la cultura y al ambiente político (D. Schindler), las opiniones y prácticas, que no son jurídicas en sentido estricto, en la 'sociedad' constitucional"*,[41] incluso va más allá y sobre el contenido de la Constitución rescata que ésta no solo tiene un sentido jurídico para conocimiento propio de los juristas, *"[...] sino que actúa esencialmente también como guía para los no juristas: para el ciudadano la Constitución no es sólo un texto jurídico o un 'mecanismo normativo', sino también expresión de un estadio de desarrollo cultural, medio para la representación cultural del pueblo ante sí mismo, espejo de su patrimonio cultural y fundamento de sus esperanzas"*,[42] por lo que sostiene que el Estado constitucional debe conceder al ser humano un *"quantum* de utopía"*, en la medida de que los textos constitucionales *"normen esperanzas"*.

En este sentido y en la gestación de esas esperanzas, es indudable que el papel de la democracia es fundamental, por lo que viene a ser el referente principal del Estado constitucional ya que para algunos autores como Manuel Aragón, la democracia es por si misma el principio legitimador y de validez de la Constitución,[43] particularmente en cuanto expresión del soberano.

También habrá que recordar que incluso la propia democracia –como sostiene Ferrajoli- ha requerido de una resemantización en el sentido de que su importancia ya no se circunscribe al ámbito de lo estrictamente electoral o político, sino que va más allá, y en ese contexto se ubica la llamada democracia social o la democracia sustantiva, es decir, aquella que se visualiza como una herramienta para la realización de valores, o más puntualmente, aquella que respeta y garantiza los derechos humanos fundamentales.

Por tanto, puedo concluir con la firme convicción de que, en buena parte la salud de un régimen democrático se mide a partir de la tutela eficaz de los derechos humanos fundamentales y de la cultura jurídica que se vive en esa sociedad.

Y en ese camino nos encontramos, con un buen trecho por recorrer. Al tiempo.

---

[41] HÄBERLE, Peter, *El Estado constitucional,* Instituto de Investigaciones Jurídicas de la Universidad Nacional Autónoma de México, México, 2001, p. 4.
[42] Ibid., p. 5.
[43] ARAGÓN, Manuel, *Constitución, democracia y control,* Universidad Nacional Autónoma de México, México, 2002, pp. 11-78.

REFERENCIAS BIBLIOGRÁFICAS

ALEXY, ROBERT, *El concepto y la validez del derecho,* Barcelona: Gedisa, 1997.

ANSOLABEHERE, Karina, "Suprema Corte: Arbitro sin contrapesos", en Revista Nexos, Número 329, México, 2005.

ARAGÓN, Manuel, *Constitución, democracia y control,* Instituto de Investigaciones Jurídicas UNAM, México, 2002.

ATIENZA, Manuel, "El Derecho como Argumentación" en *Jurisdicción y argumentación en el Estado constitucional de derecho,* Universidad Nacional Autónoma de México, México, 2005.

ATIENZA, Manuel, El *Derecho como Argumentación,* Fontamara, México, 2005.

ATIENZA, Manuel, El *sentido del derecho,* Ariel-Derecho, España, 2001.

BIDART CAMPOS, GERMÁN J., *El derecho de la Constitución y su fuerza normativa,* Universidad Nacional Autónoma de México, México, 2003.

CÁRDENAS GRACIA, JAIME, *Remover dogmas,* en *Cuestiones Constitucionales. Revista Mexicana de Derecho Constitucional,* Instituto de Investigaciones Jurídicas de la UNAM, México, 2002.

CARRILLO, MARC., *La tutela de los derechos fundamentales por los tribunales ordinarios,* Centro de Estudios Constitucionales, Madrid, 1995.

COSSIO, VILLEGAS, José Ramón, *Dogmática constitucional y régimen autoritario,* segunda edición, Fontamara, México, 2000.

DE OTTO, Ignacio, *Derecho constitucional. Sistema de fuentes,* Ariel, Barcelona, 1999.

DEL RÍO SALCEDO, Jaime, *La Suprema Corte de Justicia de la Nación en la configuración del sistema electoral mexicano,* inédito, México, 2010.

EZQUIAGA GANUZAS, Francisco Javier, *La argumentación interpretativa en la justicia electoral mexicana,* Tribunal Electoral del Poder Judicial de la Federación, México, 2006.

FERRAJOLI, Luigi, *El papel de la función judicial en el Estado de derecho,* en *Jurisdicción y argumentación en el Estado constitucional de derecho,* Universidad Nacional Autónoma de México, México, 2005.

GARCÍA DE ENTERRÍA, Eduardo, *La Constitución como norma y el Tribunal Constitucional,* tercera edición, Civitas, Madrid, 1994.

HÄBERLE, Peter, *El Estado constitucional,* Instituto de Investigaciones Jurídicas de la Universidad Nacional Autónoma de México, México, 2001.

NIETO CASTILLO, Santiago, Interpretación *y argumentación jurídicas en materia electoral. Una propuesta garantista,* Instituto de Investigaciones Jurídicas UNAM, México, 2003

TARUFFO, Michele, *Cinco lecciones mexicanas: Memoria del Taller de Derecho Procesal,* Tribunal Electoral del Poder Judicial de la Federación, México, 2003.

ZAGREBELSKY, Gustavo, *Historia y constitución,* Trotta, Madrid, 2005.

EL JUICIO DE AMPARO Y LA POSIBLE IMPLEMENTACIÓN DEL AMPARO CONTRA PARTICULARES EN MÉXICO

Liz Marisol Gómez González

EL JUICIO DE AMPARO Y LA POSIBLE IMPLEMENTACIÓN DEL AMPARO CONTRA PARTICULARES EN MÉXICO

Liz Marisol Gómez González

Introducción.

Desde su origen el Juicio de Amparo ha sido conocido por algunos autores como el supremo medio de control constitucional, creado por metes brillantes como Don Manuel Crescencio Rejón y Mariano Otero. Además de considerarlo como el Juicio que con mayor seguridad garantizara la salvaguarda de los Derechos Fundamentales de todos los gobernados consagrados en la Carta Magna.

Sin embargo, el transcurso del tiempo, el desarrollo y crecimiento de la sociedad actual y con ello las nuevas necesidades que la misma presenta, han traído como consecuencia la realización de un acto que como estudiosos del Derecho conocemos: que el Derecho se adecue a las necesidades que la sociedad presenta.

De acuerdo a lo anterior, el Juicio de Amparo en la actualidad presenta una gran necesidad de ajustar sus lineamientos a los cambios y necesidades que la sociedad mexicana muestra en los últimos años y que a diferencia de otros países no ha satisfecho.

En la presente y modesta intervención se desarrollan de manera breve los antecedentes del juicio de amparo así como algunas nociones del mismo que resultan indispensables para su estudio y comprensión, así como la posibilidad de que en el citado juicio se lleven a cabo reformas sustanciales para ser transformado en una institución que pueda responder a las necesidades contemporáneas y que en la actualidad México como otros países implemente en su legislación la posibilidad de hacer vigentes los derechos fundamentales de los gobernados frente particulares.

I.- Antecedentes del Juicio de Amparo

Para comprender el Juicio de Amparo es necesario presentar de manera breve algunos de los antecedentes de influencias externas e internas que motivaron su creación.

España
En el siglo XII. El *Justicia Mayor de Aragón* era un funcionario judicial encargado de velar por la observancia de los fueros contra los actos y disposiciones de las autoridades, incluyendo al rey mismo cuando se

violaban en detrimento de cualquier súbdito. Era un verdadero control del Derecho Floral Aragonés.

Uno de los fueros más importantes fue **"el privilegio general"** que consagraba los derechos fundamentales a favor del gobernado oponibles a las arbitrariedades del poder público en lo concerniente a la libertad personal.

Procesos Especiales:

• *Manifestación de las personas:* este contemplaba que si alguno había sido preso sin hallarse en flagrante delito o sin instancia de parte legitima o contra la ley o fuero y si a los tres días de aprensión no se le comunicaba la demanda, por más que pesase sobre el acusación o sentencia capital debía ser puesto en libertad por espacio de 24hrs.

• *Iuris firma:* en este el justicia mayor de Aragón podía abocarse al conocimiento de cualquier causa incorporada o tramitada ante otro tribunal, garantizando los efectos de la condena impuesta por este, de los que recurrían a su asistencia.

Inglaterra

En la "Carta Magna Inglesa" de 1215, que en su artículo 46 constituye el antecedente más relevante de los artículos 14 y 16 de nuestra constitución, en cuanto a que lograron obtener de rey Juan sin tierra la Garantía a la libertad, a la propiedad a la igualdad y al debido proceso por sus pares.

Estados Unidos de Norteamerica

Se estableció el *habeas corpus* en un recurso de seguridad personal, por virtud del cual se obliga a las autoridades a dejar a una persona en libertad mientras no tenga las autoridades las pruebas en su poder que lo inculpen, sin que se analice en este recurso la constitucionalidad y la privación de la libertad.

México

Régimen Colonial: Las compilaciones de mayor influencia las **leyes de Indias** de aplicación supletoria por virtud de las cuales para garantizar la aplicación de esas leyes se estableció el **Consejo de Indias** que además de administrar justicia aconsejaba al rey en cuanto a las necesidades de la colonia.

Se estableció un recurso de fuerza para ocurrir al rey o virrey para que los protegiera de los atropellos cometidos tanto por autoridades como por particulares que tenían poder de hecho.

El investigador Lira Montes, se refiere a esta época y denomina como el amparo colonial, por virtud del cual el rey otorgaba protección a una persona frente autoridades inferiores y cualquier otra persona que estuviere en posición ventajosa debido a su posición social y de legalidad como elemento de seguridad para los bienes y derechos de los gobernados. Este es un mero antecedente, pero de ninguna manera es el Juicio de Amparo.

México Independiente: en esta época se rompe con la tradición jurídica-española y comienza la adopción de ideas inspiradas en la revolución francesa y del sistema norteamericana y provoco que en materia político constitucional se adoptaran modelos y antecedentes extranjeros provocando la desorientación que impero en el México independiente como fueron los frecuentes cambios entre el centralismo y federalismo, desde la Constitución de 1824 y la Constitución centralista de 1836 y es hasta la Constitución de 1857 cuando se establece el régimen federal en forma definitiva.

Análisis de las Constituciones

La Constitucion de 1814 de Apatzingan.- Contenía un capítulo especial dedicado a las garantías individuales refiriendo las como elementos insuperables por el poder público el que siempre debería respetarlos en su integridad, pero a pesar de existir estas garantías no se creó ningún otro medio jurídico para hacerlas valer y respetar en contra de las violaciones a las mismas por las autoridades.

Constitución de 1824.- Tuvo una vigencia de doce años su principal preocupación fue organizar políticamente a México y solamente podemos encontrar en preceptos aislados algunos derechos del individuo frente al Estado y que se refieren a la materia penal sin establecer ningún medio jurídico para hacer valer estas garantías.

Constitucion centralista de 1836.- Establece el régimen central en lugar del federal introduciendo una institución que ejercer el control constitución y se denomina Supremo Poder Conservador el que estaba integrado por cinco personas y que tenían las facultades de anular las decisiones por resoluciones de los Poderes Ejecutivo, Legislativo y Judicial.

Este Supremo Poder Conservador era un órgano de carácter político sus decisiones tenían efectos generales y las cinco personas que lo integraban eran nombradas por el Presidente de la República.

Voto de Jose Fernández Ramírez de 1843.- Este fue uno de los principales defensores de la división de los poderes, sosteniendo que el poder judicial debía ser completamente independiente de los demás, esto como consecuencia de la influencia Norte Americana y su voto proponía que en México debía de existir un medio de control para mantener el régimen constitucional y que esta facultad fuere de la Suprema Corte la que determinaría la constitucionalidad de las leyes o actos de autoridades pero tal recurso no fue consignado.

Proyecto de constitucion yucateca de diciembre de 1840.- Esta Constitución como uno de sus autores Don Manuel Crescencio Rejón a quien denominaremos el padre del Juicio de Amparo en su carta política plasma por primera vez en el mundo el medio controlador y conservador del régimen constitucional y lo llamo Amparo, llegando a establecer su procedencia contra cualquier ley o acto que fuere contrario a la Constitución y esto fue lo que sirvió de base para establecer los lineamientos en las Constitución le daba competencia a la SCJN a través del Juicio de Amparo contra los actos de gobernador de las leyes elaboradas por la legislatura local y contra las resoluciones del Poder Judicial de Estado.

El sistema propuesto por Rejón planteaba los siguientes puntos que se contenían en el art. 53 de dicha constitución y son:
1. Controlar la constitucionalidad de los actos de la legislatura, así como del gobernador.
2. Controlar los actos y la legalidad de los mismos provenientes del ejecutivo.
3. Proteger las garantías o los derechos constitucionales contra los actos de cualquier autoridad incluyendo las judiciales.

Acta de reformas de 1847.- En esta Acta de Reformas además de desconocer el régimen centralista como consecuencia de la integración de un nuevo congreso constituyente instaurado el seis de diciembre de 1846 y en el que la figura más importante o sobresaliente en este congreso es Don Mariano Otero, quien pugna por la federalización del Juicio de Amparo propuesto por Rejón y además establece la formula Otero en la cual se basa uno de los principios rectores del Juicio de Amparo que es el de Relatividad de las sentencias que se dictan en el Amparo y por virtud de este las sentencias solo se van a ocupar de las partes que intervienen en el juicio y la resolución no va a tener efectos generales sino particulares.

Formula Otero.- "*Las sentencias que se pronuncien en los Juicios de Amparo solo se ocupan de los individuos particulares de las personas morales, privadas u oficiales que lo hubiesen solicitado, limitándose a ampararlos y protegerlos si procediere, en el caso particular sobre el que verse la demanda, sin hacer una declaración general sobre la ley o acto que la motivare*". [1]

Constitución de 1857.- En esta impera fundamentalmente el individualismo y el liberalismo dentro del sistema de organización política y jurídica complementándose entre si una con la otra, destacando la conservación por la personalidad individual por una parte y por la otra se

---

[1] *Ley de Amparo*, México, Sista, 2010, Artículo 76 , p. 23

introduce en la actitud que el Estado asume por conducto de sus órganos frente a la actividad particular en el sentido de garantizar un amplio desarrollo mientras no provoque el desorden en el medio social.

En el art. 102 se estableció el sistema de control constitucional por vía de acción a través del órgano jurisdiccional, de las leyes o actos de autoridad que afectaran a los gobernados en sus garantías por medio del Juicio de Amparo y siendo competentes para conocer de este a los Tribunales de la Federación entendiéndose por tales a los juzgados de distrito y a la Suprema Corte.

Constitución de 1917.- Esta se aparta de las doctrinas individualistas, por no considerarlas como la base y objeto de las instituciones sociales sino que las considera como garantías que el Estado concede y otorga a los habitantes de un territorio y se establece que son otorgadas por la sociedad como única titular de la soberanía adoptando la tesis de Juan Jacobo Rousseau y se consignan por primera vez en el mundo en esta constitución las garantías sociales que son los derechos otorgados a determinadas clases y tienden a mejorar y considerar su situación económica estableciéndose en los Art. 27 y 123 de dicha constitución.

II.   Conceptos Básicos del Juicio de Amparo
Para poder comprender la institución denominada juicio de amparo es primordial conocer los conceptos básicos que se utilizan para el proceso del mismo, y por su puesto su propio concepto.

Juicio de Amparo
La formulación del concepto de Juicio de Amparo varia tanto en la doctrina como en la legislación, sin embargo para concebir un concepto correcto del mismo es necesaria la reunión de los elementos que lo componen, es decir las características que integran su esencia jurídica institucional.

De acuerdo al artículo 103 Constitucional, se puede concebir al Juicio de Amparo como el medio jurídico que preserva las garantías constitucionales del gobernado contra todo acto de autoridad que las viole, que garantiza a favor del particular el sistema competencial existente entre las autoridades federales y las de los Estados y que además protege a la misma Constitución.

Para el maestro Ignacio Burgoa el amparo es una institución procesal que tiene por objeto proteger al gobernado contra cualquier acto de autoridad que, en detrimento de sus derechos, viole la Constitución.[2]

Para Silvestre Moreno Cora, el amparo es:

"una institución de carácter político, que tiene por objeto proteger, bajo las formas tutelares de un procedimiento judicial, las garantías que la

---

[2] Burgoa Orihuela, Ignacio, *El Juicio de Amparo,* Porrúa, México, 2009, p. 176.

Constitución otorga, o mantener y conservar el equilibrio entre los diversos Poderes que gobiernan la Nación, en cuanto por causa de las invasiones de estos se vean ofendidos o agraviados los derechos de los individuos".[3]

El anterior concepto resulta más completo debido a que comprende todos los elementos del juicio de amparo instituidos en la Constitución.

El maestro Héctor Fix Zamudio, conceptualiza al juicio de amparo desde el concepto del proceso señalando que el citado juicio es:

"un procedimiento armónico, ordenado a la composición de los conflictos suscitados entre las autoridades y las personas individuales y colectivas por violación, desconocimiento e incertidumbre de las normas fundamentales".[4]

A mi juicio, el juicio de amparo es uno de los medios de control constitucional a través del cual se protegen los derechos fundamentales a que somos merecedores todos los gobernados, así como el goce y disfrute de los mismos contra cualquier ley o acto de autoridad que afecte dichos derechos.

En otras palabras el juicio de amparo es el control de la constitucionalidad y de la legalidad de las leyes y de los actos de autoridad que vulneren las garantías de que somos titulares todos los gobernados.

Gobernado (Quejoso)

Es toda persona susceptible de ver afectada su esfera jurídica por un acto de autoridad. Pueden ser gobernados las personas físicas, morales, de derecho público, de derecho privado, de derecho social y las personas morales oficiales (autoridades), estos últimos cuando ven afectada su esfera en sus bienes patrimoniales.

El quejoso es considerado como la persona que asume el carácter de gobernado y contra quien la autoridad responsable emite un acto que se estima violatorio de las garantías individuales que integran su esfera jurídica. El quejoso (gobernado), es el titular de la acción y el único que resiente el daño conforme al principio de iniciativa o instancia de parte y en consecuencia el único que puede promover el amparo.

Agraviado

Es la persona que sufre el agravio personal y directo por un acto de autoridad, es decir, es o son los sujetos que pueden intervenir en un juicio de amparo y en contra de quien se va a decidir un derecho. [5]

---

[3] Ibídem, p. 178
[4] Ibídem, p. 179
[5] *"Iniciativa de la Nueva Ley de Amparo",* agosto 2003, p 11, en http://www.senado.gob.mx/iilsen/content/ lineas/docs/varios/Ley_Amparo.pdf (21 de julio de 2010).

Tercero Perjuidicado

Para el maestro Ignacio Burgoa el tercero perjudicado como parte en el juicio de amparo es:

"el sujeto que tiene interés jurídico en que subsista el acto reclamado, interés que se revela en que no se conceda al quejoso la protección federal o en que se sobresea el juicio de amparo respectivo".[6]

El tercero perjudicado al igual que la autoridad responsable viene a ser la contraparte del quejoso y por esta situación los intereses que persiguen tanto la autoridad responsable como el tercero perjudicado son los mismos, es decir, que subsistan los actos reclamados por lo que de alguna manera se asocian.[7]

Existen tres tipos de terceros perjudicados:

I.- La contraparte del quejoso en los juicios de amparo directo cuando el acto reclamado emane de un juicio o controversia, a excepción de la materia penal, ya que en esta no hay tercero perjudicado porque el Ministerio Publico detenta el monopolio de la acción penal y el agraviado ofendido por el delito solo puede participar en el juicio por regla general como coadyuvante del Ministerio Público Federal.

II.- El ofendido o las personas que conforme a la ley tengan derecho a la reparación del daño o a exigir la responsabilidad civil proveniente de la comisión de un delito.

III.- La persona física o moral que haya gestionado en su favor el acto contra el que se pide amparo cuando se trate de providencias dictadas por autoridades administrativas pero que contra esa autorización, licencia otras personas tenga interés en que deje de surtir efectos dicha autorización.

Ministerio Público

De acuerdo al artículo 5° fracción IV de la Ley de Amparo el Ministerio Público es parte en el juicio de amparo, quien podrá intervenir en todos los juicios de amparo pudiendo interponer los recursos que señala la ley, cuando a su juicio el asunto de que se trate y lo que en él se resuelva pueda tener como consecuencia el que se vea afectado el interés social. Su función es la de una parte equilibrada de las demás.

Acto de Autoridad

Es aquel que necesariamente debe provenir de cualquier autoridad del Estado y que además tenga la finalidad de afectar la esfera jurídica de los gobernados. Además, debe cumplir con las siguientes características imprescindibles:

- Unilateralidad, basta la voluntad del Estado.

---

[6] Burgoa Orihuela, Ignacio, Op., cit, p. 342.
[7] Cabe aclarar que no en todos los juicios de garantías existirá un tercero perjudicado ya que el acto reclamado únicamente causa perjuicio a la esfera del quejoso.

• Imperatividad, porque con el poder de imperio con que están investidos los órganos del Estado lo imponen.

• Coercitividad, porque consiste en que si el gobernado no cumple con dicho acto el Estado a través de procedimientos económicos coactivos lo hace efectivo.

Un ejemplo claro para comprender mejor las características de un acto de autoridad es el impuesto predial, ya que basto la voluntad del Estado para establecerlo, el Estado lo impone a los gobernados y en caso de que los gobernados no cumplamos con dicho impuesto el mismo Estado a través de multas impuestas por retraso de pago nos lo hará cumplir.

Autoridad Responsable

Es el órgano u órganos del Estado con facultades demando y decisión públicas que invade indebidamente la esfera jurídica del gobernado; en otras palabras, aquella que dicta, promulga, publica, ordena, ejecuta o trata de ejecutar la ley o el acto reclamado. De esta emanan los actos que se reclaman por el quejoso, constituyéndose en la parte demandada en el juicio de amparo, es a quién se le atribuye la violación de garantías.

La autoridad responsable equivale a poder, potestad o actividad que es susceptible de imponerse a los gobernados por conducto de los órganos de los Estados a través de sus autoridades ya que están investidos de imperio.

Acto Reclamado

Es el acto de autoridad que debe de cumplir con las características antes mencionadas (unilateralidad, imperatividad y coercitividad), y que por su puesto, debe de emanar de un órgano de Estado y que además se considere violatorio de garantías.

Garantia Violada

Es el derecho de que goza todo gobernado, que se encuentra establecida en la Constitución en su parte dogmatica y que se considera que ha sido violada por el acto reclamado.

Violación

Es el enlace que se presenta entre la garantía que supuestamente ha sido violada y el acto reclamado, con la finalidad de determinar si realmente existe violación de dicha garantía.

III. Clasificación del Juicio de Amparo

La demanda de amparo es el acto procesal por virtud del cual se ejercita la acción respectiva por su titular que es el agraviado quien mediante la presentación de la demanda se convierte en quejoso y con ella se inicia el procedimiento constitucional cuyo objeto principal es la protección de la justicia federal.

El Juicio de Amparo se clasifica en Amparo Directo o de una sola instancia y Amparo Indirecto o de doble instancia.

Amparo directo o de una Sola Instancia
El Juicio de Amparo Directo es aquel en el que el acto que es reclamado es materialmente, de naturaleza jurisdiccional de fondo; resuelve el asunto principal.

Su denominación de debe a que en el momento de su creación era conocido en forma inmediata por la Suprema Corte de Justicia de la Nación, sin que ningún otro Juzgado o Tribunal interviniera la controversia presentada.

De acuerdo con el artículo 158 de la Ley de Amparo es de competencia del Tribunal Colegiado de Circuito correspondiente, y procede contra:

I.- Sentencias definitivas o laudos, y

II.- Resoluciones que pongan fin al juicio.

Siempre y cuando ambos hayan sido dictados por tribunales judiciales, administrativos o del trabajo respecto de los cuales no proceda ningún recurso ordinario por el que puedan ser modificados o revocados, ya sea que la violación se cometa en ellos o que, sea cometida durante el procedimiento, afecte a las defensas del quejoso, trascendiendo al resultado del fallo, y por violaciones de garantías cometidas en las propias sentencias, laudos o resoluciones indicados.

"El amparo de una sola instancia (que suele denominarse "directo") debe interponerse por escrito ante el tribunal que dictó la sentencia impugnada, el cual debe distribuir las copias respectivas y emplazar a las partes para que comparezcan ante el tribunal del amparo a defender sus derechos (artículo 168).

También en el amparo de una sola instancia se hace un examen previo de la procedencia y regularidad de la demanda (artículos 177 y 178) por el presidente de la Suprema Corte o por el del tribunal colegiado respectivo, y una vez admitida, se turna al Ministerio Público federal para que, en su caso, formule el dictamen que corresponda.

El tercero interesado, o sea, la contraparte del promovente del amparo en el juicio ordinario en el cual se pronunció la resolución que se combate, y el agente del Ministerio Público que hubiese intervenido como acusador en el proceso penal pueden presentar sus alegaciones por escrito directamente ante la Suprema Corte de Justicia o el tribunal colegiado de circuito, dentro de un plazo de diez días a partir de la notificación correspondiente (artículo 180).

Son comunes con el recurso de apelación los trámites relativos a la redacción de la ponencia, su discusión y aprobación del fallo." [8]

Amparo Indirecto o de Doble Instacia

El Juicio de Amparo Indirecto es aquel en el que el acto reclamado es de naturaleza legislativa, administrativa o jurisdiccional interlocutoria, resuelve una cuestión accesoria.

De conformidad al artículo 114 de la Ley reglamentaria este tipo de juicio debe solicitarse ante el Juez de Distrito, en los siguientes casos:

a) "Contra leyes federales o locales, tratados internacionales, reglamentos expedidos por el Presidente de la República de acuerdo con la fracción I del artículo 89 constitucional, reglamentos de leyes locales expedidos por los gobernadores de los Estados, u otros reglamentos, decretos o acuerdos de observancia general, que por su sola entrada en vigor o con motivo del primer acto de aplicación, causen perjuicios al quejoso.

b) Contra actos que no provengan de tribunales judiciales, administrativos o del trabajo. En estos casos, cuando el acto reclamado emane de un procedimiento seguido en forma de juicio, el amparo sólo podrá promoverse contra la resolución definitiva por violaciones cometidas en la misma resolución o durante el procedimiento, si por virtud de estas últimas hubiere quedado sin defensa el quejoso o privado de los derechos que la ley de la materia le conceda, a no ser que el amparo sea promovido por persona extraña a la controversia.

c) Contra actos de tribunales judiciales, administrativos o del trabajo ejecutados fuera de juicio o después de concluido. Si se trata de actos de ejecución de sentencia, sólo podrá promoverse el amparo contra la última resolución dictada en el procedimiento respectivo, pudiendo reclamarse en la misma demanda las demás violaciones cometidas durante ese procedimiento, que hubieren dejado sin defensa al quejoso. Tratándose de remates, sólo podrá promoverse el juicio contra la resolución definitiva en que se aprueben o desaprueben.

d) Contra actos en el juicio que tengan sobre las personas o las cosas una ejecución que sea de imposible reparación.

e) Contra actos ejecutados dentro o fuera de juicio, que afecten a personas extrañas a él, cuando la ley no establezca a favor del afectado algún recurso ordinario o medio de defensa que pueda tener por efecto modificarlos o revocarlos, siempre que no se trate del juicio de tercería.

f) Contra leyes o actos de la autoridad federal o de los Estados, en los casos de las fracciones II y III del artículo 1 de esta ley.

---

[8] Fix Zamudio Héctor, Ferrer Mac-Gregor Eduardo, *El Derecho de Amparo en México*, México, UNAM, 2006, pp. 16,17.

g) Contra las resoluciones del Ministerio Público que confirmen el no ejercicio o el desistimiento de la acción penal, en los términos de lo dispuesto por el párrafo cuarto del artículo 21 Constitucional."[9]

"El amparo de doble instancia (calificado impropiamente como "indirecto") se promueve en primer grado ante un juez federal de distrito, y la tramitación es sumamente sencilla, inspirada en los principios de oralidad, concentración y economía procesales, puesto que, una vez admitida la demanda, después de un examen *in limine* sobre su procedencia y regularidad (artículos 146 y 147 de la Ley de Amparo), el propio juez federal solicita informe a las autoridades demandadas, las que deben rendirlo en un plazo de cinco días, que puede ampliar hasta otros cinco, acompañando los documentos justificativos de su actuación u omisión, y en todo caso, con la anticipación que permita su conocimiento por el quejoso, al menos ocho días antes de la fecha de la celebración de la audiencia de fondo. Dicho informe tiene todos los efectos de la contestación de la demanda en el proceso ordinario, ya que su ausencia determina que se tengan por ciertos los actos que se reclaman, y además, la imposición de una multa (artículo 149 de la Ley de Amparo); corriéndose traslado al tercero interesado, si lo hay (artículo 147).

En el mismo proveído por el cual se admite la demanda, se fija la fecha para la celebración de una audiencia pública (artículo 154), en un plazo que no debe exceder de treinta días (artículo 147). En esta audiencia se reciben las pruebas, se formulan los alegatos (que generalmente se presentan por escrito), y en su caso, el dictamen del Ministerio Público federal, y acto continuo, lo que ocurre excepcionalmente debido al cúmulo de trabajo, debe dictarse el fallo correspondiente (artículo 155).

En la segunda instancia, que se sigue ante la Suprema Corte de Justicia o ante los tribunales colegiados de circuito, su presidente examina la regularidad y la procedencia del recurso de apelación respectivo, señalando a las partes un plazo de diez días para formular alegatos, transcurrido el cual se envía el expediente al Ministerio Público federal para que redacte su dictamen, si lo considera pertinente (artículo 90 de la Ley de Amparo).

En los casos que corresponden a la Suprema Corte de Justicia, el asunto se turna a un ministro, quien debe formular el proyecto de sentencia en un plazo prorrogable de treinta días (artículo 182), y una vez distribuida esa ponencia entre los restantes ministros que integran la sala o el tribunal en pleno, según corresponda, el presidente de la sala o el de la Corte, en el caso del pleno, citará para una audiencia en la que se discuta y vote públicamente el fallo (artículo 188), pero si no fuere aprobado, se designa a un ministro de la mayoría para que redacte la sentencia correspondiente (artículo 188), autorizándose en todo caso a los que no estuvieren conformes con el sentido

---

[9] *Ley de Amparo,* México, Sista, 2010, Artículo 76 , p. 44

del fallo para que formulen sus opiniones disidentes, que reciben el nombre de "votos particulares", los que son publicados con la sentencia.

En los tribunales colegiados de circuito, el recurso de apelación se tramita de la misma forma que en la Suprema Corte, con la diferencia de que el plazo para formular la ponencia es más breve (quince días) y, además, no existe discusión pública de la sentencia, ya que el proyecto debe aprobarse en sesión secreta (artículo 184)". [10]

En resumen.

Por lo anterior, podemos decir que toda controversia constitucional que se plantea ante un Juez de Distrito, es un Juicio de Amparo Indirecto o de doble instancia, pues en él se da la posibilidad de que las partes interpongan el recurso de revisión prevista por la propia ley, dando lugar a la segunda instancia que se tramitará según la competencia, o ante la Suprema Corte, o ante el Tribunal Colegiado; por lo tanto, cabe mencionar que los Jueces de Distrito no pueden en ningún caso conocer del Amparo Directo, pudiendo llegar a presentarse ante ellos la demanda de ese tipo, pero sin que tengan facultades para tramitar el juicio planteado, por no ser de su competencia.

Las facultades del Juez de Distrito son tan amplias que puede incluso decirse, que son mayores a las de los Magistrados de Circuito y a la de los Ministros de la Suprema Corte de Justicia, así también se puede establecer que la procedencia del Amparo Indirecto es más amplia que la correspondiente al Amparo Directo.

Por otro lado, la diferencia del amparo directo, en el amparo indirecto procede en la etapa probatoria ya que los medios de prueba acompañan a la demanda, a través de diversos documentos, públicos o privados con las que cuenta el quejoso.

Aunque la intención del legislador ha sido establecer el procedimiento oral, por lo general se tramita de forma escrita, además, la gran acumulación de juicios de amparo tratándose de la impugnación de sentencias judiciales, actos administrativos y también de disposiciones legales que se estiman inconstitucionales, ha determinado la introducción, de la obligación de las partes de impulsar el procedimiento, con algunas excepciones, con la sanción, en caso de inactividad procesal, de la terminación del procedimiento sin resolverse el asunto en cuanto al fondo.

De acuerdo con el artículo 74, fracción V, de la Ley de Amparo, se sobreseerá el juicio de amparo si, tratándose de la primera instancia en los de doble grado, o bien en los de una sola instancia, el reclamante no solicita la resolución del amparo, cuando ha quedado paralizado, dentro de un plazo de trescientos días contados a partir de la última actuación procesal. Si se trata de la segunda instancia del juicio de amparo de doble grado, el que interpuso

---

[10] Fix Zamudio Héctor, Ferrer Mac-Gregor Eduardo, Op, cit., p. 15.

el recurso de apelación debe vigilar la marcha del procedimiento en los mismos términos, pues en caso de no actuar también en dicho plazo de trescientos días, se decreta la caducidad de la instancia

IV. Procedencia Constitucional del Juicio de Amparo (artículo 103 de la Constitución Política de los Estados Unidos Mexicanos).

La procedencia constitucional del Juicio de Amparo se encuentra establecida principalmente en el artículo 103 constitucional, que debe ser relacionado directamente con el artículo 107 del mismo ordenamiento jurídico, donde se encuentran establecidas diversas disposiciones acerca del Juicio de Amparo.

El artículo 103 constitucional a la letra dice:

"Articulo 103. Los tribunales de la federación resolverán toda controversia que se suscite:
I. Por leyes o actos de la autoridad que violen las garantías individuales;
II. Por leyes o actos de la autoridad federal que vulneren o restrinjan la soberanía de los estados o la esfera de competencia del distrito federal, y
III.Por leyes o actos de las autoridades de los estados o del distrito federal que invadan la esfera de competencia de la autoridad federal". [11]

Como observamos tienen competencia para conocer del juicio de amparo la Suprema Corte de Justicia, los Tribunales Colegiados de Circuito, en ocasiones los Tribunales Unitarios de Circuito, los Juzgados de Distrito, y como auxiliares del Poder Judicial Federal lo Tribunales Locales del Distrito Federal y de las demás entidades federativas, lo que llamamos jurisdicción concurrente o competencia auxiliar.

La Suprema Corte de Justicia funciona en pleno y en dos salas de cinco magistrados cada una tiene competencia la primera, en asuntos civiles y penales y la segunda, en cuestiones administrativas y laborales.

En materia de amparo el tribunal en pleno de la Suprema Corte de Justicia conoce, por medio del llamado recurso de revisión, de la segunda instancia de las sentencias dictadas por los jueces de distrito o, en su caso, los tribunales unitarios de circuito, en los juicios de amparo en los cuales se impugne la inconstitucionalidad de una ley federal, local o del Distrito Federal o de un tratado internacional, si en la propia revisión subsiste la cuestión de inconstitucionalidad.

También conoce el citado tribunal en pleno de la impugnación de las sentencias de los jueces de distrito o, en su caso, de los tribunales unitarios de circuito pronunciadas en los juicios de amparo en los cuales se controviertan, por afectación personal, los actos o leyes que invadan la esfera

---

[11] *Constitución Política de los Estados Unidos Mexicanos,* México, Porrúa, 2010, artículo 103, p. 111.

federal o local, respectivamente; cuando la propia Corte ejercite en segundo grado la facultad de atracción y finalmente, la segunda instancia de los fallos dictados por los tribunales colegiados de circuito en una sola instancia, cuando decidan sobre la inconstitucionalidad de una ley. Mediante reforma, a la fracción IX del artículo 107 constitucional, de 11 de junio de 1999, se establece que las resoluciones que se dicten en materia de *amparo directo* por los tribunales colegiados no admiten recurso alguno, excepto los casos en que decidan sobre la inconstitucionalidad de una ley o establezcan la interpretación directa de un precepto de la Constitución y, además, a juicio de la Suprema Corte y conforme a los acuerdos generales que emita el pleno de ésta, entrañe la fijación de un criterio de *importancia y trascendencia*. Sólo en este caso procederá el recurso de revisión, limitándose la materia del recurso exclusivamente a la decisión de las cuestiones propiamente constitucionales; en caso contrario se desechará el recurso. Como se advierte, en este último supuesto de amparo directo, se deja a la Corte la facultad discrecional para conocer del recurso de revisión.

La competencia de las salas, por lo que se refiere a los juicios de amparo, puede sintetizarse en tres aspectos esenciales, su conocimiento está determinado por materias, asuntos civiles y penales en la primera sala; administrativos y laborales en la segunda, sin perjuicio de que el pleno pueda turnarles, en caso de que lo estime necesario, otros que correspondan a la propia Corte.

Dichas salas deciden, según su materia, del recurso de revisión contra las sentencias pronunciadas por los jueces de distrito o los tribunales unitarios de circuito, en los juicios de amparo en los cuales se controvierta de manera directa la constitucionalidad de un reglamento federal expedido por el presidente de la República o de reglamentos que correspondan al gobernador de un estado o el jefe de gobierno del Distrito Federal, y también en aquellos supuestos en que en el fallo se interprete directamente un precepto de la Constitución federal, así como de aquellos juicios de amparo en revisión en los cuales la sala ejercite la facultad de atracción establecida en el artículo 107, fracción VIII, inciso b) de la propia carta federal, al considerar la sala respectiva que por su interés y trascendencia así lo amerite.

De los recursos de revisión interpuestos contra las sentencias dictadas por los tribunales colegiados de circuito, en amparo de una sola instancia, cuando decidan u omitan resolver sobre la inconstitucionalidad de un reglamento federal o local, o interpreten directamente un precepto de la Constitución, así como en aquellos casos en que la sala decida ejercitar la facultad de atracción en amparo de un solo grado.

De la resolución de las denuncias de contradicción entre las tesis sustentadas por los tribunales colegiados de circuito, en los juicios de amparo y respecto de la materia que corresponde a cada una de las salas, para determinar cuál es la que debe prevalecer con carácter obligatorio, pero sin modificar los fallos correspondientes.

Los tribunales colegiados de circuito fueron establecidos con el propósito de auxiliar a la Suprema Corte de Justicia en el conocimiento de los asuntos de amparo.

De manera excepcional, dichos tribunales colegiados pueden conocer y decidir cuestiones de inconstitucionalidad; en particular, en los juicios de amparo contra disposiciones legislativas por conducto de una sentencia judicial en la cual se hubiese aplicado dichos preceptos.

Los tribunales colegiados resuelven u omiten decidir sobre la inconstitucionalidad de las disposiciones legislativas o interpretan directamente un precepto de la carta federal, sus fallos pueden ser impugnados por los afectados por medio del recurso de revisión, y la segunda instancia corresponde, en el primer supuesto, al tribunal en pleno de la Suprema Corte de Justicia, excepto si dichas disposiciones tienen carácter reglamentario, pues en este supuesto son competentes las salas, según la materia. En todos los demás casos, los fallos de los citados tribunales colegiados se consideran firmes, ya que no admiten impugnación, y por ello adquieren autoridad de cosa.

Por lo que respecta a los tribunales unitarios de circuito, normalmente actúan como tribunales de apelación respecto de las sentencias dictadas por los jueces de distrito en asuntos ordinarios federales, pero también pueden conocer de los juicios de amparo que se promuevan contra decisiones de otros tribunales unitarios y que por no tratarse de fallos definitivos o de resoluciones que ponen fin al proceso deben hacerse valer en amparo de doble instancia.

A los jueces de distrito les corresponde decidir, en primera instancia, de los juicios de amparo señalados por los artículos 107, fracción VII, de la carta fundamental y 114 de la Ley de Amparo, cuando por medio del amparo se reclame en vía de acción la inconstitucionalidad de una ley, de un tratado internacional o de los reglamentos federales o de carácter local; se impugnen actos provenientes de las autoridades administrativas que no puedan plantearse ante los tribunales judiciales o administrativos; se combatan las resoluciones judiciales pronunciadas en vía de jurisdicción voluntaria; las que tengan sobre las personas o las cosas efectos de imposible reparación, o bien, si se afectan a personas ajenas al proceso y no exista un medio ordinario de defensa.

Al crearse el Consejo de la Judicatura Federal en la reforma constitucional de 31 de diciembre de 1994, esa facultad de dictar acuerdos generales se trasladó de la Suprema Corte al citado Consejo, el cual tiene la atribución, a partir de esas reformas, para determinar el número, división en circuitos, competencia territorial y, en su caso, especialización por materia de los tribunales colegiados y unitarios de circuito y de los juzgados de distrito y se conservó en el pleno de la Suprema Corte la facultad para expedir dichos acuerdos generales, a fin de lograr una adecuada distribución entre las salas de los asuntos que competa conocer a la propia Corte, y remitir a los tribunales colegiados de circuito aquellos asuntos en los que hubiera establecido jurisprudencia, para la mayor prontitud en su despacho. Además de lo anterior, el artículo 110, párrafo séptimo, de la misma carta federal, confirió al mencionado Consejo de la Judicatura Federal la facultad de expedir acuerdos generales para el adecuado ejercicio de sus atribuciones, de acuerdo con lo que estableciera la ley. Con estas funciones materialmente legislativas, se ha establecido un sistema más ágil y flexible para el gobierno y la administración de los tribunales de amparo y, en general, del Poder Judicial federal.

Como auxiliares de la justicia federal, intervienen en el procedimiento del juicio de amparo los jueces locales de las entidades federativas en dos casos:

- Tratándose de actos que ponen en peligro la vida,
- Afecten la libertad personal fuera del procedimiento judicial o,
- Violen el artículo 22 constitucional, o bien,
- Cuando se reclamen derechos individuales o colectivos agrarios.

Cuando en el lugar en el cual pretenden ejecutarse dichos actos no existe juez de distrito (artículos 38 a 40 y 220 de la Ley de Amparo). Esta intervención de los jueces locales se califica de *competencia auxiliar*, ya que, por este procedimiento, dichos jueces de carácter local reciben la demanda, ordenan la suspensión de los actos impugnados y remiten el expediente al juez de distrito para la continuación del juicio.

En segundo término, cuando se reclamen ciertos actos en materia penal, como los comprendidos en los artículos 16, 19 y 20 fracciones I, VIII Y X Constitucional (detención o retención por parte del Ministerio Público y orden aprehensión, auto de formal prisión o sujeción a proceso, fracción I libertad bajo caución, fracción VIII plazos máximos de duración del proceso y X duración máxima de la prisión preventiva). En estos supuestos, el promovente puede optar, al interponer su demanda de amparo, entre acudir ante un juez de distrito, o bien dirigirse al tribunal de apelación de carácter ordinario que sea el superior del juez que dictó la resolución respectiva. En este último caso, el citado tribunal superior actúa en sustitución del juez de distrito, y por ello se califica este procedimiento como *jurisdicción concurrente* (artículo 37 de la Ley de Amparo).

V. Derechos Fundamentales y su reconocimiento frente a particulares

La denominación de Derechos Fundamentales ha sido el sustituto de la denominación Garantías Individuales, término que para la mayoría de los juristas es mal empleado, por lo cual la denominación Derechos

Fundamentales ha sido la correcta por ser una terminología más clara y precisa, para denominar a todos aquellos derechos subjetivos públicos consagrados en nuestra Carta Magna y de los cuales somos titulares todos los gobernados y que no pueden ser renunciables o verse interrumpidos por algún acto público o de autoridad, siendo el juicio de amparo el instrumento procesal ideal para su tutela.

Sin embargo, en algunas ocasiones los entes de derecho privado concurren a ejercer actos de naturaleza pública, aunado a ello el abuso de poder de las personas físicas y/o corporaciones se hace presente ante la invariable desventaja de los particulares, ocasionando con ello una gran desventaja para el verdadero pleno goce de los derechos fundamentales de que son portadores todos los gobernados por la amenaza latente de los mismos particulares, ejemplos claros son visibles en nuestro vivir diariamente, cuando a algún trabajador le ha tocado que su contratación sea condicionada a su renuncia de forma expresa a su derecho de sindicación, o que ha sido sujeto de discriminación por razones de color, raza, sexo, creencias religiosas, ideologías, etc.; o bien obligar a una mujer a mantenerse infecunda para que pueda conservar su trabajo, o simplemente por ser mujer negarle el empleo; algunos de estos casos han llegado al conocimiento de los Tribunales, mientras muchos otros quedan en silencio.

Poco a poco los jueces han llegado al entendido de que los derechos fundamentales de los gobernados, que generalmente se ven violados por el poder arbitrario de entes públicos, ahora también lo son ante actos no controlados o regulados por particulares.

Algunos autores como Mijangos han planteado algunas posibilidades para hacer efectivo el reconocimiento de los derechos fundamentales frente a particulares.

En efecto, lo que el autor antes citado plantea es la posibilidad de implementar la doctrina Alemana de la *Drittwirkung der Grundrechte,* que es precisamente el reconocimiento de la eficacia normativa de los derechos fundamentales en las relaciones entre particulares. El autor señala que esto solo puede lograrse haciendo explicitas las ideas principales que se encuentran en esta construcción doctrinal *(Drittwirkung der Grundrechte),* y son la eficacia normativa de la Constitución y la doble función subjetiva y objetiva que desempeñan los derechos en los sistemas jurídicos contemporáneos.[12]

La eficacia normativa de la Constitución, afirma el carácter vinculante de las disposiciones constitucionales y demanda rechazar todas las concepciones que atribuyen carácter programático a las normas

---

[12] Mijangos y González, Javier, *Los derechos fundamentales en las relaciones entre particulares,* México, Porrúa, 2007.

constitucionales y entienden que estas no pueden aplicarse directamente por los tribunales.

La función subjetiva de los derechos fundamentales implicaría el reconocimiento de que estos son auténticos derechos subjetivos y *la función objetiva* refiere al efecto irradiador de los derechos hacia todo el ordenamiento.

A partir de lo anterior se presentan dos modelos a través de los cuales se puede instrumentalizar la eficacia normativa de los derechos fundamentales en las relaciones entre particulares, y son: la eficacia mediata y la eficacia inmediata.

La *eficacia mediata* se basa en la idea de que los derechos fundamentales no pueden incidir por sí solos en las relaciones privadas, pues se requiere de un acto estatal que *medie* entre el derecho y el particular al que se le opone. A su vez, esto da lugar a dos maneras de mediación: la legislativa y la judicial.

La *mediación legislativa:* se produce cuando es el legislador quien concretiza la eficacia horizontal de los derechos a través de una ley. La intervención legislativa en el desarrollo de los derechos es de vital importancia para la correcta eficacia de los derechos no sólo frente a los particulares, sino también frente al poder público. Pero aquí se presentaría un problema el pretender que los derechos sólo pueden ser eficaces frente a los particulares a través de una ley. Así entendida, la mediación legislativa no parece compatible con el paradigma de una constitución normativa, ya que reduce los derechos fundamentales a derechos legales.

La *mediación judicial:* surge cuando un órgano judicial resuelve una controversia aplicando los derechos fundamentales como parámetros interpretativos.

La *eficacia inmediata* se entiende, que los derechos fundamentales sí pueden hacerse valer frente a los particulares como auténticos *derechos subjetivos* accionables jurisdiccionalmente. En este sentido, seria la jurisdicción ordinaria el lugar para resolver los conflictos derivados de la eficacia de los derechos entre particulares, de tal manera que no sería el acceso a un procedimiento de jurisdicción constitucional (como podría ser el amparo o algún otro equivalente) y esto condiciona en gran manera la eficacia de los derechos fundamentales frente a particulares.

Aunque en el constitucionalismo mexicano no se ha analizado del todo el problema de la *Drittwirkung,* algunos constitucionalistas como Ignacio Burgoa y Vallarta, ilustran su estado. Para Vallarta resultaba improcedente el amparo en contra de actos de particulares ya que, la posibilidad de que el amparo pudiera servir para combatir la violación de un derecho fundamental por parte de un particular era completamente ajena a nuestra tradición jurisprudencial. Pero además, resultaba innecesaria desde un punto de vista práctico, ya que esas violaciones ya encontraban una adecuada tutela en los mecanismos previstos por la legislación ordinaria (por el derecho civil y penal) para sancionar conductas ilícitas.

La obra de Burgoa ha influenciado en gran manera para la consolidación del entendido de los derechos fundamentales como "derechos subjetivos públicos" tanto en la doctrina como en la jurisprudencia y de acuerdo con esa concepción el sujeto pasivo, es decir el que viola los derechos fundamentales únicamente puede ser un órgano estatal en función de autoridad, es decir que para Burgoa tampoco procedería el amparo para la protección de los derechos fundamentales frente a particulares.

Para Mijangos, el juicio de amparo no es el medio adecuado para tutelar los derechos fundamentales frente a violaciones de particulares, descarta esta posibilidad a partir de un concepto clave en el juicio de amparo que es la autoridad responsable. A partir de este criterio Mijangos señala que para establecer que alguien pueda ser considerado una autoridad es que pueda hacer uso de la fuerza pública; sin embargo, considera que dicho concepto de autoridad responsable puede ampliarse aun mas para poder incluir actos que provengan de particulares siempre que tengan alguna conexión pública y de manera especial en los casos en los que los particulares realizan actividades que le corresponden al Estado como concesiones o permisos, pero considera que dicho concepto de autoridad responsable es difícil de revertir.

Señala que habría que leer en forma diferente el artículo 133 constitucional para que el control difuso pueda armonizarse con las competencias del Poder Judicial de la Federación establecidas en el artículo 103 Constitucional, para ello, considera que es necesario distinguir la *declaración de inconstitucionalidad* de una ley de la *desaplicación* de una ley o acto inconstitucional. Así, lo primero correspondería en exclusiva al Poder Judicial de la Federación, mientras que lo segundo sería una obligación a cargo de los jueces ordinarios, la tesis que el autor intenta defender es la posibilidad de contar con dos vías procesales en función del agente que realice la vulneración de derechos fundamentales: el juicio de amparo para las violaciones de derechos provenientes de autoridades y el control difuso llevado a cabo por los jueces ordinarios (en cualquier proceso judicial) para las violaciones que realicen los particulares.

Para ello, a mi juicio, habría que abandonar la idea muy arraigada a nuestra tradición jurisprudencial de que los derechos fundamentales son únicamente limites al poder público y de que solo es posible analizar los actos privados que violan derechos fundamentales cuando estos solo tengan algún respaldo público.

Lo que se debe determinar es como y porque deben influir los derechos fundamentales en las relaciones privadas, la respuesta a este problema depende de la manera en que se entiendan los derechos fundamentales, si es correcto o no el concepto de ser *derechos públicos subjetivos*.

VI. La reforma al Artículo 103 Constitucional para un nuevo concepto de acto de autoridad en la Ley de Amparo

En el año 2001 la Suprema Corte de Justicia de la Nación presento el proyecto de la Ley de Amparo, el cual propone grandes e importantes cambios en relación a un concepto que resulta de gran importancia en el juicio de amparo como es el de autoridad responsable. También se propone reformar el artículo 103 de la Constitución de la siguiente manera:

Texto Vigente	Texto Propuesto
"Los Tribunales de la Federación resolverán toda controversia que se suscite: *I.- Por leyes o actos de la autoridad que viole las garantías individuales;* *II.- Por leyes o actos de la autoridad federal que vulneren o restrinjan la soberanía de los estados o la esfera de competencia del Distrito Federal, y* *III.- Por leyes o actos de las autoridades de los estados o del Distrito Federal que invadan la esfera de competencia de la autoridad federal".*	*"Los Tribunales de la Federación resolverán toda controversia que se suscite por normas generales o actos de autoridad que violen las Garantías que consagra esta Constitución o los derechos humanos que protegen los instrumentos internacionales generales en la materia que estén de acuerdo con la propia Constitución, celebrados y que se celebren por el presidente de la República con apropiación del Senado."[13]*

Lo propuesto por la Suprema Corte de Justicia de la Nación introducía a un nuevo concepto de *autoridad responsable,* en la Ley de Amparo, de la siguiente manera:

---

[13] Valadés, Diego, *"La protección de los derechos fundamentales frente a particulares"*, agosto 2005, p 8,enhttp://www.scjn.gob.mx/SiteCollectionDocuments/PortalSCJN/RecJur/BibliotecaDigitalS CJN/CDAAC-BIB-O-505-08-2007P1/LaProteccionDerechos Fundamentales Frente Particulares/ La%20proteccion%20de%20los%20 derechos%20 fundamentales%20frente%20a%20 particulares.pdf (23 de julio de 2010).

Texto Vigente	Texto Propuesto
"Artículo 11.- Es autoridad responsable la que dicta, promulga, publica, ordena, ejecuta o trata de ejecutar la ley o el acto reclamado." [14]	*"Artículo 4°.- Son parte en el juicio de amparo:* *I.-* *II.- La autoridad responsable, teniendo tal carácter; con independencia de su naturaleza formal, la que dicta, ordena, ejecuta, o trata de ejecutar el acto que crea, modifica o extingue situaciones jurídicas en forma unilateral y obligatoria; u omita el acto que de realizarse crearía, modificaría o extinguiría dichas situaciones jurídicas".*

Como se observa el nuevo concepto de *autoridad responsable,* resulta en su totalidad nuevo para la tradición jurisprudencial que se le ha dado a dicho concepto a lo largo del desarrollo de la institución del juicio de amparo.

En la exposición de motivos del proyecto se señala el motivo de la reforma a dicho concepto, el cual a la letra dice:

"El Derecho Administrativo moderno presenta múltiples casos en los que los organismos descentralizados e inclusive personas particulares, realizan funciones que originariamente presentaba el Estado y que en su actividad pueden afectar la esfera jurídica de los particulares". [15]

En resumen.

El Proyecto de la Ley de Amparo que presento la Suprema Corte proponía lo siguiente:

---

[14] Ibídem, p. 9.
[15] Ibídem, p 10.

- Ampliar el concepto de "autoridad" para los efectos del amparo, a fin de que el juicio de amparo sea procedente no únicamente contra actos de las autoridades centralizadas del Estado y de organismos descentralizados, sino además, en contra de particulares en ciertos supuestos.

Entre otras cosas:

- Establecer la declaratoria general de inconstitucionalidad y de interpretación en los amparos contra normas generales. Lo anterior significaría que la determinación judicial de que una norma general es inconstitucional, tendría efectos generales (para todas las personas), una vez cumplidos los requisitos previstos en el proyecto. Y la misma generalidad a las interpretaciones de esa norma general conformes a la Constitución. Con lo que se eliminaría la aplicación de la llamada *Fórmula de Otero*, referente a la relatividad de las sentencias de amparo.

- Mejorar la forma la "suspensión del acto reclamado" en todas las materias, a través de privilegiar la discrecionalidad de los jueces; facultar al juez de distrito para solicitar documentos y ordenar diligencias para resolver sobre la suspensión definitiva; establecer expresamente como requisito para el otorgamiento de la suspensión la apariencia de buen derecho, pero se obliga al juez a ponderar entre este requisito y la no afectación del interés social; otorgar efectos restitutorios a la suspensión cuando la naturaleza del acto lo permita, y establecer que la suspensión puede obligar a particulares, entre otros aspectos.

Eliminar el sobreseimiento por inactividad procesal y la caducidad de la instancia, así como la jurisdicción concurrente y la acumulación; establece nuevos requisitos de forma y de fondo para las sentencias y se elabora una nueva mecánica para el cumplimiento y ejecución de las mismas; reordena los recursos y los impedimentos y se distingue entre excusa y recusación; reorganiza los incidentes; amplía los plazos genéricos para la promoción del amparo.

VII. Conclusiones

De acuerdo a la breve visión panorámica sobre algunos conocimientos básicos del Amparo y el *"Amparo contra particulares" ("protección horizontal de los derechos fundamentales frente a particulares")* expuesta en el presente trabajo, podemos llegar a las siguientes conclusiones:

El Juicio de Amparo mexicano es una institución procesal que se origino debido a las influencias externas pero también a una evolución nacional. Fue en nuestro país donde adquirió perfiles propios y peculiares.

De tal manera, en la actualidad, el juicio de amparo mexicano tutela todo el ordenamiento jurídico nacional, desde las disposiciones de la carta fundamental hasta los preceptos de un reglamento municipal.

En conclusión las funciones del Juicio de Amparo son: a) la tutela de la libertad y de la integridad personal de acuerdo con los lineamientos del *habeas corpus,* b) se utiliza como medio de impugnación de las disposiciones legales que se consideran contrarias a la Constitución Federal, c) permite el ataque a la ilegalidad de las resoluciones judiciales tanto de carácter federal como locales, d) se usa como medio para combatir resoluciones o acto de autoridades administrativas federales y locales, cuando las controversias respectivas no pueden plantearse ante tribunales administrativos o judiciales ordinarios.

En México en relación a la protección horizontal de los derechos fundamentales, de acuerdo a la jurisprudencia de la Corte Internacional de Derechos Humanos, se logra identificar etapas en las que se aprecia la evolución jurisprudencial sobre la eficacia de los derechos fundamentales frente a particulares en México:

• La primera etapa que se inicia en los años ochenta, la Corte IDH se adhiere a un modelo de la eficacia mediata y sostiene posiciones muy cercanas a la doctrina estadounidense de la *state action*: su análisis se centra en la obligación de respeto y vigilancia de los derechos fundamentales a cargo de los Estados prevista en el artículo 1.1 de la CADH.

• La segunda etapa, en la década de los noventa, se avanza la idea de que los derechos fundamentales previstos en la CADH constituyen obligaciones *erga omnes* que se imponen no sólo a los Estados sino también a los particulares.

• La tercera etapa que marca la consolidación de dicha doctrina a partir de la opinión consultiva 18/03 solicitada por México en relación a la condición jurídica de los inmigrantes, donde la Corte IDH reconoce de forma inequívoca la eficacia directa de los derechos fundamentales en las relaciones privadas.

Sin embargo, en la practica en el juicio de amparo, en el estudio del acto violatorio de derechos fundamentales comienza siempre por la búsqueda del carácter estatal del sujeto demandado y ello implica dificultad para que el juicio de amparo sea un medio de tutela para violaciones a los derechos fundamentales llevadas a cabo por particulares.

Como señala Mijangos habría que leer en forma diferente a como se ha estado leyendo el artículo 133 constitucional para que el control difuso pueda armonizarse con las competencias del Poder Judicial de la Federación establecidas en el artículo 103 Constitucional, Para ello, considera que es necesario distinguir la *declaración de inconstitucionalidad* de una ley de la *desaplicación* de una ley o acto inconstitucional. Así, lo primero correspondería en exclusiva al Poder Judicial de la Federación, mientras que lo segundo sería una obligación a cargo de los jueces ordinarios, y así contar con dos vías procesales en función del agente que realice la vulneración de derechos fundamentales: el juicio de amparo para las violaciones de derechos provenientes de autoridades y el control difuso llevado a cabo por los jueces ordinarios (en cualquier proceso judicial) para las violaciones que realicen los particulares.

Con lo anterior se lograría abrir la puerta que años atrás había cerrado la propia Suprema Corte al negar a los tribunales ordinarios toda posibilidad de control constitucional e instaurar el monopolio del Poder Judicial de la Federación en esta materia.

Considero que en la actualidad existe una idea muy arraigada a nuestra tradición jurisprudencial de que los derechos fundamentales son únicamente limites al poder público y de que solo es posible analizar los actos privados que violan derechos fundamentales cuando estos solo tengan algún respaldo público.

En la actualidad, la doctrina y jurisprudencia constitucionales dan como respuesta ante la protección de los derechos fundamentales frente a particulares, tres premisas:
Los derechos fundamentales son exclusivamente límites frente al poder público,
El juicio de amparo es el único medio para tutelar esos derechos y
III)   Los tribunales ordinarios carecen de cualquier competencia en materia de control de derechos fundamentales.

Pero esta solución que se ha dado ante el problema de la *Drittwirkung* resultada insatisfactoria, ya que resulta contraía al ejemplo de una constitución normativa, además si las norma establecidas en la constitución son vinculantes no solo los poderes públicos deben estar obligados a acatarlas sino también los particulares, especialmente cuando hay violación de los derechos fundamentales en las relaciones privadas. Si hay Estado Constitucional las normas establecidas en la Carta Magna no deben ser meras recomendaciones que queden al arbitrio de sus destinatarios, sino cumplidas por todos.

La única manera de afirmar la eficacia horizontal de los derechos fundamentales, es que los derechos deben tenerse en cuenta al momento de resolver cualquier conflicto donde estos puedan estar involucrados.

Lo que se debe determinar es como y porque deben influir los derechos fundamentales en las relaciones privadas, la respuesta a este problema depende de la manera en que se entienda el concepto de los derechos fundamentales.

Por lo anterior, creo que todo el problema radica en lo que se entiende por derechos fundamentales *(derechos subjetivos públicos)*, y si es así habría que dejar de tener tan arraigado dicho concepto, para así poder dar paso a la vigencia de los derechos fundamentales frente a particulares y sea tutelada por el juicio de amparo. Así como dejar a un lado la idea de que los derechos fundamentales son límites únicamente al poder público.

REFERENCIAS BIBLIOGRÁFICAS

BURGOA ORIHUELA, Ignacio, *El Juicio de Amparo,* Editorial Porrúa, México, 2009.

FERRER MAC-GREGOR, Eduardo y ZALDÍVAR LELO DE LARREA, Arturo, *La Ciencia del Derecho Procesal Constitucional, Estudios en Homenaje a Héctor Fix- Zamudio,* 1eraedición, Editorial IIJ, Tomo IV, México, 2008.

FERRER MAC-GREGOR, Eduardo, *Derecho Procesal Constitucional,* Porrúa, 1era edición, Tomo I, México, 2006.

FIX-ZAMUDIO, Héctor y FERRER MAC-GREGOR, Eduardo, *El Derecho de Amparo en el Mundo,* Editorial Porrúa-UNAM, México, 2006.

FIX-ZAMUDIO, Héctor, *Ensayos sobre el Derecho de Ampar*, 3era edición Porrúa-IIJ, México, 2003.

FERRER MAC-GREGOR, Eduardo, *Reseña de "Hacia una nueva Ley de Amparo" de Arturo Zaldívar Lelo de Larrea,* Cuestiones Constitucionales, enero-junio, núm. 008, UNAM, México, 2003, pp. 273, 278.

FIX-ZAMUDIO, Héctor y FERRER MAC-GREGOR, Eduardo, *El derecho de Amparo en México,* Porrúa-UNAM, 2006.

MIJANGOS Y GONZÁLEZ, Javier, *Los Derechos Fundamentales en las Relaciones entre Particulares,* México, Porrúa, núm. 18, 2007.

TENA RAMIREZ, Felipe, *Derecho Constitucional Mexicano,* Porrúa, 38° edición, México, 2006.

VALADÉS, Diego, *La protección de los Derechos Fundamentales frente a particulares,* SCJN, Centro de Consulta de Información Jurídica, México, 2005.

ZALDÍVAR LELO DE LARREA, Arturo, *Hacia una nueva ley de amparo,* Porrúa-IIJ, México, 2002.

Legislación
Constitución Política de los Estados Unidos Mexicanos, Porrúa, México, 2010.
Ley de Amparo, Editorial Sista, México, 2010.

Proyecto para una nueva Ley de Amparo de la Suprema Corte de Justicia de la Nación, Instituto de Investigaciones Legislativas del Senado de la República, agosto 2003.

Electrónicas:
www.jurídicas.unam.mx
www.scjn.gob.mx

RESPONSABILIDAD PATRIMONIAL DEL ESTADO POR ACTIVIDAD JUDICIAL

Marco Antonio Nambo

RESPONSABILIDAD PATRIMONIAL DEL ESTADO POR ACTIVIDAD JUDICIAL

Marco Antonio Nambo[1]
Con mi gratitud a la Mtra. Ma. Eva López

I. La función Judicial del Estado y su Responsabilidad Patrimonial

En un Estado de derecho es importante que los particulares cuenten con los medios necesarios para hacer responsables a quien les cause daño en su persona, propiedades o derechos, incluyendo daños causados por la figura estadual en ejercicio de sus funciones jurisdiccionales.

Los términos "Estado de derecho" y "responsabilidad" son conceptos correlativos y hablar de un Estado de derecho "irresponsable" implicaría una ironía[2]. La concepción de no dañar a otro ha sido uno de los motivos para que se reconozca la responsabilidad del Estado y, al ser éste el encargado de que el individuo causante de daño responda por ello, no podría quedar exento de responder. En su actividad jurisdiccional, el Estado ha causado daño y seguirá causándolo, y dicho daño no debe ser soportado por los justiciables cuando no tengan la obligación de hacerlo y les represente un sacrificio especial y desigual al resto de las personas como consecuencia de la vida en comunidad.

Quizá los miembros del Poder Judicial podrían considerar que es una exageración este planteamiento porque equivaldría a exigir un trabajo perfecto de los jueces y de su personal. Este es precisamente el sustento: no hay ser humano perfecto y al ser la actividad jurisdiccional una actividad desarrollada por humanos, es susceptible de cometer errores. Atrás ha quedado la idea de "soberanía" del Estado nacional, donde escudaba su impunidad, por considerar que el Estado era la "manifestación del pueblo" y que ningún ente podía hacerse daño a sí mismo.

Marienhoff señalaba que "soberanía" no podía ser sinónima de "impunidad" y que aquélla tan sólo significaba el ejercicio de poderes superiores pero siempre dentro de normas legales que fijaran la conducta a observar por los funcionarios del Estado; todo acto realizado al margen de la Constitución o de la ley sería un acto inválido, no pudiendo invocarse para su validez la soberanía del Estado[3].

---

[1] Licenciado en Derecho por la Universidad Michoacana de San Nicolás de Hidalgo, especialista en Derecho Constitucional por la Universidad Nacional Autónoma de México, especialista en Amparo por la Universidad Panamericana.
[2] GALLI BASUALDO, Martín, *Responsabilidad del Estado por su actividad judicial*, Hammurabi, Buenos Aires, 2006, p.28.
[3] Idem.

II. Fundamentos de la Responsabilidad Patrimonial del Estado por Actividad Judicial

En México no existe, en el sistema jurídico de fuente interna, la previsión del derecho de los gobernados a una indemnización que pueda reparar el daño causado por un error judicial. Sin embargo, en el derecho mexicano de fuente internacional, me refiero a los tratados internacionales firmados por el Ejecutivo Federal y ratificados por el Senado de la República, se ha adoptado el concepto de indemnización por error judicial en dos instrumentos internacionales: la Convención Americana de Derechos Humanos (CADH) y el Pacto Internacional de Derechos Civiles y Políticos (PIDCP).

México a través del Senado de la República, aprobó el 18 de diciembre de 1980, la CADH, adoptada en San José de Costa Rica, según Decreto publicado en el Diario Oficial de la Federación del 9 de enero de 1981, promulgada por el Ejecutivo el 7 de mayo de 1981; sin embargo, derivado de tales compromisos, no se han instrumentado las acciones correspondientes en nuestra legislación vigente para que el gobernado haga valer oportunamente esta conquista a su favor.

En el artículo décimo de la CADH se establece: "Derecho a Indemnización. Toda persona tiene derecho a ser indemnizada conforme a la ley en caso de haber sido condenada en sentencia firme por error judicial." Por su parte, el PIDCP menciona en su articulado: "6. Cuando una sentencia condenatoria firme haya sido ulteriormente revocada, o el condenado haya sido indultado por haberse producido o descubierto un hecho plenamente probatorio de la comisión de un error judicial, la persona que haya sufrido una pena como resultado de tal sentencia deberá ser indemnizada, conforme a la ley, a menos que se demuestre que le es imputable en todo o en parte el no haberse revelado oportunamente el hecho desconocido."

No debemos dejar de lado que los tratados internacionales constituyen derecho positivo vigente para las autoridades mexicanas. Lo deja claro el artículo 133 constitucional al señalar: "la Constitución, las Leyes Federales y los Tratados Internacionales son Ley Suprema". De igual modo, la Suprema Corte de Justicia de la Nación, en tesis aislada, dejó asentada la validez de los tratados internacionales en el sistema jurídico mexicano, bajo el rubro "TRATADOS INTERNACIONALES. SON PARTE INTEGRANTE DE LA LEY SUPREMA DE LA UNIÓN Y SE UBICAN JERÁRQUICAMENTE POR ENCIMA DE LAS LEYES GENERALES, FEDERALES Y LOCALES. INTERPRETACIÓN DEL ARTÍCULO 133 CONSTITUCIONAL."

III. Requisitos para la existencia de la Responsabilidad del Estado por la Actividad Judicial

La responsabilidad del Estado contemplada por el derecho administrativo es más compleja que la establecida en el derecho privado.

En nuestro país al establecerse la responsabilidad del Estado por la actividad administrativa se han considerado requisitos que analizaremos y que resultan aplicables a la responsabilidad por la actividad judicial, al ser propios de la responsabilidad del Estado y no de la actividad administrativa:

1) La existencia de un daño;

2) La imputabilidad de los daños al Estado;

3) La relación de causalidad entre el accionar del Estado y los perjuicios.

Son estos tres requisitos generales los que se han establecido en la responsabilidad administrativa, señalando como particulares a) la existencia de un sacrificio especial en el afectado; y, b) la ausencia del deber jurídico de soportar el daño; sin embargo para la actividad judicial deben de sumarse a los tres anteriores.

1. La existencia de un daño.

El concepto "daño" consiste en la "lesión a intereses jurídicos patrimoniales o espirituales"[4].En el derecho público, difiere al daño establecido en derecho civil definido como la pérdida o menoscabo que sufre una persona en su patrimonio. El factor de atribución es distinto. Es más sencillo ubicar la responsabilidad del daño en el derecho civil y lograr una pretensión indemnizatoria que en el derecho administrativo, para atribuirle responsabilidad al Estado no basta con el hecho de ser el causante, sino, que existe la necesidad de cumplir ciertas condiciones para que el daño sea causa de indemnización.

A. *Elementos para la configuración de un daño que genera indemnización*

"Indemnización" significa "dejar indemne a la víctima, compensarla económicamente para restaurar la integridad de su patrimonio"[5].

Los elementos necesarios para que el administrado pueda exigir responsabilidad por daños al Estado, según Galli Basualdo,[6] son:

a) Daño cierto actual o futuro.

Para que el daño sea cierto debe ser real y efectivo, debe haber certidumbre en cuanto a su existencia y, al hablar de "actual o futuro" es

---

[4] PERRINO, Pablo Esteban, "La responsabilidad extracontractual de la Administración Pública por actividad ilícita", en *Documentación Administrativa*, INAP, Madrid, Mayo-Diciembre, 2004, p. 285.

[5] GALLI BASUALDO, Martín, *op. cit.*, nota 1, p. 71.

[6] *Ibidem.* pp. 69 y 70.

hablar de que el daño debe existir en el presente, o haber suficiente probabilidad de acuerdo al curso natural de los acontecimientos de que se produzca, es decir, es inevitable su producción.

b) Daño evaluable en dinero y subsistente.

Ello significa que sea cuantificable pecuniariamente y que prevalezca, que sea vigente. El perjuicio no debe haber desaparecido al tiempo de ser resarcido porque el obligado lo ha reparado[7].

c) Daño individualizado en una persona o grupo de personas.

El Estado en su carácter inquisitivo, con el complejo de prerrogativas que lo identifican puede ocasionar daños al administrado, quién tendrá la obligación de soportarlos; por tal motivo para que el daño sea resarcible este debe de ser a una persona o grupo de personas determinadas o especificas y no a toda la población en lo general que sería ilógico e imposible de realizar.

d) Hallarse en juego la tutela de un derecho subjetivo y/o intereses legítimos.

Este punto no es otra cosa más que el fundamento o derecho que debe de existir para reclamar el resarcimiento del daño sufrido.

B. *El daño moral en la actividad judicial*

Existe una excepción al principio de que el daño deba ser "susceptible de conocer su valor": el daño moral.

En la legislación civil mexicana, el artículo 1916 del Código Civil para el D.F., aplicable en toda la república en materia federal, dispone, a partir del 28 de diciembre de 1982, que por "daño moral" se entiende: "la afectación que una persona sufre en sus sentimientos, afectos, creencias, decoro, honor, reputación, vida privada, configuración y aspectos físicos, o bien en la consideración que de sí mismo tienen los demás. Se presume que hubo daño moral cuando se vulnere o menoscabe ilegítimamente la libertad o la integridad física o psíquica de las personas [...] el monto de la indemnización la determinara el Juez tomando en cuenta los derechos lesionados, el grado de responsabilidad, la situación económica del responsable, y la de la víctima, así como las demás circunstancias del caso."

Por su parte, el artículo 1916 bis, segundo párrafo expresa:"En todo caso, quien demande la reparación de daño moral por responsabilidad contractual o extracontractual deberá acreditar plenamente la ilicitud de la conducta del demandado y el daño que directamente le hubiere causado tal conducta".

La SCJN se ha pronunciado en jurisprudencia sobre los elementos que se requieren para que sea indemnizable el daño moral, estableciendo:

---

[7] TRIGO REPRESAS, Felix, "Subsistencia del perjuicio como requisito del resarcimiento del daño patrimonial", en *Temas de responsabilidad civil*, Platense, La Plata, 1981, pp.31 y ss.

DAÑO MORAL. REQUISITOS NECESARIOS PARA QUE PROCEDA SU REPARACIÓN. De conformidad con el artículo 1916, y particularmente con el segundo párrafo del numeral 1916 Bis, ambos del Código Civil vigente en el Distrito Federal, se requieren dos elementos para que se produzca la obligación de reparar el daño moral; el primero, consiste en que se demuestre que el daño se ocasionó y, el otro, estriba en que dicho daño sea consecuencia de un hecho ilícito. La ausencia de cualquiera de estos elementos, impide que se genere la obligación relativa, pues ambos son indispensables para ello; así, aunque se acredite que se llevo a cavo alguna conducta ilícita, si no se demuestra que ésta produjo daño; o bien, si se prueba que se ocasionó el daño, pero no que fue como consecuencia de un hecho ilícito, en ambos casos, no se puede tener como generada la obligación resarcitoria. Por tanto, no es exacto que después de la reforma de 1° de enero de 1983, del artículo 1916 del Código Civil, se hubiese ampliado el concepto de daño moral también para los actos lícitos; por el contrario, al entrar en vigor el artículo 1916 Bis, se precisaron con claridad los elementos que se requieren para que la acción de reparación de daño moral proceda[8].

C. *La imputabilidad del daño al Estado*

El Estado es una persona jurídica pública y, como tal, los criterios de imputación a él referidos deben guardar correlación con esa naturaleza. En ese sentido, no hay duda que en nuestros días, la posibilidad de atribuir una conducta al Estado se basa en la relación orgánica, esto es, en la consideración de que sus agentes son órganos de aquél y no representantes ni mandatarios[9].

En este sentido, los daños causados por una persona física que actúa en el ejercicio de las funciones estaduales, le serán imputables al Estado. Dicho daño debe ser producido dentro de la actividad propia que le corresponda al Estado para que le sea reclamable; no así los daños que causen los servidores públicos fuera de la actividad que desarrolla el Estado.

Desde esta perspectiva, la persona física que expresa la "voluntad" del Estado, subsume su voluntad psicológica en la orgánica de modo que al actuar por y para la organización en la cual se incrusta, permite que ésta, por su intermedio, actúe ella misma de modo directo[10].

D. *La relación de causalidad entre el accionar del Estado y el daño*

---

[8] AA.VV., *La demanda por daño moral*. Jurisprudencia nacional actualizada, México, Monte Alto, 1993. p.63.
[9] COMANDIRA, Julio Rodolfo, "La responsabilidad del Estado por su actividad lícita o legítima. Principio de juricidad y responsabilidad del Estado", en *Op. cit*, p. 315.
[10] GARCÍA-TREVIJANO, José A., *Principios Jurídicos de la Administración*, Institutos de Estudios Políticos, Madrid, 1957, pp.72-76.

Para que el daño causado sea atribuible al Estado debe de haber una clara relación entre el accionar del Estado y el daño causado, es decir, el daño causado debe ser por una acción u omisión del Estado.

Conviene recordar que el nexo causal no sólo sirve para determinar la autoría material del daño, sino también la extensión del resarcimiento, esto es, cuáles son las consecuencias que deben ser indemnizadas[11].

E. *La existencia de un sacrificio especial en el afectado*

Este requisito ha sido señalado en la doctrina argentina como propio de la actividad judicial lícita, sin embargo, éste requisito de sacrificio especial no es exclusivo de la actividad legítima, por ejemplo, cuando se causan daños tanto en el error judicial, prisión preventiva o dilaciones indebidas; resultan un sacrificio especial a quien los sufre y por ello es precisamente que se debe indemnizar, así tenemos que una prisión preventiva que dura un tiempo excesivo en la cual después se determina la inocencia del inculpado, es un sacrificio especial para quién lo sufrió; igualmente una dilación indebida en un proceso.

Para que el daño sea un sacrificio especial debe de haberse producido en una persona o grupo de personas, debe ser una afectación irrazonable e imponer un sacrificio superior al que se exige a las demás personas como consecuencia de la vida en sociedad, solo entonces habrá lugar a indemnización.

F. *La ausencia del deber jurídico de soportar el daño*

Este requisito consiste en determinar si un sujeto tiene el deber jurídico de soportar el daño, (o si se prefiere, de una conducta estatal de la que deriva el daño) sobre la base de la existencia de "causa de justificación" que imponen la obligación de tolerarlo en su producción y lo legitiman como "jurídicamente querido"[12].

IV. La Responsabilidad del Estado por su Actividad Judicial Ilegítima

La actividad ilegítima del Estado ha sido clasificada entre error judicial y anormal funcionamiento de la administración de justicia, sin embargo, es menester señalar que dicha clasificación sólo existe por cuestiones prácticas para identificar la responsabilidad *in iudicando*[13] y la responsabilidad *in procedendo.*[14] El error judicial también es un anormal funcionamiento de la administración de justicia, ya que, el pronunciamiento del juzgador en una sentencia no se ajustó a lo previsto para ello, causando daño y dando lugar a indemnizar al justiciable que fue víctima de error judicial; lo contrario

---

[11] PERRINO, Pablo Estaban, *Op. cit.*, p.288.
[12] GALLI BASUALDO, Martín, *op. cit.*, p. 80.
[13] Al tratar sobre la responsabilidad *in iudicando* es referirse a la sentencia en sí.
[14] La responsabilidad *in procedendo* es la que se da en el procedimiento.

implicaría que el error judicial fuera un normal funcionamiento de la Administración de Justicia. Así Carlos Alfredo Botassi[15] señala: "De tal suerte que el producto de la actividad de los jueces, incluyendo a la propia sentencia definitiva es susceptible de arrastrar las falencias propias de su autor. Propiciar a rajatabla la presunción de perfección de la decisión judicial es prohijar la infalibilidad del juez, lo cual contrasta no sólo con el sentido común sino, preferentemente, con la realidad".

1. El Error Judicial

Es error judicial la equivocación cometida por un juez, magistrado o sala de magistrados en el ejercicio de sus funciones jurisdiccionales, siempre que dicha equivocación haya alcanzado firmeza, no sea debido a culpa del perjudicado y haya causado daños efectivos, evaluables e individualizados[16].

Para Galli Basualdo[17] la responsabilidad estatal por error judicial es aquella responsabilidad objetiva y directa que se origina en una decisión jurisdiccional propiamente dicha, a la cual se arriba sobre la base de conclusiones fácticas y jurídicas que hacen incurrir al juzgador en una equivocación manifiesta e insanable-y en cuyo mérito se evidencia una resolución desprovista de ilegitimidad que rompe con la armonía del ordenamiento jurídico[18].

Manuel Atienza[19] señala que el error judicial puede darse en cuatro problemas o tópicos jurídicos:

a) Problemas de relevancia, que se producen cuando existen dudas sobre cuál sea la norma aplicable al caso;

b) Problemas de interpretación que surgen cuando existen dudas sobre cómo ha de entenderse la norma o normas aplicables al caso;

c) Problemas de prueba, que se plantean cuando existen dudas sobre si un determinado hecho ha tenido lugar (fijación de los hechos), y;

d) Problemas de clasificación, que surgen cuando existen dudas sobre si un determinado hecho que no se discute cae o no bajo el campo de aplicación de un determinado concepto, contenido en el supuesto de hecho o en la consecuencia jurídica de la norma (problema sobre el *ratio decidendi*).

A. *Error de hecho y error de derecho*

---

[15]"Responsabilidad del Estado por su actividad jurisdiccional" en *Responsabilidad del Estado y del funcionario público,* jornadas organizadas por la Universidad Austral, Buenos Aires, Junio de 2000, p. 223.
[16] VALERIANO HERNÁNDEZ, Martín, *El error judicial*, Civitas, Madrid, p.81.
[17] GALLI BASUALDO, Martín, *Op. cit.*, p. 87.
[18] *Argumentación jurídica*, Trotta, Madrid, 1996, *passim.*
[19] *Idem.*

El error de hecho ha sido señalado por el Tribunal Supremo de España como: "aquel que verse sobre un hecho, cosa o suceso, es decir, algo que se refiere a una realidad independiente de toda opinión, criterio particular o calificación, debiendo poseer las notas de ser evidente, indiscutible y manifiesto"[20].

Por cuanto hace al error de derecho o error en el conocimiento, interpretación o aplicación de las normas se ha señalado que: "tiene propio y eficaz correctivo en el principio de audiencia de las partes y en el sistema de recursos, aunque quizá esta afirmación no deba formularse con carácter absoluto. La realidad siempre más rica que la imaginación, puede plantear algún supuesto en el que el error judicial sea un error de derecho. Pero serán casos verdaderamente anormales que no deban figurar en un concepto general"[21].

B. Presupuestos para que exista error judicial resarcible

Además de los presupuestos ya señalados para la existencia de la responsabilidad del Estado por la actividad judicial, existen requisitos propios del error judicial.

Para Galli Basualdo[22] los presupuestos para el error judicial son:

a) Agotar los medios procesales ordinarios de revisión judicial previstos en el ordenamiento.

b) Cumplir con la exigencia de que se deje sin efecto el acto jurisdiccional que da origen al daño.

c) Obtener la declaración de ilegitimidad de la sentencia que se cuestiona.

d) Haber determinado la naturaleza y gravedad del error judicial.

e) Ausencia de culpabilidad del justiciable que sufre el daño por error judicial, es decir, que el error judicial producido en la sentencia no sea porque el justiciable se declaro culpable, porque omitió ofrecer las pruebas con las que contaba y se demostraba su inocencia, o simplemente porque el mismo deseaba su condena.

La mera revocación o anulación de resoluciones judiciales no otorga el derecho a solicitar indemnización, pues sólo cabe señalar como error judicial a aquél que ha sido provocado de modo irreparable, cuyas consecuencias perjudiciales no han logrado hacerse cesar por efecto de los medios procesales ordinariamente previstos a ese fin en el ordenamiento[23]. De lo contrario toda revocación de sentencia por el superior jerárquico sería motivo de indemnización.

---

[20] CIENFUEGOS SALGADO, David, "Responsabilidad Estatal y Error Judicial en México", *Lex. Difusión y análisis*, 3ª época, Año VI, N°. 62, México, Agosto 2000, p. 20.

[21] *Ibidem.*, p. 322.

[22] GALLI BASUALDO, Martín, *op. cit.*, nota 1, p. 89.

[23] CSJN, Laroca vs. prov. Buenos Aires.

C. *La cosa juzgada en el error judicial*

La cosa juzgada pone un ultimátum a los procesos, es la forma de brindar seguridad jurídica a los gobernados, declarando como verdad legal e irrevocable lo que en la sentencia se ha pronunciado.

Al respecto Carlos Botassi[24] señala: "Pensamos que el argumento de la intangibilidad de la cosa juzgada por razones de seguridad jurídica carece de peso. El eventual reclamo de indemnización de los perjuicios ocasionados por una sentencia errada en los hechos que tuvo por ciertos y/o en el derecho que aplicó no significa reabrir sobre lo concretamente juzgado sino resolver, en la búsqueda del insaciable horizonte de la justicia absoluta, las consecuencias del vicio que arrastra. La cosa juzgada se mantiene incólume. Si el perdidoso fue desalojado, no retornará al inmueble que ocupaba, si fue desapoderado de un objeto no le será restituido; pero en todos los casos el juez (si decidió con negligencia profesional) y el Estado (cuyo sistema judicial prestó un mal servicio al justiciable) deberán pagar los daños y perjuicios irrogados. En ese enfoque la cosa juzgada no se altera ya que lo resuelto no reconoce retroceso pero, para evitar el despropósito de dejar sin compensación las consecuencias de la sentencia injusta, la víctima de la irregularidad judicial es compensada".

Por lo demás, considerando que todos los valores no poseen igual entidad, resulta obvio que aun admitiendo la existencia de contradicción, *el valor justicia debe imponerse al valor seguridad*. Nunca lo formal (sentencia firme ilegal) puede colocarse por encima de lo sustancial (verdad ignorada, derecho vulnerado)[25].

D. *Autoridad competente para conocer sobre el error judicial*

Se requiere de un nuevo pronunciamiento en el que se exprese que en la sentencia anterior hubo error judicial. Ahora, tratar sobre qué autoridad será competente para declararlo es sumamente delicado. Podemos tomar como directriz que en España corresponde al "Tribunal Supremo"; mientras que en Argentina tratándose de materia penal se lleva a cavo el recurso de revisión, y para las otras materias hay que tomar en cuenta que la Corte Suprema se ha pronunciado sobre la posibilidad de plantear una acción autónoma declarativa invalidatoria de la cosa juzgada que se considera errónea. Sin embargo, la propia Corte ha negado la posibilidad de que sea ella la instancia encargada de revisar esa ilicitud, existiendo una gran ambigüedad al respecto.

---

[24] BOTASSI, Carlos, "Responsabilidad del Estado por su actividad jurisdiccional", en *Responsabilidad del Estado y del funcionario público,* jornadas organizadas por la Universidad Austral, Buenos Aires, Junio de 2000, p.99.

Para determinar en México la autoridad competente para conocer del error judicial, se requiere de más estudio y discusión para ello, sin embargo, una posible salida es que sea el Tribunal Federal de Justicia Fiscal y Administrativa, ya que es competente en materia administrativa, al estar de por medio una actividad del Estado y los intereses del gobernado, pero sobre todo, para que exista plena autonomía al declarar la indemnización por error judicial y no sea el mismo Poder Judicial el que conozca y determine de la procedencia.

V. Las Dilaciones Indebidas

Uno de los problemas más frecuentes que se presentan en los procesos judiciales son las dilaciones, resultando perjudicados principalmente los justiciables, aunque claro está, que hay ocasiones que son ellos mismos los que retrasan el proceso haciendo uso de todos los recursos que les ofrece la ley, siendo estériles al no tener razón justificada para hacer uso de ellos. Son utilizados para lo que comúnmente se le conoce como "chicanada".

Las dilaciones pueden ser provocadas por varias cosas que van desde las condiciones con las que cuenta el juzgado (falta de espacio adecuado, mobiliario, personal necesario y capacitado), así como el tipo de proceso de que se trata (su importancia o intereses en juego), todo esto que acabamos de comentar son factores determinantes en una dilación.

No hay una ley mexicana que establezca el derecho a un proceso sin dilaciones indebidas como en España, donde el Estado ha sido condenado a indemnizar al justiciable por dilaciones indebidas en el proceso. En México podemos encontrar en forma muy escueta una referencia al derecho de un proceso judicial sin retrasos en el artículo 17 constitucional que establece en su segundo párrafo "Toda persona tiene derecho a que se le administre justicia por tribunales que estarán expeditos para impartirla en los plazos y términos que fijen las leyes, emitiendo sus resoluciones de manera pronta, completa e imparcial." La consideración que se hace es muy ambigua. Sólo establece el derecho a un proceso pronto, pero no especifica de que manera hacer valer dicho derecho, o bien, como reclamar al Estado cuando no da cumplimiento a ello. Quizá podríamos decir que en la práctica se podría hacer una promoción exigiendo al juez que no retrase el proceso, pues está violando el derecho a una resolución pronta; pero, qué hacemos si el juez omite nuestra petición, ¿podríamos exigirle que cumpla con una obligación que le impone la Constitución?

En los tratados internacionales que ha firmado México sí se contempla el derecho a un plazo razonable del proceso y sin dilaciones indebidas como es el caso del PDCP en sus artículos 9.3, 9.4 y 14.c[26]; y la Convención

---

[26] El artículo 9°, en su inciso 3°, establece:"Toda persona detenida o presa a causa de una infracción penal será llevado sin demora ante un juez u otro funcionario autorizado por la ley para ejercer funciones judiciales y tendrá derecho a ser juzgada dentro de un plazo razonable o

Americana de Derechos Humanos en los artículos 7.5 y 8.1 respectivamente[27].

El error judicial y las dilaciones indebidas, a pesar de ser ambas causas generadoras de daño al justiciable, no fueron considerados de la misma manera; el error judicial sí señala el derecho a una indemnización y las dilaciones indebidas no, aun y cuando ambas están previstas por los mismos tratados internacionales.

VI. La Prisión Preventiva

La prisión preventiva es una medida cautelar, que se desarrolla como precaución, en forma provisional, consistente en privar de su libertad a una persona que, de conformidad a los elementos con que se cuenta, se considera probable responsable de un delito que señala pena corporal, privación que es por un tiempo determinado mientras se demuestra su culpabilidad o inocencia en el delito que se le imputa.

1. ¿Cuándo existe deber jurídico de soportar el daño, por prisión preventiva?

Todos tenemos la obligación de soportar las cargas que las leyes nos imponen en forma general en la medida en que no sean inconstitucionales. Pero, aún siendo válidas, pueden generar derecho a la indemnización respecto de quienes se ven afectados en sus derechos en forma más gravosa que el resto de la comunidad[28].

La prisión preventiva es una actividad judicial que todo individuo está obligado a soportar (cuando existan elementos necesarios que la justifiquen) como consecuencia de la vida en comunidad, todos estamos expuestos a

---

ser puesta en libertad". El artículo 9°, en su inciso 4°, contempla:"Toda persona que sea privada de libertad en virtud de detención o prisión tendrá derecho a recurrir ante un tribunal, a fin de que éste decida a la brevedad posible sobre la legalidad de su prisión y ordene su libertad si la prisión fuera ilegal".

El artículo 14, inciso 3°, en su apartado c) dispone:"Durante el proceso, toda persona acusada de un delito tendrá derecho, en plena igualdad, a las siguientes garantías mínimas...c) A ser juzgado sin dilaciones indebidas...".

[27] El artículo7°, inciso 5°, prescribe:"Toda persona detenida o retenida debe ser llevada sin demora, ante u juez u otro funcionario autorizado por la ley para ejercer funciones judiciales y tendrá derecho a ser juzgado dentro de un plazo razonable o a ser puesta en libertad, sin perjuicio de que continué el proceso. Su libertad podrá estar condicionada a garantías que aseguren su comparecencia en el juicio".

El artículo 8°, inciso 1°, preceptúa:"Toda persona tiene derecho a ser oída, con las debidas garantías y con las garantías y dentro de un plazo razonable, por un juez o tribunal competente, independiente e imparcial, establecido con anterioridad por la ley, en la sustanciación de cualquier acusación penal formulada contra ella, o para la determinación de sus derechos y obligaciones de orden civil, laboral, fiscal o de cualquier otro carácter".

[28] GALLI BASUALDO, Martín, *op. cit.*, nota 1, p. 78.

sufrir una privación de la libertad[29], siempre y cuando sea necesario, por tener vinculación con los hechos que se investigan.

El deber jurídico de soportar el daño existirá cuando hayan concurrido elementos suficientes, haya semiplena comprobación de ser el autor del delito; de lo contrario la medida cautelar será ilegítima porque el Estado no puede escudarse en el hecho de que es su obligación brindar seguridad, evitar la continuación de más delitos o garantizar la sanción cuando se comete un delito, para privar de la liberad arbitrariamente a cualquier persona. Si esto fuera así, no habría persona alguna que transitara sin temor a ser privada de su libertad, por lo tanto la prisión preventiva sí es una medida que todo individuo podría sufrir, pero, sólo cuando concurren los elementos necesarios en los que se encuentre una estrecha relación entre el hecho o delito de que se trata y la persona a la que se le priva de la libertad.

2. La existencia del sacrificio especial

Si hay ausencia de un sacrificio especial no puede haber lugar a una indemnización ya que es un requisito esencial para que el Estado indemnice al particular que sufrió daños por su actividad.

Se entiende que hay ausencia de un sacrificio especial para el caso de la prisión preventiva, cuando el individuo que la sufre muestra una estrecha relación con los hechos que se investigan, su conducta desplegada induce a su probable responsabilidad con el delito que se investiga. La prisión preventiva en este caso, es una consecuencia de la conducta y la relación del individuo que la sufre con el delito y por lo tanto es lícita y su legitimidad está en la seguridad que el Estado debe de brindar a la sociedad basado jurídicamente en el artículo 18 constitucional.

La existencia de un sacrificio especial se da cuando sin motivo o razón suficiente se priva de la libertad aplicando la prisión preventiva a una persona que nada tiene que ver con el delito que se le atribuye. Una prisión preventiva que se dispone sobre una persona en forma legítima, que posteriormente se revela como un acto del Estado a raíz del cual se ha producido una equivocación (detener a un inocente a quien se le han ocasionado daños por ello), se traduce en un caso de afectación que supera la cuota normal de sacrificios que supone la vida en comunidad[30].

La prisión preventiva da lugar a una indemnización cuando ésta se aplica ilegítimamente a una persona que no lo merecía por no haber elementos que lo señalaran como presunto responsable del delito, o bien, por la excesiva duración cuando quien sufrió la medida cautelar fue absuelto o se sobresee el proceso por la notoria inocencia.

---

[29] Hay que tomar en cuenta que una privación de la libertad se puede dar tanto por un arresto, detención o la prisión preventiva, y son muy diferentes una de otra tanto por la duración como por la autoridad que la aplica.

[30] *Ibidem.* pp. 163 y 164.

VII. La Responsabilidad del Estado por Omisión

Hay omisión de la actividad judicial cuando se tiene la obligación de actuar y no se actúa, teniendo como consecuencia la generación de daños para el justiciable, que no tiene la obligación de soportar por no ser un acontecimiento normal dentro del proceso, ni estar previsto en la ley; surgiendo con ello, la obligación de indemnizar el daño por parte del Estado.

Cuando sea de toda evidencia que un juez estaba obligado a tomar una decisión y no lo hizo, cuando una disposición expresa lo imponía o si el buen funcionamiento del servicio de justicia hacía evidente la necesidad de actuar, si con la inacción se daña al justiciable o a terceros, nace la responsabilidad del Estado por omisión.

Hablar de omisión es hablar por lo general de falta de servicio, de un incumplimiento con la obligación que se tiene en actuar; por otro lado si no existe una obligación incumplida no podemos hablar de omisión. Una omisión en el derecho civil se maneja como incumplimiento de las obligaciones; una omisión se traduce en el incumplimiento de una obligación que influye en el correcto servicio de justicia, con base en lo establecido por la ley.

A. *Presupuestos para la existencia de la responsabilidad estatal por omisión judicial*

En la responsabilidad del estado por omisiones judiciales, se deben de tomar ciertos requisitos o condiciones para que el Estado tenga la obligación de indemnizar.

Galli Basualdo[31], citando a Perrino[32] señala que cabe considerar que este tipo de responsabilidad, para que medie inactividad que traiga aparejada la responsabilidad estatal, deben de reunirse estas tres condiciones:

a) La existencia de un deber normativamente impuesto de obrar (un deber concreto y no genérico o difuso).

b) El incumplimiento de la actividad debida por la autoridad estatal.

c) Que la actividad omitida haya sido materialmente posible, pues, el derecho se detiene ante las puertas de lo imposible.

Sobre el primer requisito, sólo hay derecho a indemnización por omisión cuando exista normativamente la obligación de actuar por parte de la autoridad, es decir, sólo cuando la autoridad tenga la obligación de actuar por así disponerlo una ley, y ésta no actúa.

El segundo requisito se actualiza con la omisión, con el dejar de hacer lo que se tiene obligación: la ley tiene que establecer la obligación de actuar por

---

[31] GALLI BASUALDO, Martín, *op. cit.*, nota 1, p. 109.
[32] *Idem.*

parte de la autoridad y ésta no la tiene que llevar a cavo para que estemos en presencia de una omisión, porque si la llevara a cabo en forma defectuosa ya no estaríamos en presencia de una omisión.

El tercer requisito es accesorio a los dos anteriores, porque la ley sólo establecerá obligaciones de obrar que sean posibles para la autoridad, la actividad omitida será por lo regular siempre posible.

VIII. Responsabilidad del Estado por Auxiliares de la Administración de Justicia

La actividad judicial se desarrolla no solo en los juzgados ni con el personal que ubicamos en él, en múltiples ocasiones se auxilia de otros medios para poder cumplir con su función, tratándose sobre todo de la materia penal. Aunque esto no quiere decir que sea peculiar de la materia penal, constituye una parte fundamental para el desarrollo de la actividad judicial el desempeño de los agentes del Ministerio Público y la policía ministerial, así como de peritos en la materia de la cual se requiere un estudio más profundo para que el Juez pueda contar con los datos necesarios para realizar su labor. Éstos son auxiliares en la actividad judicial, sus actuaciones son enfocadas al desarrollo de los procesos judiciales, son pues, "auxiliares de la justicia" y su mal desempeño trae como consecuencia un funcionamiento anormal o irregular en el servicio que brinda el Estado. Dicha responsabilidad sólo será imputable cuando estos órganos actúen en auxilio de la Administración de Justicia, es decir, su actividad va enfocada al desarrollo de la actividad judicial.

IX. La Responsabilidad del Estado por su Actividad Judicial Lícita

Por lo general, siempre que exista responsabilidad del Estado para indemnizar a un particular por los daños sufridos en la actividad judicial, será por una actividad ilícita. Sin embargo, también en el obrar lícito apegado a derecho, se pueden causar daños, mismos que resultan violatorios del principio de igualdad ante las cargas públicas y por lo tanto implica un sacrificio especial que debe ser resarcido.

Al tratar la responsabilidad del Estado por la actividad judicial licita Carlos Botassi[33]señala:"Así, por ejemplo si en el curso de un investigación penal se ordena la destrucción de una puerta para permitir el ingreso en un inmueble o el desguace integro de un automotor en busca del cuerpo del delito, el propietario tendrá derecho a ser indemnizado, aunque tales medidas fueran las indicadas para el esclarecimiento del delito".

---

[33]BOTASSI, Carlos, *op. cit.*, nota 23, p. 117.

Habrá ocasiones en que sí se causen daños en la actividad judicial lícita, sin embargo, hay que ser cuidadosos porque hay que tomar en cuenta tanto la conducta de los servidores públicos que intervienen, como de los justiciables o la persona que solicita se le indemnice.

X. La Acción de Regreso del Estado contra el mal funcionario

El hecho de que se desarrolle la responsabilidad del Estado por los daños y perjuicios que causen los servidores públicos en la actividad judicial no significa crearle cargas y gastos altamente costosos por mala actuación de sus servidores públicos. Lo que se pretende es que el justiciable tenga posibilidades reales de obtener una indemnización por los daños y perjuicios sufridos por la actividad judicial, teniendo la posibilidad de ejercer la acción directamente contra el Estado y, que éste una vez de haber realizado la indemnización repita contra el servidor público que causo daños por su ineptitud o mala fe.

El artículo 31 de la Ley Federal de Responsabilidad Patrimonial del Estado establece que: "El Estado podrá repetir de los servidores públicos el pago de la indemnización cubierta a los particulares cuando, previa substanciación del procedimiento administrativo disciplinario previsto en la Ley Federal de Responsabilidades de los Servidores Públicos, se determine su responsabilidad, y que la falta administrativa haya tenido el carácter de infracción grave. El monto que se exija al servidor público por este concepto formará parte de la sanción económica que se le aplique".

La ley no satisface nuestras intenciones, si tratamos que el Estado recupere el pago que hizo por la indemnización derivada de los daños causados por el mal desempeño del servidor público. En efecto, el artículo cierra la posibilidad para que el Estado recupere su patrimonio deteriorado por indemnizar al decir: "...y que la falta administrativa haya tenido el carácter de grave". Si nos remitimos a la Ley Federal de Responsabilidades de los Servidores Públicos, las faltas "graves", no son útiles para nuestro planteamiento porque no sólo buscamos que el justiciable vea resarcidos los daños que se le causaron en la actividad judicial[34]; sino que el Estado recupere su patrimonio, mismo que sufrió un detrimento al indemnizar los daños que genero un mal servidor público, persona que finalmente debe responder por los daños que le sean a él imputables.

La necesidad de llevar a cavo la sustanciación del procedimiento administrativo disciplinario previsto en la Ley Federal de Responsabilidades de los Servidores Públicos es indispensable porque sólo a través de ella se sabrá si hubo o no responsabilidad de uno o varios servidores, pues habrá

---

[34] Daños y perjuicios que no tiene la obligación de soportar por no ser imputables a él y por ser desiguales ante las cargas que de exigen como consecuencia de la vida en sociedad.

ocasiones en que se cusen daños al justiciable, sin que estos sean imputables a un servidor público, pero sí, a la administración de justicia.

No se busca que los funcionarios se escuden en una responsabilidad patrimonial, objetiva y directa del Estado, donde actúen con torpeza y una completa ineficiencia amparados en dicha responsabilidad; sino que se garantice la indemnización al justiciable y que el Estado tenga la forma de recuperar su patrimonio para lo cual debe de ejercitar la acción de regreso como se plantea.

Anexo. Proyecto de Reforma al Artículo 17 Constitucional para establecer la Responsabilidad del Estado por la Actividad Judicial
En sesión de la Cámara de Diputados, fechada el 25 de octubre de 2001, el diputado Lucio Fernández González, a nombre de la fracción parlamentaria del Partido Acción Nacional, presentó una iniciativa que tiene por objeto adicionar un tercer párrafo al artículo 17 constitucional. Presento un extracto fundamental de su exposición de motivos y el proyecto de reforma a continuación:

"Desde el punto de vista de la administración de justicia, es necesario establecer la necesidad que tiene el Estado mexicano de contar con un orden jurídico de rango constitucional que asegure una responsabilidad patrimonial directa y objetiva del Estado, cuando al apartarse de la obligación de impartir justicia de manera pronta completa e imparcial, cause daños y perjuicios a un gobernado.

Se exige un sistema eficaz de responsabilidad de los servidores públicos, ya que ello constituye el requisito fundamental para el control del ejercicio del poder público; sin un sistema de esta naturaleza, o con él pero que sin que disponga de eficacia normativa, no habrá democracia ni Estado de derecho, y menos la autodeterminación de la población del Estado.

Más aún, es indispensable el establecimiento correcto para la responsabilidad pública, cuando sabemos que el fenómeno de la irresponsabilidad es latente, bien por ignorancia, torpeza o descuido de los servidores públicos, pero más lamentable, cuando se genera con motivo de la corrupción. El fenómeno de la corrupción, la negligencia, la impreparación y en general la ineficiencia e ineficacia de la función pública, afecta la credibilidad de los órganos de poder, y se convierte en un peligro para la democracia, ya que destruye los valores sociales y nos encamina a una descomposición generalizada, y a una ausencia de normas éticas y jurídicas que nos llevan a la impunidad. Cuando concurren en actos de tal naturaleza, la autoridad y los particulares, se establece una dinámica destructiva de la convivencia comunitaria.

Pretendemos con la presente iniciativa, instaurar una responsabilidad en contra de las autoridades judiciales por el error judicial en que puedan incurrir, pero no bajo el esquema actual de responsabilidad subsidiaria y solidaria, en el que primero se tenga que demostrar la responsabilidad personal del servidor público, sino el establecimiento de una responsabilidad directa y objetiva del Estado en su función pública de impartir justicia.

Estamos convencidos de que es el individuo el que actúa fuera de los límites de la ley, pero dicho individuo actúa en representación del Estado, en el ejercicio del poder público, y no a título personal, sino que obedece a un vínculo jurídico con el Estado, por tanto, la responsabilidad debe recaer directamente sobre éste último. Así el Estado, tiene el deber de llevar a cabo una cuidadosa elección y una permanente vigilancia de sus servidores públicos, so pena de ser responsabilizado.

Es aquí que la responsabilidad del Estado, en su función judicial, se basa en la falta o falla del servicio que debe trasladar el origen de la responsabilidad del sujeto de realización de la función estatal siendo directa del Estado, no debe depender de la falta del agente, requiere de la falta del servicio, es decir que cuando haya un hecho antijurídico, que cause agravio a los administrados en la justicia, que se pueda dar porque el servicio ha funcionado mal, porque no ha funcionado o que ha funcionado pero en forma inadecuada o insuficiente. En todo caso, la actuación del servidor público no se abandona como causa generadora de la indemnización, la falta en la actividad del sujeto autoridad estatal.

Lo anterior, con base en la frase "que el Estado haga pero que indemnice". A fin de que se vaya construyendo un régimen de responsabilidades exigibles a las autoridades como persona moral en donde la responsabilidad sea la regla y la irresponsabilidad la excepción. Pasar de la responsabilidad subjetiva a la responsabilidad directa estatal en la que importa la presencia de un daño, y que el mismo pueda ser atribuido inmediatamente a la autoridad, independientemente de la presencia de dolo o culpa en el individuo que lo genere. La responsabilidad directa y objetiva, en el caso de error judicial que se propone en la presente iniciativa, tiene su eje en el daño causado al gobernado y que como ya se dijo no tiene ni tuvo el deber de soportar.

La propuesta es con la finalidad de integrar a la Constitución Política de los Estados Unidos Mexicanos, una garantía de carácter patrimonial a favor de los particulares cuando, como resultado de una resolución concerniente a la administración de justicia, se le cause un daño.

Esta iniciativa está basada en la prosecución permanente que debe realizar el Estado hacia el respeto por los derechos del hombre al administrarle justicia; por lo que resulta oportuno adicionar al artículo 17 de la Ley Fundamental, la garantía de que toda persona tendrá derecho a reclamar una indemnización en caso de haber sido condenado por error judicial por el cual se le hubiere absuelto.

Para el efecto de que esta garantía sea efectiva dentro del marco jurídico, se dispone que el derecho a reclamar dicha indemnización será de conformidad con los requisitos, formas, términos y procedimientos que establezcan las leyes, a fin de contar con las disposiciones legales especificas a partir de los cuales los particulares podrán reclamar la indemnización correspondiente.

Al disponerse en la iniciativa que la reclamación de indemnización se hará conforme a las leyes, implica que quedan facultados tanto el Congreso de la Unión como las legislaturas locales, para expedir, en el ámbito de sus respectivas competencias, las leyes respectivas; lo anterior, en virtud del principio y postulado establecido en el artículo 124 Constitucional. En tal contexto, queda claro que el Constituyente Permanente, al aprobar esta iniciativa en los términos expuestos, dispone que la responsabilidad patrimonial corresponderá a la Federación, Estados o Distrito Federal, según de quien sea el órgano que llevo a cabo el acto que ocasiono el daño por error judicial.

Tiene, también, el propósito esencial de reducir el riesgo de que personas inocentes sean privadas de sus derechos por una indebida interpretación de la norma sustantiva o adjetiva, haciendo que la justicia del Estado mexicano se modernice y se haga más dinámica y eficaz."

Proyecto de Reforma para Adicionar un tercer párrafo al Artículo 17 de la Constitución Política de los Estados Unidos Mexicanos.

Artículo Único.- Se adiciona un tercer párrafo al artículo 17 de la Constitución Política de los Estados Unidos Mexicanos, y se recorren los actuales párrafos, para quedar el tercero como cuarto, el cuarto como quinto, y quedar como sigue:

Artículo 17...

Toda persona tendrá derecho a reclamar una indemnización en caso de haber sido condenado por error judicial y por el cual se le hubiere dejado sin efecto la condena. La responsabilidad del Estado, en estos casos, será objetiva y directa; y el derecho de los particulares a reclamar dicha indemnización, se realizara de conformidad con los requisitos, formas, términos y procedimientos que establezcan las leyes.

Transitorios

PRIMERO.- El presente decreto entrara en vigor al día siguiente de su publicación en el Diario Oficial de la Federación.

SEGUNDO.- El Congreso de la Unión deberá realizar reformas pertinentes a la legislación secundaria en un plazo no mayor de noventa días, a fin de dar cumplimiento al presente decreto.

TERCERO.- Los Estados y el Distrito Federal, en el ámbito de sus respectivas competencias, adecuarán su legislación para hacer efectiva la garantía contenida en el presente decreto de reforma.

Dado en el Palacio Legislativo a los veinticinco días del mes de octubre del año 2001.

REFERENCIAS BIBLIGRÁFICAS

AA.VV., *La demanda por daño moral*. Jurisprudencia nacional actualizada, Monte Alto, México, 1993.

ATIENZA, MANUEL, *Argumentación jurídica*, Trotta, Madrid, 1996.

BOTASSI, Carlos, "Responsabilidad del Estado por su actividad jurisdiccional", en *Responsabilidad del Estado y del funcionario público,* jornadas organizadas por la Universidad Austral, Buenos Aires, Junio de 2000.

CIENFUEGOS SALGADO, David, "Responsabilidad Estatal y Error Judicial en México", *Lex. Difusión y análisis*, México, 3ª época, Año VI, Nº. 62, Agosto 2000.

COMANDIRA, JULIO RODOLFO, "La responsabilidad del Estado por su actividad lícita o legítima. Principio de juricidad y responsabilidad del Estado", en AA. VV. *Documentación Administrativa*, INAP, Madrid, Mayo-Diciembre, 2004.

GALLI BASUALDO, MARTÍN, *Responsabilidad del Estado por su actividad judicial*, Hammurabi, Buenos Aires, 2006.

GARCÍA-TREVIJANO, JOSÉ A., *Principios Jurídicos de la Administración*, Madrid, Institutos de Estudios Políticos, 1957.

PERRINO, PABLO ESTEBAN, "La responsabilidad extracontractual de la Administración Pública por actividad ilícita", en AA. VV. *Documentación Administrativa*, INAP, Madrid, mayo-diciembre, 2004.

TRIGO REPRESAS, FELIX, "Subsistencia del perjuicio como requisito del resarcimiento del daño patrimonial", en AA.VV. *Temas de responsabilidad civil*, Platense, La Plata, 1981.

VALERIANO HERNÁNDEZ, MARTÍN, *El error judicial*, Civitas, Madrid.

JUSTICIA Y NECONSTITUCIONALISMO EN LA SOCIEDAD DE LA INFORMACIÓN, EL CASO DEL JUICIO DE AMPARO

Francisco Javier Ibarra Serrano
Ma. Ovidia Rojas Castro

JUSTICIA Y NECONSTITUCIONALISMO EN LA SOCIEDAD DE LA INFORMACIÓN, EL CASO DEL JUICIO DE AMPARO

Francisco Javier Ibarra Serrano[1]
Ma. Ovidia Rojas Castro

La sociedad de la información se desarrolla en un contexto de globalización neoliberal. El neoliberalismo es deshumanizante; como ideología inherente al fenómeno de la globalización, implica la necesidad del imperio de la iniciativa privada por uniformarnos, convertirnos en consumidores impulsivos, con una distorsionada idea de felicidad: tener, comprar, la marca, disfrutar. Hoy los paseos son ir de compras. El ser humano se cosifica, pierde su esencia humana, se convierte en comprador compulsivo universal. ¿Qué papel desempeña la justicia en una sociedad de la información, globalizada y neoliberal? ¿Qué podríamos esperar, en el mismo contexto, del neoconstitucionalismo y de figuras tradicionales como el Juicio de Amparo?

El Neoconstitucionalismo (incluso los neoconstitucionalismos) es una idea en construcción, no es un paradigma ya elaborado. Se trata de cambios recientes en la sociedad y en la teoría del Derecho. Se trata de un verdadero sacudimiento del Derecho Constitucional provocado por las nuevas realidades de la globalización, el neoliberalismo y la crítica al Derecho, a la teoría del Estado y al Derecho Constitucional (con todos sus principios y contenidos); se trata de las necesidades actuales de ciudadanía (en lugar de los súbditos y los gobernados); se trata de la configuración de Constituciones regionales y la perspectiva de un Derecho Constitucional ¿mundial? (¿macro?); se trata de la resistencia a la globalización por medio del Derecho Constitucional local (incluso ¿municipal? ¿micro? y el rescate de lo nuestro y lo cercano (glocalización), hacia una posible, urgente y necesaria humanización del Derecho. En todo caso se trata de importantes y constantes cambios en la realidad socio-económica y político-cultural del mundo, a los que la teoría jurídica intenta alcanzar y hasta adelantar.

Luis Prieto[2] afirma "Con el nombre de neoconstitucionalismo o constitucionalismo contemporáneo se alude tanto a un modelo de organización jurídico-política o de Estado de Derecho, como al tipo de teoría del derecho requerida para explicar dicho modelo; e incluso cabría hablar de una tercera acepción, el neoconstitucionalismo como ideología.

---

[1] Profesor Investigador de la Facultad de Derecho y Ciencias Sociales de la Universidad Michoacana de San Nicolás de Hidalgo

[2] Citado por Miguel Carbonel en *Neoconstitucionalismo (s),* Trotta, Madrid, 2004, p. 10

La globalización ha significado, entre otras consecuencias, una crisis del Derecho Público, pues no parecen existir límites frente al poderío bélico y económico. En el futuro cercano se va configurando un modelo ampliado de Estado de Derecho. Nos encontramos en pleno proceso de cambio, del Estado soberano al sistema mundial, los nuevos actores infra y supra estatales son los organismos internacionales, las empresas transnacionales. Hubo un tiempo en que los únicos sujetos del derecho Internacional eran los Estados soberanos; después de la Segunda Guerra Mundial inicia la proliferación de organismos internacionales, gubernamentales y no gubernamentales; en tanto que la empresa privada se transforma en multinacional, al operar simultáneamente en varios países.

En tal escenario necesitamos nuevas maneras de entender y organizar el mundo, Niklas Luhmann propone abordarlo en términos sistémicos[3] apoyado en Immanuel Wallerstein, Sergio López Ayllón también propone un análisis del mundo como un sistema de sistemas, el mundo como un sistema económico, ambiental, informativo y cultural:

"La explicación del mundo a través de la acción de los Estados parece insuficiente para dar cuenta de la generalización e intensidad de los intercambios económicos, culturales, informativos, etc. que se producen cotidianamente en el mundo. Un modelo de análisis útil consiste en conceptualizar el mundo como un sistema complejo o, mejor, como un sistema de sistemas en continua interacción"[4].

Luhman, jurista, concibe una teoría de la sociedad considerando que la comunicación es la operación elemental sobre la que se construye la complejidad societal; por lo que su teoría lo es también de la comunicación que permite entender los procesos que tienen lugar en la interacción, las organizaciones y la sociedad. En consecuencia Luhman posibilita la comprensión de los modos de operación de los distintos subsistemas funcionales de la sociedad: el Derecho, la religión, la economía, la política, el arte, la educación, la ciencia, etc.; sin perder de vista su sentido holístico y entendiendo la función no como un efecto a ser logrado, sino como un esquema regulador de sentido, que organiza un ámbito de comparación de efectos equivalentes.

La tesis de Luhman nos permite ubicar la relación del Derecho Constitucional nacional y el derecho Constitucional local, en el contexto del neoconstitucionalismo (macro y micro, horizontal y vertical) a partir de una comunicación estructurada en funciones de relación dialéctica, que no da lugar a la subordinación pero apunta en cambio al fortalecimiento mutuo. En la mirada luhmanniana un sistema es siempre menos complejo que su

---

[3] LUHMAN Niklas. *El derecho de la sociedad*, Eider, México, 2005.
[4] López Ayllón Sergio. *Las transformaciones del sistema jurídico y los significados sociales del derecho en México. La encrucijada entre tradición y modernidad*. Ed. UNAM, México, 1997. p. 41

entorno, pero la complejidad no es necesariamente un riesgo o una dificultad para el sistema, sino precisamente su condición de posibilidad.

Tres conceptos de Luhmann son muy valiosos para un análisis del Necoconstitucionalismo y el Derecho Constitucional local: la contingencia y la autopoiesis y la autorreferencia. La contingencia remite siempre a las otras posibilidades, porque contingente es algo que es como es, pero que podría haber sido de otra manera, con lo que se abren todas las posibilidades ontológicas; en tanto que un sistema autopoiético es una red de de producción de componentes que produce, a su vez, sus propios componentes, aunque para que esto pueda ocurrir, el sistema ha de ser capaz de operar de manera autorreferente, distinguiendo lo propio de lo ajeno.

En la concepción del Derecho ampliado al plano supranacional, pero también intranacional, se supera la idea del viejo Estado como único y soberano, pero se conservan y fortalecen sus principios axiológicos y teleológicos, como las garantías constitucionales, que enfrenten los derechos de todos frente a las potencias bélicas y económicas, pero también que garanticen la convivencia pacífica entre sujetos diversos frente a la pretendida homogeneidad cultural del neoliberalismo. En tal contexto se vuelven los ojos, una vez más, al Derecho Constitucional local.

Por Derecho Constitucional local podemos entender el estudio de las normas y principios de Derecho Público, derivadas de los textos constitucionales de las entidades federativas, que regulan la organización y funcionamiento de las instituciones locales o estatales y municipales.

Sus temáticas son amplias y todavía en proceso de construcción:

1. Relaciones entre la Constitución nacional y las particulares de los Estados.
2. El Poder Constituyente de las entidades federativas.
3. La soberanía.
4. La autonomía.
5. La supremacía constitucional.
6. La reformabilidad de las Constituciones locales
7. Tipología constitucional.
8. Contenido de los textos constitucionales locales.
9. Distribución de competencias entre autoridades nacionales y locales.
10. Relaciones entre poderes, en forma horizontal y vertical.
11. Los estados y los tratados.
12. Federalismo.
13. El Derecho Municipal.
14. Derecho Constitucional local, comparado.
15. Derechos humanos.
16. Federalismo Judicial.
17. El Derecho Electoral en las entidades federativas.

18.   etc.

Vivimos actualmente un redimensionamiento del constitucionalismo local, pasó ya la etapa en que los textos constitucionales locales adoptaban automáticamente las disposiciones de la Constitución nacional. La pluralidad cultural y política que enriquece a los países, también es jurídica, lo ha sido desde su origen constitucional y a lo largo de su evolución histórica; pero hoy se viven evidentes procesos de cambios, se intenta consolidar la democracia y el respeto a los derechos humanos, al tiempo que se reclaman derechos sociales y se imponen nuevas formas de participación política.

Respecto a los nexos entre la Constitución nacional y la las locales, existe un permanente análisis acompañado de propuestas como la constitucionalización de derechos fundamentales para un federalismo no subordinado sino de intercolaboración y consolidación de la autonomía de las entidades federativas.

Respecto al Poder Constituyente de los Estados el tema se liga al de reformabilidad de los textos constitucionales, se comparan diversas soluciones en teoría y práctica, por ejemplo que se requieran dos legislaturas para la modificación constitucional local.

La soberanía y la autonomía ya se han discutido incluso recurriendo al origen histórico, para encontrar cómo el reclamo de una soberanía interna tenía una connotación económica, en cuanto se entendía como la plena facultad de disponer de los recursos de cada entidad, frente al centralismo que, pese al discurso federalista, ha prevalecido históricamente, sobre todo en lo económico y lo político.

En cuanto a la autonomía, cada entidad la entendió como la facultad de darse sus propias leyes y elegir a sus autoridades. Particularmente en el federalismo judicial siempre se pensó en la coexsitencia armónica de dos sistemas judiciales, con sus propios tribunales, para aplicar sus propias leyes, sin embargo en la realidad encontramos un sistema nacional en el que los tribunales federales revisan, mediante el juicio de Amparo, lo actuado y resuelto por las autoridades locales. Vale la pena revisar el origen y evolución del juicio de Amparo, para entender la propuesta de los tribunales locales, respecto a la creación de Cortes Estatales.

Hoy el juicio de Amparo es poco accesible y a veces simplemente imposible para muchos mexicanos, por los costos elevados (del abogado y de la burocracia judicial), entre otros factores. La Suprema Corte de Justicia de la Nación es vista por el hombre común como un ente abstracto, lejano, ajeno. El ser humano cotidiano no siente suya a la S.C.J.N., la mira como el más elevado tribunal que revisa todas las decisiones judiciales desde muy lejos y en una jerarquía tal que, parece, no se ocupa de los problemas legales de tantos mexicanos.

Por su parte, el neoliberalismo como filosofía política inherente al fenómeno de la globalización, implica la necesidad del imperio de la iniciativa privada por uniformarnos, convertirnos en consumidores impulsivos, con la distorsionada idea de felicidad: tener, comprar. Hoy los paseos son ir de compras. El ser humano se cosifica, pierde su esencia humana, se convierte en comprador compulsivo universal.

La globalización es también alienación. Es necesario que el Derecho vuelva a tener como objeto de estudio, análisis e investigación al ser humano. Para ello ha de acercarse la normatividad jurídica a los problemas del ser humano. El Derecho de Amparo tiene que volver a estar cerca del ciudadano, en un proceso breve, sumario, gratuito y, sobre todo, accesible, para que sus garantías legales, sus derechos fundamentales, sean efectivamente protegidos por autoridades inmediatas, cercanas.

Es necesario, por lo tanto, regresar al origen histórico del Amparo, y en consecuencia a la idea original del federalismo mexicano. Es necesario recordar, en el desarrollo histórico del federalismo judicial, que la Constitución de 1824, la auténtica primera Carta Magna, disponía en su artículo número 160 "El Poder Judicial de cada estado se ejercerá por los tribunales que establezca o designe la Constitución (local). Todas las causas civiles o criminales que pertenezcan al conocimiento de estos tribunales, serán fenecidas en ellos hasta la última instancia y ejecución de la última sentencia."

El federalismo entonces, al igual que el federalismo judicial, no fue pensado ni planeado como una relación de subordinación. El federalismo, no lo olvidemos, nació desde las entidades federativas, incluso desde los municipios. Pero tampoco olvidemos que el federalismo mexicano nació pensando en la coexistencia armónica de dos sistemas jurídicos, paralelos, no subordinados unos a otros.

Lo mismo sucede con al Amparo, pues recordemos que su creador, incluso de la denominación: Amparo, Manuel Crescencio Rejón, lo propuso pensando en la autonomía de las entidades federativas y así se estableció, primero en la Constitución yucateca de 1835.

En la Constitución de 1857 se consolidó el federalismo entendido como la doble jurisdicción, es decir, de la competencia separada y autónoma de los tribunales federales y locales.

Ya se sabe que desde el año de 1869 la Suprema Corte de Justicia de la Nación aceptó la impugnación, por medio del Juicio de Amparo, de las sentencias de los tribunales locales, dictadas en aplicación de la legislación también local. A partir de lo cual se inicia y consolida un mal entendido federalismo judicial, como la subordinación de los tribunales locales a los federales.

En opinión de Jorge Romero Zazueta[5] "Este cambio --verdadero hito en la historia del amparo y la impartición de justicia en México--- se basó en una interpretación artificiosa del artículo 14 de la Constitución federal de 1857, al grado de que Don Emilio Rabasa, en su célebre obra 'El artículo 14', llegó a calificarlo de corrupción o degeneración"

El nuevo federalismo, sigue diciendo Romero Zazueta[6] tiene como fin último, revertir la concentración de atribuciones y decisiones en el centro, a fin de impulsar las potencialidades locales mediante una descentralización basada en la autonomía política de los Estados, la renovación de la unidad nacional, la eficacia de la administración pública, el combate a las disparidades regionales, y la revisión de los marcos institucionales, a fin de fortalecer la república.

Por eso --concluye Romero Zazueta—es que en seno del XVIII Congreso... en 1994, se mencionó por primera vez que mediante el control de la legalidad se ha desvirtuado ostensiblemente el propósito inicial del juicio de amparo, por lo que los tribunales locales se hayan convertido en tribunales de instrucción y los federales en revisores de todo tipo de sentencias del fuero común.

La polémica central del federalismo judicial se registró también en las discusiones del Congreso Constituyente de 1916-1917. En efecto el propio Venustiano Carranza se refirió al tema desde su Mensaje y Proyecto de Constitución:

"Vigesimotercer párrafo del Mensaje. El artículo 14 de la Constitución de 1857, que en concepto de los constituyentes, según el texto de aquel y el tenor de las discusiones a que dio lugar, no se refirió más que a los juicios del orden penal, después de muchas vacilaciones y de resoluciones encontradas de la Suprema Corte, vino definitivamente a extenderse a los juicios civiles, lo que dio como resultado, según antes expresé, que la autoridad judicial de la Federación se convirtiera en revisora de todos los actos de las autoridades Judiciales de los estados; que el poder central por la sujeción en que tuvo siempre a la Corte pudiese ingerirse en la acción de los tribunales comunes, ya que con motivo de un interés político, ya para favorecer los intereses de algún amigo o protegido, y que debido al abuso del amparo, se recargasen las labores de la autoridad judicial federal y se entorpeciese la marcha de los juicio del orden común.

Vigesimocuarto párrafo. Sin embargo de esto, hay que reconocer que en el fondo hay la tendencia a dar al artículo 14 una extensión indebida, estaba la necesidad ingente de reducir a la autoridad judicial de los estados a sus

5 ROMERO ZAZUETA Jorge, *"Creación de Cortes Estatales"* en Revista: ABZ, número 127, 1001, p. 21, Morelia Mich. Ponencia presentada en el XXIV Congreso Nacional de Tribunales Superiores de Justicia de los Estados Unidos Mexicanos, Acapulco, Guerrero, México, 11 a 14 de octubre de 2000.
6 Idem.

justos límites, pues bien pronto se palpó que convertidos los jueces en instrumentos ciegos de los gobernadores que descaradamente se inmiscuían en asuntos que estaban por completo fuera de sus atribuciones se hacía preciso tener un recurso, acudiendo a la autoridad judicial federal para reprimir tantos excesos.

Vigesimosexto párrafo. El pueblo mexicano está ya tan acostumbrado al amparo en los juicios civiles, para librarse de las atribuciones de los jueces que el gobierno de mi cargo ha creído no sólo injusto, sino impolítico, privarlo ahora de tal recurso,… "[7]

Vemos como las razones de Carranza, para mantener la subordinación de los tribunales locales con respecto a la justicia federal, son de índole política y en coyunturas históricas ya superadas.

A pesar de lo cual no fueron razones compartidas por integrantes del Constituyente del 17, como Hilario Medina y Heriberto Jara, cuyo voto particular quedó registrado en el diario de sesiones, con fecha 22 de enero de 1917, el primero decía:

"El dictamen de la comisión que está de acuerdo con el proyecto del primer jefe concede el amparo contra sentencias definitivas que pronuncien los tribunales, esto es, se conserva la pésima tradición que nulifica la justicia local…

La justicia común de los estados, de esta manera, nunca ha existido, ni nunca existirá si van a seguir las cosas como están en materia de litigios.

La Constitución de México de 1824 tenía un artículo que es muy exacto, pues decía que todos los juicios civiles y criminales que se tramitan en un estado, deberían fallarse allí mismo en primera instancia. Esta es la justicia local bien entendida.

Quiero que se considere cuál es la soberanía del estado cuando un estado no tiene la última palabra en esta cuestión y que se somete a sus tribunales; efectivamente la soberanía del estado en este caso queda mutilada…

La diferencia consiste en esto: el proyecto centraliza la administración de justicia, da a la Corte la última palabra; nosotros pretendemos que haya justicia y se imparta en cada   estado, que cada uno tenga la jurisprudencia y sus tribunales…

Mis ideas fundamentales son éstas: respetemos la soberanía local, la justicia local, el prestigio de los tribunales locales, y que ellos den su última palabra, dicten la sentencia y no haya poder humano que venga a revocarlas…"

Estas eran las razones que se argumentaban, cuando se suponía que había habido una Revolución que vendría a cambiarlo todo. Se habla de la

---

[7] LII Legislatura, Cámara de Diputados del Congreso de la Unión, "*México a través de sus Constituciones, Derechos del Pueblo Mexicano. Antecedentes, origen y evolución del articulado constitucional*", Artículo 107. Tomo X, México, 1985.

pésima tradición que nulifica la justicia local y la bien entendida soberanía interna. Heriberto Jara fue igual de contundente:

"Señores diputados: yo considero que estando los estados e la Federación constituidos en su régimen gubernamental o mismo que está la federación, es decir, teniendo sus tres poderes, legislativo, ejecutivo y judicial, a esos tres poderes se les debe dejar toda la amplitud de su funcionamiento, a esos tres poderes se le debe conceder todo el respeto de que son acreedores.

El pacto federal lo entiendo a base de un respeto mutuo, a ase de una verdadera concordia y no a base de una invasión a la soberanía.

…sabemos que los estados tienen su propia legislación en consonancia con el código fundamental de la República, en consonancia con nuestra carta magna; pero supuesto que están facultados para tener legislación propia son distintos los procedimientos empleados para administrar justicia en los diversos estados, y ninguno más apropiado apara administrar justicia que el que conoce a fondo lo que ha hecho, que el que conoce la propia ley…"[8]

Jara nos recuerda la teoría de la división de poderes, en sentido vertical no solo horizontal. Fundamenta su opinión en la credibilidad de los tribunales locales, las condiciones del pacto federal a partir del respeto mutuo y la sujeción de ambos, los ordenamientos jurídicos federal y estatal, a lo dispuesto en la Constitución política de los mexicanos.

Ya se sabe también que a pesar de que los textos constitucionales, los auténticos de 1824, 1857 y 1917, establecen formalmente el federalismo, sin embargo la tendencia, sobre todo política y económica, ha sido centralista; porque así lo obligaban las circunstancias históricas en la larga lucha por la independencia de México, lo mismo que en la consolidación de la República e incluso en el México post-revolucionario.

Pero hoy existe sin duda una clara tendencia a la descentralización de atribuciones, recursos y poder a los gobiernos de las entidades federativas; de igual forma se rescata al viejo federalismo, sobre todo ahora que la idea de Estado nacional parece diluirse ante el embate de la globalización neoliberal y alienante.

Pero incluso el término "federal" hoy es mal utilizado al reservarlo a los tribunales centrales, ya que las autoridades de las entidades federativas son también federales, los tribunales michoacanos, por ejemplo, son tribunales federales y no deben estar subordinados, como el ciudadano no tiene que esperar una resolución, lenta, cara y distante, para hacer efectiva la garantía legal de sus derechos fundamentales.

La existencia de comisiones de derechos humanos, oficiales y espontáneas, demuestra que los derechos fundamentales se siguen violando

---

[8] *El nuevo federalismo*, Internet, página de la Secretaría de Gobernación: .http:/www.gobernación. gob. Mx/General/asps/tplOnlyText.asp Id=ti_de_federalismo

todos los días, es decir, que el juicio de Amparo ha sido poco eficaz e insuficiente.

Es por todo ello que desde la idea de un federalismo colaborativo y desde el año de 1999, de manera formal en los Congresos de Tribunales Superiores de Justicia de los Estados Unidos Mexicanos se ha planteado la creación de cortes estatales., por lo que un tema también inherente al derecho Constitucional local es el de la jurisprudencia emitida por los tribunales superiores de las entidades federativas.

Una de las grandes riquezas de México y de los demás países es su pluralidad cultural, política y jurídica; pero no basta con reconocerlo, se trata también de una valoración y un respeto que se impulsen desde la normatividad constitucional, como ya se hace respecto a las culturas indígenas en el artículo segundo de la Constitución general mexicana.

Tal reconocimiento, apreciación y respeto jurídicos, son parte de un evidente proceso de transición política, y por lo tanto jurídica, de consolidación de la democracia partidista; proceso que además tiene en las entidades federativas un fuerte reclamo hacia el efectivo federalismo, sobre todo económico.

Es de notarse la gran existencia de trabajos colectivos que dan cuenta del Derecho Constitucional local, como objeto de análisis e investigación, que en varios casos incluyen propuestas de reforma constitucional local, e incluso de creación de nuevos textos constitucionales en las entidades federativas.

Las propuestas incluyen desde las Disposiciones Preliminares, como el espacio idóneo para la fundamentación y argumentación de las novedades, cambios y retos en los nuevos textos constitucionales, hasta el planteamiento de un nuevo federalismo, que acerque el Juicio de Amparo al ciudadano desde Cortes Supremas en las entidades federativas, pasando por temáticas importantes que requieren atención especial como:

- Los derechos y deberes políticos fundamentales.
- La ciudadanía.
- La cuestión electoral, los partidos y las candidaturas ciudadanas. El *Instituto*

Electoral y de Participación Ciudadana

- La organización política de la entidad federativa y de los ciudadanos.
- El Municipio.
- La Legislatura local.
- La Comisión Permanente del Congreso local.
- El Gobernador.
- Administración y Hacienda públicas.
- Los tribunales locales, los tribunales especiales.

- El Tribunal de Garantías Constitucionales.
- Asignación presupuestal constitucional para el Poder Judicial.
- El Consejo de la Judicatura local.
- El Referéndum y el Plebiscito.
- Las entidades federativas los Convenios y los Tratados internacionales.
- Órganos autónomos del Estado.
- El Órgano de Fiscalización Superior
- Comisión de Derechos Humanos. Defensoría de los Derechos Humanos.
- El Ministerio Público.
- El Juicio Político
- Procuraduría Ambiental.
- El régimen económico.
- La educación pública.
- La desaparición de poderes

En los tiempos actuales de la sociedad de la información la justicia es requerida más cerca y más efectiva; el necoconstitucionalismo que incluye al Constitucionalismo local deberá tomar en cuenta sistemas de justicia más directos e inmediatos; el Juicio de Amparo desde cortes supremas estatales podría ser una importante opción, si queremos aprender de la Historia.

REFERENCIAS BIBLIGRÁFICAS

ARTEAGA NAVA, Elisur, *Derecho Constitucional*, McGraw-Hill, México, 2001.
CARBONELL, Miguel, *Neoconstitucionalismo (s)*, Trotta, Madrid, 2004.
FERRAJOLI, Luigi, *Derechos y garantías*, Trotta, Madrid, 2006.
LÓPEZ AYLLÓN, Sergio, *Las transformaciones del sistema jurídico y los significados sociales del derecho en México. La encrucijada entre tradición y modernidad,* UNAM, México, 1997.
LUHMAN, Niklas, *El derecho de la sociedad*, Eider, México, 2005.
RUIZ PÉREZ, Javier, *El constitucionalismo democrático en los tiempos de la globalización*, UNAM, México 2005.
SCHMITT, Carl, *Teoría de la Constitución,* Editora Nacional, México, 1986.
TENA RAMÍREZ, Felipe, *Derecho Constitucional Mexicano*, Porrúa, México, 1981.
LII Legislatura, Cámara de Diputados del Congreso de la Unión, "México a través de sus Constituciones, Derechos del Pueblo Mexicano.

Antecedentes, origen y evolución del articulado constitucional, México, 1985.

Hemerográfica
ROMERO ZAZUETA, Jorge. *Creación de cortes Estatales,* en Revista ABZ, número 127, Morelia, Michoacán 2001.

Electrónica
Constitución Política de los Estados Unidos Mexicanos, http://www.diputados.gob.mx/ LeyesBiblio/pdf/1.pdf
Secretaría de Gobernación. *El nuevo federalismo,* http:/www.gobernación.gob.Mx/General/asps/ tplOnlyText.aspId=ti_de_ federalismo

EL ESTADO QUE GUARDA LA ENSEÑANZA DEL DERECHO EN LAS UNIVERSIDADES DE AMÉRICA.

Jean Cadet Odimba On'Etambalako Wetshokonda

EL ESTADO QUE GUARDA LA ENSEÑANZA DEL DERECHO EN LAS UNIVERSIDADES DE AMÉRICA.

Jean Cadet Odimba On'Etambalako Wetshokonda.[1]

I. Introducción.

La enseñanza del derecho en Latinoamérica, tiene sus antecedentes más remotos a partir del dominio de los españoles en el Nuevo Mundo, por lo que las escuelas y facultades de derecho, se basan principalmente en el sistema tradicionalista, característico de las universidades europeas que se ha mantenido estático con mínimas transformaciones a lo largo de la historia. Hoy en día esto representa un grave problema, puesto que la sociedad en la que nos desarrollamos es una sociedad cambiante, y el método de enseñanza que se ha utilizado por la mayoría de las universidades latinoamericanas ya no es compatible con la sociedad en la que nos desarrollamos en la actualidad, lo cual representa un grave problema tanto para estudiantes como para el resto de la sociedad, puesto que al terminar sus estudios en dichas instituciones de enseñanza, los egresados se enfrentan con una situación muy distinta de aquella para la cual fueron preparados,

por tal motivo en este trabajo se pretende hacer un breve análisis de la enseñanza del derecho en las universidades de Latinoamérica, desde sus inicios hasta la actualidad, las transformaciones que se han dando en las mismas y la importancia de introducir un sistema moderno de enseñanza del derecho, donde exista un equilibrio entre la enseñanza teórica y la práctica, que les permita a los egresados de las distintas escuelas de derecho obtener una preparación adecuada para enfrentarse a los problemas que aquejan a la sociedad; dejando atrás la pasividad del estudiante a través de la participación en clases, la lectura crítica y comparativa de los textos jurídicos, el desarrollo de la capacidad de argumentación y fomento de la investigación, que les permita realizar el razonamiento y aportaciones adecuados.

II. Breves Antecedentes.

A partir de 1538, durante los tres siglos de dominio español en el Nuevo Mundo, más de 30 instituciones se dieron el título de universidad, en unas 15

---

[1] Doctor en derecho por la UNAM, Profesor investigador titular de tiempo completo y Coordinador General del Centro de Investigaciones Jurídicas de la Facultad de Derecho de la Universidad Michoacana de San Nicolás de Hidalgo.

ciudades ubicadas desde Guadalajara, en México, hasta Santiago de Chile, pasando por Santo Domingo, La Habana y Filipinas.

A partir del siglo XV hubo una oleada de fundaciones universitarias en Europa, España, y que se extendió a las Indias desde mediados del siglo XVI, en la Península como en América, dichas fundaciones no sólo se inspiraron en el modelo salmantino, sino que todas las instituciones surgidas en América fueron mera "proyección", "renuevo" o "trasplante" de Salamanca. Fue un proceso complejo que llevó a adoptar diversos modelos en distintos tiempos y lugares. El modelo al que se adaptó cada una, pero teniendo presente que la adopción de uno u otro no dependió tanto de una decisión previa sino de las condiciones imperantes en cada lugar y tiempo, y de la política metropolitana.

Cierto es que el modelo medieval salmantino tuvo influencia en el mundo universitario hispanoamericano, pero, al lado suyo, también influyó el precedente de las universidades reales, y el de las gobernadas por colegios y por conventos de las órdenes religiosas. El modelo medieval de universidad que se regía y legislaba a sí misma mediante un conjunto de claustros, no se alcanzó de lleno en América, pero se volvió un marco de referencia constante. También es cierto que México y Lima llegaron a reflejar en términos muy generales el modelo salmantino, pero su dependencia de un patrono —el rey— las equiparaba con el resto de las surgidas en la época moderna en la Península, supeditadas a un amo externo.

En el caso de México, la universidad quedó incorporada a la de Salamanca, con ciertos privilegios salmantinos y ciertas limitaciones, como la negación del derecho a ejercer la jurisdicción académica y el privilegio de no pagar tributo.

III. Situación Actual de la Enseñanza del Derecho en Latinoamérica.

Hoy en día las escuelas de derecho son de las más concurridas en América latina, las cifras de jóvenes que deciden dedicarse al estudio del derecho son considerablemente más elevadas respecto a otras profesiones, estas cifras se mantienen en una dinámica de crecimiento. Pese a lo anterior, la opinión que se tiene sobre los egresados de las facultades de derecho, no es alentadora, debido a que gran parte de la sociedad tiene una opinión negativa de los mismos, puesto que se piensa que los egresados de dichos planteles no cuentan con la preparación y el conocimiento adecuado para poder ejercer con seriedad la responsabilidad que implica dicha profesión lo cual constituye un riesgo tanto para los estudiantes como para la sociedad, al dejar a esta última en manos de profesionales poco preparados para enfrentar la problemática por la que atraviesa la sociedad en la actualidad.

Lamentablemente pese a la concurrencia que existe en las diferentes escuelas de derecho, al momento de preguntar a los estudiantes los motivos que los llevaron a elegir esta profesión, las respuesta son variadas, muchos ni siquiera tienen una idea clara de lo que se estudia o porque lo estudian.

En latinoamericana, el conocimiento de los abogados se apega únicamente al derecho nacional, y como consecuencia los estudiantes de derecho al egresar de las instituciones de enseñanza se enfrentan a una realidad social que contrasta con aquella para la cual fueron preparados; una sociedad más compleja y globalizada, las diferentes concepciones de las cosas, innovaciones tecnológicas, mayor intensidad de las relaciones internacionales, etc.

Generalmente la enseñanza del derecho se basa principalmente en las clases teóricas, consistentes en la recitación del profesor que pocas veces es interrumpido para aclarar alguna duda por parte del estudiante, en donde el profesor es el eje central en torno al cual gira el conocimiento, su función se basa en llenar de información a los estudiantes a través de la exposición de cátedras basadas en los textos jurídicos existentes, en programas que en ocasiones contienen un excesivo material de estudio que inclusive puede llegar a resultar un tanto obsoleto.

Por su parte los estudiantes, toman el papel de sujeto pasivo, limitándose únicamente a escuchar y tomar apuntes de la información que el docente le proporciona, estudiar para el examen, memorizar y retener la información para que en base a esto se le pueda asentar una calificación; con la idea errónea de que con el hecho de tener un escaso conocimiento de los textos legales que obtiene de los profesores, estarán en condiciones para conocer el verdadero significado y función que tiene el derecho en la sociedad.

Podría decirse que la enseñanza del derecho en América latina, es más informativa que formativa, con un mínimo trabajo de investigación, tanto el estudiante como el docente toman una actitud pasiva al respecto, puesto que ambos se limitan al estudio y enseñanza del derecho, respectivamente, en bases a los textos legales ya existentes. Pero ¿Dónde queda el análisis de dicha información?, ¿Dónde el espíritu crítico y comparativo?, donde la creación del nuevo conocimiento en pro de la protección de la dignidad humana?, si un rasgo característico de los abogados es su capacidad de argumentación, ¿Por qué seguir dirigiendo la enseñanza del derecho hacia el método tradicionalista, basado en la dogmatica formal y la interpretación literal de la norma, con escases de análisis crítico y aportación al contenido que no les permite a los estudiantes realizar un adecuado razonamiento jurídico?

Sin embargo, sería incorrecto el afirmar que lo anteriormente expuesto ocurre en todas las escuelas de derecho, puesto que actualmente, Latinoamérica se caracteriza por la diversidad de formas de enseñanza del derecho; existen las escuelas basadas en el modelo tradicional y las de reciente creación con métodos innovadores de enseñanza. Lo anterior debido a diferentes aspectos cono: la demanda estudiantil, las diferentes concepciones que se tiene sobre la enseñanza del derecho, el deseo de los tratadistas de superar el método tradicionalista, pero además como producto de la reunión de distintas conferencias latinoamericanas de escuelas de derecho, en las cuales se proponen importantes reformas sobre la enseñanza del derecho como: la introducción de la enseñanza activa, promoción de seminarios de investigación, el estudio de problemas y expedientes, etc. Lo que trajo como consecuencia la creación de nuevas escuelas de derecho con nuevos métodos de enseñanza, donde el actor principal es el estudiante, posicionándose como un elemento activo, con el desarrollo de mas clases prácticas, capacidad de argumentación, solución de casos concretos, acercamiento y trabajo con diferentes fuentes de información, actualización de planes de estudio ,entre otros.

En épocas recientes, se ha hecho el intento en algunas escuelas de derecho en Latinoamérica, por implantar cursos elementales en los primeros años de licenciatura, con el fin de capacitar a los alumnos en la utilización de los modernos métodos de aprendizaje; así como cursos para profesores dirigidos a la importancia del estudio en equipo y el dialogo. Lo anterior con el fin de superar el método tradicionalista predomínate en Latinoamérica.

Por otra parte, un nuevo sistema de enseñanza implantado en el los años recientes en escuelas de Latinoamérica y que ha venido tomando fuerza, es el "Sistema abierto", también conocido como "Sistema de alumnos libres", basado en la experiencia inglesa del la "Open University", en el cual los estudiantes solo tiene obligación de inscribirse en el ciclo escolar y prepararse en sus centros de trabajo, bajo la orientación de profesores, con el fin de obtener los conocimientos necesarios para la aprobación del examen respectivo. Este sistema podría auxiliar al método de enseñanza del derecho predominante actualmente en las escuelas de Latinoamérica, puesto que permite, una actitud más activa por parte de los estudiantes quienes ya no se limitarán a estudiar lo que expone el profesor sino que podrán buscar en las diferentes fuentes, la información requerida, apoyándose en diálogos, cátedras, seminarios, libros, etc.

Una de las principales diferencias que existen entre la tradición jurídica Latinoamericana y Angloamericana es la tendencia de la primera hacia los estudios lógico-sistemáticos respecto de los de naturaleza empírica predominantes en la segunda.

No podemos decir que introducir un método de enseñanza del derecho donde se le dé preferencia a la práctica en detrimento de la teoría sea el más adecuado, puesto que ambos aspectos se complementan uno con el otro y debe equilibrarse su utilización en pro de la adecuada preparación de los estudiantes.

La implantación de un sistema más moderno de enseñanza se ha enfrentado con diferentes obstáculos, la falta de interés tanto de estudiantes como profesores, la pasividad de los estudiantes, el exceso de alumnos en la aulas, la escases de profesores realmente preparados y el poco trabajo con diferente material bibliográfico ,son solo algunos aspectos que han provocado poco avance de la implantación de un sistema de enseñanza del derecho mas moderno y adecuado para la sociedad en constante cambio dentro de la que nos desarrollamos.

IV. Desafios de la Enseñanza Jurídica.

Desde la creación e incorporación de las universidades en América latina bajo el modelo salmantino, se ha seguido una trayectoria bastante importante en cuanto a la enseñanza del derecho, pues América forma parte de los países del derecho civil –civil law- pero las normas e instituciones se consolidaron hasta en la segunda mitad del siglo XIX, siendo en 1870 cuando se dictan los principales códigos. El sistema jurídico ha sido y sigue siendo uno de los principales sistemas en cuanto a la enseñanza, pues desde la creación de las universidades, el derecho fue base de la enseñanza junto con otras ciencias como las matemáticas y la filosofía, y de todo el desarrollo que ha tenido hasta las alturas del siglo XXI, es preciso revisar la historia, hacer un análisis, una reflexión acerca del estudio y enseñanza del derecho en América latina, revisar los desafíos que hoy presenta la enseñanza del derecho en las universidades de América y de ello determinar cuales han sido los factores y elementos que han conllevado a una crisis de la enseñanza del derecho.

En la actualidad, los principales problemas de las Universidades de América–en las facultades de derecho- es que ha crecido la cobertura del número de alumnos, la cantidad de recursos económicos de la totalidad del sistema tendió a disminuir durante la década de los ochenta y comienzos de los noventa, hoy:

1. El gasto por alumno en la educación superior, es deficitario.
2. El plan de estudios de derecho en la región está predominantemente orientado hacia la entrega sistemática de información.
3. La ciencia legal latinoamericana, es deductiva y sistemática, normativa y carente de orientación empírica o sociológica.
4. La evaluación del proceso de enseñanza aprendizaje es altamente ritual y formalista y no es difícil apreciar en ella un cierto autoritarismo en la relación profesor-alumno.
5. La metodología de enseñanza predominante en la región es la "clase magistral" en que el profesor expone sistemáticamente la información. No hay estudios o análisis de casos o jurisprudencia. El método de casos es virtualmente inexistente. Hay un predominio del papel expositivo, central y autoritario del profesor.
6. Inexistencia de una comunidad de académicos profesionales dedicados de tiempo completo a la investigación y la enseñanza del derecho.

Las transformaciones que la región está experimentando, como la privatización de la economía, la globalización de la vida, el surgimiento en el mediano plazo de mercados complejos, aumento de la incertidumbre y la diversidad social, política y cultural, todo esto aceleran los cambios y colocan a los sistemas educativos de los países latinoamericanos ante retos y desafíos extraordinarios- en lo cual se demandará de la profesión legal conocimientos y habilidades que las escuelas de derecho latinoamericanas no están proporcionando hoy en día, esta situación ha convertido a la enseñanza del derecho como unos de los principales desafíos, y que en el futuro las escuelas de derecho latinoamericanas tiendan a diferenciarse entre sí por la capacidad que exhiban para responder a ese conjunto de desafíos. La capacidad de adaptación de las escuelas de derecho a esas nuevas realidades, dependerá de su grado de internacionalización; de las comunidades académicas con que cuente; del grado de flexibilidad de su estructura curricular; y del número de recursos con que cuente.

La docencia en América se encuentra en una profunda crisis, la profesión docente no está regulada por la productividad o la innovación, sino por la permanencia y el status, dado el déficit que existe en la formación de los abogados, en lo que se refiere al razonamiento jurídico, se torna indispensable que tanto en pregrado como en postgrado, no sólo se implemente un curso de razonamiento jurídico, sino que las metodologías que se utilicen en cursos tiendan a desarrollar las habilidades en la urgencia que reclama la sociedad tan cambiante en la que hoy nos situamos.

V. Comentario Final.

La enseñanza del derecho no solo debe ser enfocado a los problemas en el que deben intervenir y buscar solucionar los abogados, sino debe conservar el espíritu de que al pertenecer a las ciencias sociales, debe construir abogados con sentido humano y ética profesional, debe formar a humanistas porque la abogacía es la profesión que mas daño causa en el mal ejercicio del deber, pues es responsabilidad de los abogados defender la vida, la libertad, la seguridad y la propiedad como principios constituciones básicos para el desarrollo de las comunidades. Al decir que, el ser humano y su dignidad se convierten en el fundamento no sólo de nuestro sistema jurídico, sino del sistema democrático constitucional. La enseñanza debe redefinirse, tanto en sus contenidos como en las metodologías, a efectos de procurar abogados, y consecuentemente jueces, consientes de sus deberes sociales en la construcción de un sistema democrático constitucional, acorde con las exigencias económicas y sociales que nos plantea el mundo moderno.

La educación superior, en el caso de la enseñanza del derecho, debe seguir siendo una de las prioridades de la educación pública, por ser un elemento básico de competitividad, por eso deben todos los sectores tanto de gobierno como las instituciones educativas trabajar con forme al ritmo de los avances tecnológicos y los cambios que surgen en la sociedad del siglo XXI, las universidades deben tener la visión de vivir y permanecer conforme la sociedad se transforma. Deben adecuar los planes de trabajo, los estatutos universitarios, la participación democrática, incentivar la investigación científica no solo de los profesores, sino de toda la comunidad académica, deben las universidades tener el firme compromiso que son el motor intelectual del estado y que su enorme capacidad debe estar al servicio de todos, sin distinciones.

REFERENCIAS BIBLIOGRÁFICAS

PÉREZ PERDOMO, Rogelio, *Desafíos de la educación jurídica latinoamericana en tiempos de globalización*, Universidad Metropolitana, Caracas.

CARRASCO FERNÁNDEZ, Felipe M., *Mito y realidad de la enseñanza del derecho social,* Universidad Iberoamericana de Puebla.

FUENTES ALDANA, Mylvia, *La educación superior en América latina y el Caribe*, Revista del Núcleo Regional Posgrado, UNESR, Caracas.

FIX-ZAMUDIO, Héctor, *Algunas reflexiones sobre la enseñanza del derecho en México y Latinoamérica*, Universidad Nacional Autónoma de México.

Editado
6 de septiembre de 2010

Título
Justicia, Libertades y Derechos
1ª.Edición

Colección
"Transformaciones Jurídicas y Sociales en el Siglo XXI"
4ª serie/No. 9

Coordinadores de la Colección
Hill Arturo del Río Ramírez
Teresa M. G. Da Cunha Lopes
María Teresa Vizcaíno López

Coordinador de la Edición y Diseño Gráfico
Luis López Ramírez

ISBN 978-1-257-07114-2

.